행복수업

The Business of Happiness by Ted Leonsis

Copyright © 2010 by Ted Leonsis
Published by arrangement with The Folio literary management LLC.
All rights reserved.

Korean Translation Copyright © 2012 by Hwangsobooks
Korean edition is published by arrangement with Folio literary management LLC.
through Danny Hong Agency.

이 책의 한국어판 저작권은 대니홍 에이전시를 통한 저작권자와의 독점 계약으로 황소북스에 있습니다.
신저작권법에 의해 한국 내에서 보호를 받는 저작물이므로 무단전재와 무단복제를 금합니다.

억만장자가 전하는 일과
삶에서 눈부신 성공을 이루기 위한 6가지 비법

행복 수업

테드 레온시스 지음 · 황혜숙 옮김

황소북스

| 이 책에 쏟아진 찬사들 |

요즘처럼 경기가 하강곡선을 그리는 때야말로 이렇게 영감이 넘치는 책을 읽어야 한다. 미국 재계에서 가장 선견지명 있는 경영자 중 한 명이 '어떻게 하면 진정한 행복을 성취할 수 있을까?'라는 오래 묵은 질문에 답을 던진다. 테드 레온시스는 정말 탁월한 답을 제공한다. 데이비드 M. 스믹(세계적 베스트셀러 ≪세계는 평평하지 않다≫의 저자)

이 책은 인생에서 성공, 그것도 진짜 성공을 찾기 위한 입문서다. 원숙하고 신사다운 사업가 테드 레온시스는 영적인 만족을 추구하는 길을 걸어왔다. 그의 말에는 소중한 가치와 진실한 울림이 있다. 조지 펠레카노스(소설가 겸 극작가)

테드 레온시스의 회사를 매입한 것은 나의 최고 선택 중 하나였다. 테드의 책을 구입하는 것은 여러분의 최고 선택 중 하나가 될 것이다. 스티브 케이스(AOL 공동 창립자, 레벌루션 회장 겸 CEO)

비즈니스와 경력 관리, 지금처럼 하루가 7일 정신없이 돌아가는 환경 속에서 성공하는 방법에 대한 테드의 통찰력은 기술과 거래의 영역을 훨씬 넘어서는 르네상스적 인간의 지혜를 반영하고 있다. 켄 체놀트(아메리칸 익스프레스 CEO 겸 회장)

테드와 나는 조지타운 대학교 학생 시절 조지프 더킨 신부님의 현명한 가르침 아래 자기실현의 여정을 함께한 사이다. 우리는 행복할 권리를 부여받았다. 그리고 테드의 말처럼 더 행복한 회사가 더 큰 성공을 거둘 수 있다. 마리아 슈라이버(작가이자 언론인, 캘리포니아 주지사 부인)

행복한 팀이 승리할 수 있다. 내가 얼굴에 항상 환한 미소를 띠고 있는 이유가 바로 그것 때문이다. 테드의 책은 직장이든 가정이든 삶의 전 영역에서 여러분이 인생의 MVP가 되는 데 분명 도움이 될 것이다. 알렉스 오베츠킨(NHL MVP 2회 수상, 워싱턴 캐피털스 선수)

뉴욕 브루클린의 위험한 거리에서 시작해 AOL 경영자를 거쳐, 자선 사업가가 되기까지 행복한 인생을 향해 성공적인 길을 걸어온 테드가 마침내 자신의 인생사와 삶의 방식을 누군가와 공유하기로 결정했다. 여러분 자신을 위해 꼭 이 책을 읽고 영감을 얻길 바란다. 미치 카포(로터스 디벨럽먼트 코퍼레이션과 모질라 파운데이션 창립자)

이 멋진 책은 꼭 저자 테드 레온시스처럼 쾌활하고 패기만만하고 힘이 넘치며 사랑스럽다. 행복의 비밀이 담겨 있는지는 여러분이 판단해보기 바란다. 분명 시간가는 줄 모르고 즐거운 독서에 푹 빠져들게 될 것이다. 돈 그레이엄(≪워싱턴 포스트≫ CEO 겸 이사회 의장)

테드 레온시스는 내가 아는 가장 행복한 사람이자 우리 시대의 가장 성공적인 기업가 겸 비즈니스 리더이다. 그는 정보화 시대의 건국 시조 같은 사람이다. 그의 개인적 여정을 따라가며, 인생의 교훈을 배워 여러분의 행복에 대한 추구를 좀 더 심도 깊게 만들어라. 잭 드지오이아(조지타운 대학교 총장)

행복해지고 싶은가? 테드 레온시스는 여러분의 손에 스틱을 쥐어주고 앞에 퍽을 놓아준 다음, 어디로 어떻게 슛을 쏘면 되는지 알려준다. 개리 베트먼(NHL 커미셔너)

돈으로 행복을 살 수 없다는 테드 레오시스의 말은 전적으로 옳다. 하지만 돈으로 테드의 책을 살 수는 있다. 이 책이 여러분에게 행복과 성공을 가져다줄 것이다. 르브론 제임스(클리블랜드 캐벌리어스 소속 농구 선수)

이 책을 보면 왜 테드가 손대는 일마다 성공을 거두는지 알 수 있다. 대단한 능력의 소유자인 동시에 인생의 진정한 가치도 제대로 평가할 줄 아는 사람이다. 흔치 않은 조합이다. 데이비드 루벤스타인(칼라일 그룹의 공동 창립자 겸 상무이사)

테드와 같은 인생을 살 수 없을지 모르지만, 훨씬 더 가치 있는 것, 즉 테드의 인생관을 배울 수 있는 좋은 기회가 될 것이다. 크리스 월러스(폭스 뉴스)

스포츠 팀을 소유할 수 있을 정도로 사업에 성공하기란 쉬운 일이 아니다. 하지만 사업과 스포츠 그리고 무엇보다도 비즈니스에서 성공하기란 훨씬 더 어려운 일이다. 테드 레온시스는 그 모든 일을 훌륭히 해냈다. 그리고 그 이야기가 담겨 있는 정말 훌륭한 책을 써냈다. 행복과 성공을 모두 쟁취하고 싶은 사람이라면 누구든 이 책을 읽어보길 바란다. 데이비드 스턴(NBA 커미셔너)

테드의 101가지 인생 목록은 전 세계 기업가 사이에서만 전설적인 것이 아니라 나에게도 수없이 여러 번 동기부여의 원천이 되었다. 이 책은 목표를 이루기 위해 열심히 일하면서도 매일매일 한순간을 즐길 수 있다는 사실을 우리에게 깨우쳐준다. 크 큐반(인터넷 사업 개척자이자 댈러스 매버릭스 구단주)

이 책에서 테드는 대부분의 사람은 찾기 어려운, 하지만 진정 만족스럽고 행복한 삶을 성취하기 위해 꼭 필요한 놀라운 로드맵을 제공한다. 삶에 대한 열정을 지닌 성공적인 기업가로서 테드 레온시스는 사업과 정열, 믿음과 목적이 잘 어우러진 인생을 추구하며 얻은 소중한 경험에서 비롯된 6개의 행복의 원칙을 밝힌다. S. 헨드릭스(디스커버리 커뮤니케이션즈 창립자 겸 회장)

테드는 개인적 성장과 성공을 위한 사업 계획을 세우는 방법을 알려준다. 테드의 인생사도 흥미진진하고 감탄스러운 읽을거리다. 하지만 그 가치 있는 통찰을 제시함으로써 테드는 자기 발전을 위한 노력을 함께할 독자들을 위해 로드맵을 그려준다. 마크 워너(민주당 버지니아 주 상원의원)

| 들어가는 글 |

행복을 향한 나의 여정은 목록을 작성하는 일에서 시작되었다.

때는 1984년, 당시 스물여덟 살이던 나는 설립한 지 얼마 안 된 뉴미디어라는 회사를 6000만 달러에 막 매각한 상태였다. 하지만 얼마 후 삶의 무작위성을 입증이라도 하듯 내가 탄 비행기가 사고에 직면했다. 플로리다 주 멜버른에서 출발해 조지아 주 애틀랜타로 가는 비행기가 비상 착륙을 하게 된 것이다. 다친 사람은 아무도 없었다. 그러나 연료를 소비하기 위해 공항 상공을 선회하는 비행기 안에서, 과연 랜딩 기어가 제대로 작동할지 불안에 떨며 비상 착륙 대처 방법을 배우던 그 35분 동안 나는 정말 인정하고 싶지 않은 한 가지 사실에 직면했다. 만약 이대로 비행기가 추락한다면 나는 절대 행복한 죽음을 맞이하지 못하리라는 사실이었다. 이는 내가 꾸려온 삶에 대한 심판이자 경계 경보였다. 돈으로 살 수 있는 것은 다 갖고 있었다. 터무니없이 젊은 나이에 모두가 인정하는 아메리칸드림을 성취한 뉴욕 브루클린 빈민가 출신 청년에게는 모든 게 만만해 보였다. 그러나 나는 행복하지 않았다.

그것은 내 일생에서 가장 중대한 발견이었다. 금방이라도 토할 것 같은 상태로 무릎을 덜덜 떨며 비행기에서 내리는 순간, 나는 행복을 추구하며 후회 없는 삶을 살기로 굳게 결심했다. 내겐 일생일대의 멀리건(Mulligan: 골프에서 최초의 티샷을 잘못 쳤을 때 벌타 없이 다시 주어지는 세컨드 샷-옮긴이)이 주어졌고, 이는 내 삶을 제대로 살아보라는 또 한 번의 기회이자 선물이었다. 앞으로 정말 죽음의 순간이 찾아온다면, 행복한 상태로 죽음을 맞이하고 싶었다.

유일한 문제는 다른 사람들과 마찬가지로 나 역시 행복해지는 방법을 모른다는 점이었다. 돈 버는 방법과 사업체를 키우는 방법은 이미 잘 알고 있었다. 나는 컴퓨터의 가치와 전망을 일찌감치 파악해 개인용 컴퓨터 산업을 이룩한 제1세대 기업가들 사이에서 일정한 역할을 담당하고 있었다. 그러나 행복을 향한 여정에 오르려면 무엇부터 해야 하는지 같은 매우 기초적인 문제를 파악하는 데는 한심할 정도로 무지했다.

그래서 나는 행복을 추구하는 일을 마치 사업 계획을 짜는 것처럼 다뤘다. 먼저 죽기 전에 이루고 싶은 101가지 목록을 작성했다. 당시 나는 목록에서 항목들을 차례차례 지워나가다 보면 행복해질 거라고 생각했다. 일테면 목록에 있는 목표들을 성실하게 하나하나 이루어나가기만 하면 실제로 죽음의 순간이 다가왔을 때는 최종 목표, 즉 행복이라는 목표를 달성할 것이라고 믿었다. 그 후로 25년 넘는 세월이 흐른 지금, 처음 목록에 적어 놓았던 항목 중 상당수는 이미 오래전에 체크 표시가 되었다. 그리고 이러한 목록 작성이야말로 행복을 향한 긴 여정의 첫걸음이라는 사실을 깨달았다.

나는 25년이 넘는 세월 동안 과연 무엇이 사람을 행복하게 만드는지 탐구해왔다. 그 결과 나는 지금 행복한 사람이 되었다. 이제는 그동안 내가 배운 지혜를 사람들과 제대로 공유할 수 있을 만큼 많은 것을 축적한 상태라고 생각한다. 지난 20년간 1000회가 넘는 강연을 했는데, 그때마다 행복을 향한 나의 탐구 여정을 꼭 포함시켰다. 강연을 들은 사람들이 그 내용을 책으로 출간하길 권유했고, 그래서 이 책이 빛을 보게 된 것이다.

이 책은 복되게도 성공적으로 행복을 성취한 사람이 써내려가는, 개인적인 행복에 관한 이야기다. 곧 알게 되겠지만, 이 책을 쓰는 행위 자체도 행복하고 충만한 존재가 되겠다는 내 목표를 향한 하나의 과정이다.

가장 신기한 일은 행복을 성취하기 위해 체계적으로 노력함으로써 사실상 비즈니스와 인생의 성공 가능성 또한 높아졌다는 사실이다. 처음 시작은 그렇지 않았다. 나로 말하자면 불과 스물여덟의 나이에 첫 사업체를 매각해 수백만 달러를 챙겼기 때문에 비즈니스 면에서는 이미 성공을 거둔 상태였다. 하지만 행복해 보이는 친구와 지인들(일부는 누구나 알만한 유명인이고 일부는 보통사람들)을 자세히 살펴보니, 적극적으로 행복을 추구하는 사람들이 분명히 인생의 목표 성취에서도 한층 유리한 위치를 점하고 있는 듯했다. 먼저 한 가지를 분명히 해두고 싶다. 나는 사업가이고 비교적 행복한 사람일 뿐 사회과학자는 아니다. 따라서 다음 문장은 한 평범한 인간이 행복을 추구하는 과정에서 배운 것을 과학적 언어로 설명하고자 하는 시도로 이해해주기 바란다. 내가 관찰한 바에 의하면, 행복과 성공은 단순히 서로 연결되어 있는 것이 아니다. 행복과 성공의 순서는 무작위적이 아니라는 뜻이다. 내가 보기엔 적극적으로 행복을 추구하다 보면 성공이 자연스럽게 따라오는 것 같다.

나는 행복을 성취하기 위해서는 성공적인 사업체를 구축하는 데 필요한 수준의 규율과 엄격함을 갖추어야 한다고 생각한다. 또한 이런 방식으로 행복에 접근하는 사람들만이 비즈니스와 인생에서 성공할 가능성이 높다고 확신한다. 돈으로 행복을 살 수 있을까? 앞으로 보게 되겠지만, 꼭 그렇지만은 않다. 그렇다면 행복을 좇아 매진하다 보면 비즈니스나 경력 관리에서 더 큰 성공을 이룰 수 있을까? 물론이다! 나는 진심으로 그렇게 확신한다.

행복을 추구하는 과정에서, 나는 단지 사람들만 행복한 게 아니라는 사실을 배웠다. 행복한 비즈니스도 있고 행복한 회사도 있다는 얘기다. 개인에게 적용되는 규칙 중 일부는 조직에도 적용할 수 있다. 고객은 물론이고 직원과 협력 업체 그리고 주주의 행복을 창출하기 위해 심혈을 기울이는 기업이 행복 창출에는 무관심하고 다른 모든 사람을 희생시켜가며 오로지 주주 이익에만 과도하게 집착하는 기업보다 성공할 가능성이 훨씬 더 크다. 나는 회계 내역뿐 아니라 기업이 사람들과 사회에 끼치는 긍정적인 영향까지 담아내는 '이중 결산표(double bottom line)'라는 게 있다고 생각한다. 행복을 추구하다 보면 사람이든 사업체든 좀 더 폭넓은 목표를 성취할 가능성도 높아진다. 이 '이중 결산표' 개념은 지금 내 모든 사업을 꾸려가는 데 최우선적인 고려 사항이다.

내가 알기로 행복 추구는 경영대학원에서 가르치는 과목이 아니다. 아마도 저 멀리 히말라야 산맥의 불교 왕국 부탄 같은 특별한 나라들에서만 '국민총생산(Gross National Product)'의 상대적 개념인 '국민총행복(Gross National Happiness)'을 기준으로 성과를 측정할 것이다. 따라서 행복한 사람과 행복한 사업체에 관해 생각하는 일이 쉽지 않은 사람도 있을 것이다.

또 내가 하려는 말에 처음부터 거부감이 들 수도 있다. 그렇다. 나는 젊은 나이에 사업체를 꾸렸고, 그 사업체를 성공적으로 일궈 매각했다. 그리고 그 사업체의 지분 상당량을 재매입한 후 가치를 훨씬 높인 다음, 다시 그 지분을 막 도약할 채비를 갖춘 AOL에 넘기며 AOL에서 막대한 지분을 보장받았다. 그 후에는 AOL이 글로벌 기업이 되는 데 일조했다. 나는 또한 NHL(전미프로하키리그) 산하 워싱턴 캐피털스의 구단주가 되었으며, 그 밖에도 몇몇 스포츠 팀의 지분을 보유하고 있다. 또한 영화 제작에 참여해 상을 받기도 했으며 AOL을 떠난 뒤로는 나의 '이중 결산표'를 추구하는 새로운 사업체들을 출범시켰다. 그리고 그 사업체들 역시 성공을 향한 빠른 행로에 접어들었다. 사실 이 책을 마무리할 무렵 내가 회장을 맡고 있는 레벌루션 머니(Revolution Money)라는 사업체는 아메리칸 익스프레스에 3억 1200만 달러에 팔렸다. 필경 당신은 이렇게 생각할 것이다. "그렇겠죠. 테드 레온시스 씨가 행복해지는 일은 쉽겠죠. 한몫 크게 챙겨서 AOL을 떠났고, 이제는 영화 제작자에다 프로 팀 구단주로 행세하고 있으니 어찌 행복하지 않을 수가 있겠어요."라고.

그러나 부디 기억해주기 바란다. 나는 젊은 나이에 이미 성공도 하고 돈도 벌었지만 행복하지는 않았다는 사실을. 그때보다는 지금이 훨씬 더 행복하고 훨씬 더 큰 성공을 누리고 있다. 돈은 나를 행복하게 만들어주지 않았다. 진심으로 믿건대 나는 행복을 추구하는 과정에서 더 나은 비즈니스맨이 되었다. 그리고 만약 이 책에 소개한 원칙들을 따른다면 당신 역시 행복과 성공 모두를 성취할 가능성을 높일 수 있다.

행복한 사람, 성공한 사람이 되는 것은 미리 정해진 운명이 아니다. 그와 관련해 필연적인 것은 전혀 없다. 그것은 길고도 긴 학습이자 발견의 과정일 뿐이다. 나는 사업에서 성공하는 것과 똑같은 방식을 적용해 행복을 성취했다. 각종 책, 연구 조사, 개인적인 관찰 그리고 실수에서 찾은 교훈 등을 꾸준히 모아 만든 정보를 바탕으로 계획을 수립함으로써 말이다. 그리고 내가 세운 계획에서 얼마나 어긋나고 있는지 지속적으로 주의를 기울임으로써 행복에 이르렀다. 사업 초창기 시절 나는 동료들에게 우리가 올바른 길을 가고 있는지 지속적으로 모니터하는 것이 얼마나 중요한지 강조하곤 했다. 하루가 잘되면 일주일, 한 달이 잘되고, 그것은 또한 분기가 잘되는 것으로 그리고 1년이 잘되는 것으로 이어진다. 그렇게 여러 해가 잘되면 신뢰와 가치를 확보한 훌륭한 회사가 되는 것 아니겠는가? 무슨 말을 하는지 이해했을 것이다. 나는 행복을 추구하는 데에도 똑같은 원칙이 적용된다고 본다. 행복을 향한 행로에서 꾸준히 나아가는 것은 제 궤도를 벗어나지 않기 위해 하루 단위로, 주 단위로 그리고 월 단위로 집중할 필요가 있는 것들이 무엇인지를 이해하는 문제이기도 하다.

나는 이 책에 행복하게 사는 방법에 대해, 즉 후회 없이 살다가 죽을 때 웃으며 떠나는 방법에 대해 내가 배운 것을 모아놓았다. 내가 아는 행복한 사람들의 공통된 믿음과 습성에 대해 들려줄 것이고, 그들의 접근 방식을 모방하는 것이 여러분에게 어떤 보상을 가져다줄지 논할 것이다. 그들이 찾은 행복과 결코 우연이 아닌 성공에 대해서 말이다.

나는 한 가정의 가장이자 사업가이다. 따라서 학교를 졸업하고 이제 갓 사회생활을 시작한 젊은이들, 인생을 어떻게 사는 것이 최선인지 고민하는 젊은이들에게 던지는 일종의 조언으로 이 책을 봐주었으면 한다. 이를 위해 내가 할 수 있는 유일한 방법은 나 자신의 이야기를 들려주는 것이라고 생각한다. 뉴욕 시 브루클린과 매사추세츠 주 로웰에서 성장한 이민 1.5세대 소년이 어떻게 이런저런 상황을 극복하고 행복과 성공을 성취했는지 말이다. 어쩌면 나는 성장 배경이나 생활 환경이 나와 완전히 다른 사람들에게도 올바른 경로로 들어서는 데 도움이 될 만한 어떤 영감이나 세계관을 제공할 수 있을지 모른다. 어쩌면 여러분은 내가 저지른 실수를 통해 같은 실수를 회피하는 방법을 배울지도 모른다. 또 좌절하는 과정을 지켜보며 내가 겪은 트라우마 없이 동일한 교훈을 얻을 수 있을지도 모른다.

이 책은 두 부분으로 나뉜다. 전반부는 행복을 향한 나의 여정을 다룬다. 이는 내가 어떻게 현재의 신념을 갖게 되었는지 설명하기 위해서이다. 후반부에서는 행복을 향한 여러분의 여정을 다룬다. 즉, 내가 배운 것들에 기초해 모종의 처방을 제시한다.

나는 비즈니스 리더들이 쓴 책을 많이 읽었지만 그것을 액면 그대로 받아들이지는 않는다. 그런 책 대부분은 해당 사업가가 중요한 결정에 직면했을 때 얼마나 강인한 정신력을 발휘했는지에 초점을 맞춘다.(그리고 대개 그런 책을 쓸 만한 지위에 있는 사람들은 불행히도 여성이 아니라 남성이다.) 문장에서도 흔히 남성 호르몬인 테스토스테론이 분출하는 것 같다. 그러나 이 책의 주제는 그런 것이 아니다. 물론 내가 이 책을 통해 공유하고자 하는 것 대부분은 비즈니스 세계에서 습득한 사업관이다. 그리고 내가 아는 것을 들려주려면 일단 그것을 어떻게 알게 되었는지 언급해야 하고, 따라서 자전적인 요소가 들어가지 않을 수 없다. 그러나 내 인생을 여러분에게 들려주는 주목적은 내가 얼마나 똑똑한지, 얼마나 훌륭한 사업가인지, 혹은 얼마나 강인한지 등등을 과시하려는 게 아니다. 내 인생에 대해 얘기하는 목적은 내가 걸어온 탐구의 길을 공유하는 데 있다.

1970년대 조지타운 대학 재학 시절 《캔터베리 이야기》를 읽은 적이 있는데, 지금도 종종 그 기사(騎士)가 생각난다. 고귀한 이상을 갖고 행복을 성취하기 위해 애쓰던 그 기사 말이다. 순례자들이 길거리 선술집에서 공짜 저녁을 얻어먹기 위해 재미난 이야기를 들려줄 때, 그 기사는 "모든 이들의 가슴을 기쁘게 하는" 이야기를 듣고 싶어 했다. 행복을 향한 나의 탐구 여정 역시 이와 약간 비슷하다. 나는 낙천주의자로서 긍정적인 사람에게 끌리는 편이다. 또 달라이 라마의 가르침처럼 우리가 자기 인생에서 해야 할 진정한 역할은 행복한 인간 존재가 되기 위해 개인적 여정을 관리하는 것이라고 믿는다. 《캔터베리 이야기》를 비롯해 행복과 자기 계발에 관한 수십 권의 책을 읽으면서 나는 다음과 같은 질문에 대한 답을 찾고자 했다. "무엇이 우리를 행복하게 만드는가?" 나는 내가 수행한 방식 그리고 내가 아는 가장 성공적인 사람들이 수행한 방식에 따라 행복을 추구하다 보면, 누구나 행복을 손에 넣을 수 있다는 것을 믿게 되었다. 성공도 마찬가지다.

이 책은 다음 세 가지 개념에 기초하고 있다.

첫째, 행복의 성취라는 문제는 기업가가 사업체 하나를 만드는 것과 같은 방식으로 다뤄야 한다. 비전과 계획, 목표, 체계적 접근 방식 그리고 발전에 대한 평가 기준 등을 갖고 말이다. 이것을 준수하면 당신은 행복해질 확률을 높일 수 있고 성공 역시 따라올 것이다.

둘째, 회사나 사업체, 자선 단체, 스포츠 팀, 정당 등과 같은 조직이 스스로를 '행복 비즈니스'에 종사한다고 생각한다면, 그런 것에 주의를 기울이지 않는 여타의 조직을 능가할 수 있다.

셋째, 행복이 성공을 낳는 것이지, 성공이 행복을 낳는 것이 아니다. 행복한 사람들은 삶의 어느 순간에 모종의 고통을 경험한 경우가 많다. 자신이 처한 상황을 반추하고 행복 성취에 전념하도록 하는 난관 말이다. 나는 관찰을 통해 가장 행복하고 가장 성공한 사람들은 여섯 가지 공통된 습관 혹은 원칙에 근거해 살아간다는 사실을 배웠다.

내가 죽기 전에 성취하고자 했던 101가지 목표 중엔 사실 다른 사람의 행복을 돕는 책을 쓴다는 목록은 없었다. 그 당시에는 자기표현의 통로를 찾는 것이 성공의 필수 요소라는 것을 잘 몰랐기 때문이다. 무언가를 되돌려준다는 것이, 즉 내가 배운 것을 사람들과 공유하는 일이 내게 행복을 안겨준다는 사실 또한 예상치 못했다. 내가 살면서 얻은 것 이상을 다른 사람들에게 남겨주는 일이 나의 숭고한 소명 중 하나임을 몰랐던 것이다. 당장 시작해야 한다는 절박감 말고는 사실 아는 게 거의 없었다.

'행복 수업'의 세계에 오신 것을 환영한다. 여러분이 이 책을 읽는 것은 내게도 큰 행복이다. 그 호의에 보답하게 되길 바랄 따름이다.

contents

들어가는 글 _ 008

1부 행복을 향한 나의 여정

1장 나는 어떻게 여기까지 왔을까? _ 021

2장 책임감은 꿈에서 시작된다 _ 033

3장 27세에 백만장자가 되다 _ 056

4장 위기를 낭비하면 바보다 _ 080

5장 형편없는 와인을 마시기엔 인생이 너무 짧다 _ 091

6장 다양한 공동체를 행복하게 만들어라 _ 101

7장 인간애와 자선, 행복을 위한 새로운 길 _ 131

8장 목표를 위해 모든 기회를 포착하라 _ 140

9장 행복한 사람이 되기 위해 노력하고 노력하라 _ 166

2부 행복을 향한 여러분의 여정

Happiness Lesson 0
행복에 관한 나의 지식은 어디서 왔을까? _173

Happiness Lesson 1
지금 당장 인생 목록을 작성하라 _190

Happiness Lesson 2
다양한 공동체에 관심을 기울여라 _ 203

Happiness Lesson 3
자기표현의 통로를 확보하라 _ 228

Happiness Lesson 4
자기가 가진 것에 감사하라 _ 242

Happiness Lesson 5
사회환원을 잊지 말고 실현하라 _ 259

Happiness Lesson 6
당신의 숭고한 사명을 발견하라 _ 273

나오는 글 _ 288

작가의 말 _ 300

옮긴이의 말 _ 308

부록 A 테드의 인생목록 _ 310

부록 B 행복 설문지 _ 316

부록 C 나를 위한 인생목록 _ 320

1부

행복을 위한 나의 여정

1장
나는 어떻게
여기까지 왔을까?

나는 데이비드 번의 열렬한 팬으로, 그가 리더로 활동한 록 밴드 토킹 헤즈를 매우 좋아했다. 너무나 짧았던 활동 기간 동안 그들이 발표한 노래 중 내가 가장 좋아하는 곡은 〈일생에 한 번은, Once in a Lifetime〉이다.

여러분도 들어봤을지 모르겠다. 1984년 영화 〈스톱 메이킹 센스〉에 삽입되면서 유명해진 곡인데, 가사 중에 이런 구절이 있다.

그리고 어쩌면 당신은 멋진 집에서
아름다운 아내와 살게 될 거야.
그리고 이렇게 자문할지도 몰라.
"음, 내가 어떻게 여기까지 왔을까?"

나는 어떻게 여기까지 왔을까?

브루클린의 베이리지 출신으로서, 내가 어떻게 아름다운 아내 린과 함께 여러 채의 집을 소유하며 살게 되었는지는 그 자체로도 충분히 하나의 이야깃거리다. 약간의 운과 배짱, 결단력을 통해 성공을 일궈낸 한 청년의 이야기에 허레이쇼 앨저(Horatio Alger: 미국의 아동문학가. 소년 취향의 성공담 소설로 유명-옮긴이)가 흐뭇한 미소를 보내리라는 것은 의심의 여지가 없지만, 중요한 것은 이민 가정 출신으로서 스포츠 팀과 대저택들을 소유하게 된 내 여정이 아니다. 내게 진정 중요한 것은 행복에 대해 전혀 무지한 상태에서 출발해 그동안 행복에 대해 알게 된 것들을 여러분과 나눌 수 있게 되기까지의 바로 그 여정이다. 나의 삶에는 이 책을 집필하는 데 계기가 되어 준 결정적 순간들이 있었다.

나는 미국이 제2차 세계대전 이후 급격한 경제 발전을 이루던 행복한 시기에 태어났다. 1956년 1월은 베이비붐이 절정에 이른 시점이었고 아이젠하워가 대통령이던 시절이었다. 부모님은 그리스 정교회 신자로서 미국 이민 가정에서 전형적인 어린 시절을 보낸 분들이었다. 부모님의 가족은 다른 수많은 사람처럼 좀 더 나은 삶을 위해 그리스를 떠나 엘리스 섬을 거쳐 미국으로 왔다. 흔히 말하기를 사람이 할 수 있는 가장 낙관적인 행동은 수천 킬로미터 떨어진 다른 나라로 가서 새로운 삶을 개척하는 것이라고 한다. 그래서 이민자의 후손인 우리 모두는 일찍이 무한한 가능성에 눈을 떴다.

우리는 또한 아주 어릴 때부터 공동체 의식을 익혔다. 그 이유는 대부분 대가족 형태로 생활했고 또 이민자 공동체라는 것이 여러 가지 이유로 인해 이웃을 이뤄 정착하는 경향이 있었기 때문이다. 따라서 내가 평화로운 시대에 크고 잘 정돈된 사회에 속한 한 낙천적인 가정에서 태어났다는 것에서 출발하기로 한다.

고등학교도 마치지 못한 아버지는 식당 웨이터였다. 대학 문턱에도 못 가본 어머니는 야구 카드를 만들어 파는 '톱스'라는 회사에서 비서로 일했다. 나중에 어머니는 G. H. 워커 앤드 컴퍼니로 옮겨 조너선 부시의 비서가 되었는데, 조너선 부시는 조지 부시 대통령의 동생이자 조지 W. 부시 대통령의 삼촌이며 액세스 할리우드 쇼를 진행하던 빌리 부시의 아버지이기도 했다. 미국이란 참으로 대단한 곳 아닌가?

나의 부모님은 가장 수입이 좋은 해에도 3만 달러 이상은 벌어본 적이 없었다. 어머니는 전쟁이 끝난 뒤에 아버지를 만났다. 두 분은 결혼 후 일자리를 찾아 어머니의 가족이 살던 매사추세츠 주 로웰을 떠나 뉴욕으로 이사했다. 내가 태어났을 때 아버지는 마흔둘, 어머니는 서른두 살이었다. 나는 브루클린 베이리지의 선셋 파크에서 자랐는데, 이곳은 영화 〈토요일 밤의 열기〉로 유명해진 곳이다.

흰색 양복 차림으로 디스코를 추던 존 트래볼타를 기억하는가? 이 영화는 나의 가족이 브루클린에서 로웰로 되돌아간 지 얼마 지나지 않았을 때인 1970년대 후반에 상영되었다. 나는 그 영화를 보며 왠지 민망했던 기억이 난다. 내가 살았던 동네를 꽤나 잘 묘사했기 때문이다. 만약 베이리지에 계속 살았더라면 나 역시 그런 옷차림으로 디스코장이나 드나들지 않았을까? 아마 아닐 것이다. 이 영화가 나올 때쯤 나는 비지스보다는 토킹 헤즈 같은 밴드를 훨씬 더 좋아했기 때문이다.

내가 어렸을 때 맨해튼에는 쌍둥이 빌딩이 건설되고 있었다. 맨해튼은 불과 수킬로미터 떨어진 곳이었지만, 〈토요일 밤의 열기〉에서 존 트래볼타가 연기한 토니 마네로가 그랬던 것처럼 나 역시 맨해튼을 다른 세계로 알고 있었다. 나는 이탈리아인, 푸에르토리코인, 스웨덴인, 아프리카계 미국인 등이 모여 사는 전형적인 멜팅 포트(melting pot) 공동체에서 성장했다. 그곳은 사회적으로 결속력이 강했지만 기껏해야 중하위 계층일 뿐이었다.

나의 부모님은 내가 재능을 타고났다고 항상 말씀하셨다. 어머니는 언젠가는 내가 미국 대통령이 될 거라고 우기곤 했다. 어머니의 이런 자신감이 어디서 나왔는지 지금도 이해할 수 없다. 왜냐하면 재정 형편이나 사회 계층의 관점에서 본다면, 나의 부모님과 가족은 밑바닥에 가까웠기 때문이다. 하지만 당시 미국 경제는 기꺼이 노력하는 사람들에게 엄청난 기회를 제공했다. 부모님은 매우 긍정적인 환경을 만들어주었다. 개인적으로는 내가 미국 대통령이 될 거라고 믿지 않았지만 가능성에 대해 어떤 한계도 의식하지 못했다. 나는 맨해튼의 휘황찬란한 불빛이 좀 더 화려한 세상을 의미한다는 건 알았지만, 우리가 가난하다거나 우리 아파트를 빈민 공동 주택이라고 표현하는 사람들이 있다는 사실은 전혀 몰랐다. 아파트 벽의 낙서를 보면 알아챘을 법도 한데 말이다.

부모님은 낙천주의자였지만 미국에서 성공을 위해 쏟아야 하는 노력에 대해서는 현실주의자이기도 했다. 그들은 또한 자식 세대는 부모 세대보다 나아야 하며, 그 비결은 바로 교육이라 믿었다. 나는 어린 시절이 행복했다고 기억한다. 그 이유는 가정에 사랑이 충만했고 든든한 지원과 보살

핌을 받는다는 느낌이 있었기 때문이다. 생각해보면 내 어린 시절은 오늘날의 기준으로 볼 때(혹은 그 당시 기준으로 봐도) 꽤나 규율에 얽매인 편이었다. 나는 숙제를 마치고 잠자리에 들 때면 늘 책을 읽곤 했다. 농구 팀 뉴욕 닉스나 아이스하키 팀 뉴욕 레인저스 경기를 라디오로 듣곤 했지만 텔레비전을 보는 데는 많은 시간을 소비하지 않았다. 라디오로 스포츠 중계를 듣던 기억은 지금도 즐거운 추억으로 남아 있다. 스포츠에 대한 나의 사랑은 일찍부터 시작되었다.

나는 시험 성적이 좋았고 읽고 쓰는 능력도 우수해 뉴욕 시의 공립학교들이 운영하던 SP(Special Progress, 일종의 영재반)라는 실험 프로그램에 들어가게 되었다. SP는 매우 특별한 프로그램이었다. 유치원부터 7학년까지 대부분 같은 선생님 밑에서 지도를 받고, 대부분 같은 아이들과 함께 공부했다. 성적이 우수할 경우에는 8학년을 건너뛸 수 있었다. 나는 8학년을 다니지 않았는데, 이는 내가 학교에 일찍 들어간 것까지 감안하면 고등학교에 입학했을 때 같은 학년 아이들에 비해 나이가 훨씬 어렸음을 의미한다.

부모님이 두 분 다 직장을 다녔으므로 나는 방과 후면 야구장과 농구 코트가 있는 길 건너 큰 공원에서 유치원 시절부터 함께 학교에 다니던 친구들과 그야말로 매일 운동을 했다.

열두세 살 때쯤부터는 나보다 나이가 많은 아이들과 어울렸는데, 그들 중 몇몇이 사고를 치기 시작했다. 나는 이미 그때부터 사고를 치면 꿈을 이루는 데 방해가 될 거라고 생각했지만 내 주변의 많은 아이들은 별로 그런 생각을 하지 않았다. 대학에 가겠다는 생각을 가진 아이들은 극소수였다.

대다수 아이들은 대학을 아예 인생의 선택 사항에 넣지 않거나, 대학 진학 가능성을 진지하게 고려하지도 않았다. 목표 지향적인 아이들이 그다지 많지 않았다고 표현해도 무방할 것 같다. 게다가 1960년대 후반은 마약이 급속히 퍼지던 시기라 성공을 지향하며 대학 진학을 목표로 삼는 아이들과 그렇지 않은 아이들로 극명하게 진로가 갈리는 것을 볼 수 있었다. 종종 서로의 집에서 함께 밤을 보낼 정도로 친하게 지냈던 내 친구 중 한 명은 십대에 마약 중독자가 되었고, 끝내 상점을 털다가 총에 맞아 죽었다. 내가 사는 동네가 살기 좋은 곳인지 어떤지는 해가 갈수록 더욱 명확해졌다. 성공할 수 있는 아이들과 그렇지 않은 아이들을 알아볼 수는 있었지만, 그렇다고 해서 그 아이들 사이에 뚜렷한 차이가 있는 것은 아니다. 나는 성공하는 부류에 속하고 싶었다. 물론 어떤 구체적인 목표가 있었던 것은 아니다. 하지만 내게는 부모님이 만들어주신 환경과 더불어 그저 공원에 앉아 세상 구경이나 하는 것보다는 뭔가를 이루기 위해 노력하게끔 하는 선천적인 성향이 있었다. 때때로 나는 그 노력이라는 것이 술을 마시고 마리화나나 피워대는 공원 벤치에서 농구를 할 수 있는 청소년 센터로 100걸음 정도 걷는 것만큼이나 간단한 일이라고 생각했다. 조금만 더 걸으면 되는 일이었다.

어린 시절 친구가 가게를 털다 총에 맞았을 때, 나는 열세 살이었다. 그러나 내 어린 시절 중 가장 결정적인 사건은 친구의 죽음이 아니었다. 그것은 바로 부모님이 브루클린을 떠나 내 외갓집이 있던 매사추세츠 주의 로웰로 이사하기로 결정한 것이었다. 이 결정은 매우 충격적이었다. 어머니는 휴가차 외가댁을 방문하고 돌아와서는 아버지에게 이사를 가야겠다고 선언했다. 그 이유는 나 때문이었다. "이 애를 계속 이 동네에 살게 할 순 없어요." 어머니는 이렇게 말했다.

그 일이 내게 고통스러웠던 이유는 학교와 이웃 그리고 공동체를 갑자기 떠나야 한다는 사실 때문이었다. 부모님의 결정이 전혀 이해가 안 되는 건 아니었지만 그럼에도 내가 완전히 알지 못하는 어떤 문제 때문에 그렇게 환경을 바꾼다는 것은 너무 과격한 해결책 같아 보였다.

내가 전학한 로웰 고등학교는 지금까지 내가 다닌 학교와 달랐다. 그전까지 나는 어린 시절부터 함께 공부해온 영재반의 일원으로 브루클린 기술고등학교(Brooklyn Technical High School)를 다녔다. 그런데 눈 깜빡할 사이 솔직히 매우 따분해 보이는 신도시의 새로운 학교로 옮기게 되었으니 그럴 만도 했다. 나는 지금도 브루클린 시절의 친구들 여럿과 가까이 지내는데, 그중엔 진정한 성공을 이룬 친구들도 많다. 하지만 의심할 바 없이 다른 많은 친구들은 불행한 길을 따라갔고, 결국 어린 나이에 인생을 마감했다. 좀 더 안전한 환경에서 나를 키우려 했던 어머니의 분투는 본능이었다. 그리고 돌이켜보건대 그런 환경 변화가 가족과 친구, 이웃 그리고 공동체를 이해하고 내 운명을 결정하는 데 도움이 되었다. 그러나 당시 나는 익숙한 환경과 위안처를 잃고 더 이상 영재반에 속할 수 없다는 사실 때문에 그동안 내가 가졌던 열의를 잃을 수밖에 없었다.

하지만 그런 환경 변화가 전적으로 나쁜 것만은 아니었다. 그전에는 몰랐던 수많은 친척과 친구들(사촌들과 이모들, 삼촌들, 교회나 학교에서 만난 그리스계 친구들)이 아는 사람 하나 없이 로웰에 도착한 그 시절 이후로 내 삶의 일부가 되었다. 서로에게 관심을 기울이는 그런 공동체는 훗날 사회로 진출하는 데 매우 강력한 기반이 되었다. 로웰의 그리스인 공동체는 전반적으로 물질적 만족보다는 자식 세대의 좀 더 나은 삶을 위해 열심히 일하는 사람들이었다.

나는 외아들이었지만 대가족의 일원이 된 것처럼 느꼈고, 그런 생각은 나에게 큰 힘이 되었다. 또한 사회성을 키우고 다른 사람과의 교류를 즐기며 그들과 관계를 맺는 데도 도움이 되었다. 하지만 브루클린을 떠나 로웰로 정착하는 과정 자체가 쉬웠다고는 할 수 없다.

나는 그들에게 낯선 아이였고, 나 역시 적응이 쉽지 않았다. 내 인생 처음으로 불행을 느꼈고 그러한 느낌이 학교 성적에 반영되었다. 돌이켜보면 불행해졌기 때문에 성적이 나빠졌던 것 같다.(성적이 나빠져서 불행해진 게 아니라.) 내가 재능을 타고난 아이라는 느낌도 어느새 사라져버렸다. 나에 대한 주변의 기대치도 하향 조정되기 시작했다. 나는 동네 슈퍼마켓에서 아르바이트를 하기 시작했고, 그와 동시에 나의 지평은 미국 대통령이 되는 것에서 슈퍼마켓 경영자로 좁혀졌다. 그러던 중 결정타가 찾아왔다.

로웰 고등학교에는 베아트리체 호어라는 진로 상담 교사가 있었는데 그분이 어머니와 아버지께 이렇게 말씀하셨다. "테드는 정말로 대학에 갈 재목이 아니에요. 졸업하면 직업학교로 보내는 게 어떨까요?"

이건 멋진 삶이 아니었다. 어쩌다 거기까지 이르렀을까? 내가 어쩌다 브루클린에서 '구조되어' 식료품 가게에서 일하며 더 이상 대학에 갈 재목이 아니라는 소리를 듣게 되었을까?

어떤 면에서는 아주 분명했다. 그때까지 A 또는 B를 받던 내 성적이 C

로 내려갔다.(하지만 내가 정말 좋아했던 영어와 역사는 여전히 A였다.) 나는 방황하고 있었다. 목표도 없었다. 불행했다. 의심할 바 없이 내가 겪고 있던 것 중 일부는 청소년 시기에 흔한 부작용이라 할 수 있었다. 필요 이상으로 많은 생각을 하고 갖가지 공상에 빠지며 의기소침해서 움츠러드는 현상 말이다. 하지만 다른 한편으로 나는 이러한 것들을 극복하지 않으면 인생 전체에 영향을 미치는 나쁜 습관이 되리라는 것을 알고 있었다. 공원 벤치에 앉아 술을 마시고 마리화나를 피워대는 것과 100걸음만 더 걸으면 청소년 센터에 갈 수 있는 것의 차이를 나는 알고 있었다. 브루클린에서 나는 언제나 그 100걸음을 걷곤 했다. 내겐 그런 동기 부여가 필요했지만, 그것은 매우 어려운 일이었다.

이것이 내 인생에서 첫 번째 심판의 순간이었다. 내 경로를 조정해 더 나은 길로 올라서야 한다고 나 자신에게 말한 결정적 순간이었다. 그 시절의 젊은이들이 그랬듯 나 역시 머리가 무척 길었다.(여기에는 어떤 선언적 의미도 있었다.) 나는 그 의미를 바꿔야겠다고 생각했다. 그래서 곧장 이발소로 가 머리를 아주 짧게 깎았다. 그날 집에 돌아와 부모님을 마주쳤을 때가 기억난다. 어머니는 실제로 눈물까지 글썽였다. 두 분 중 어느 누구도 머리를 자르라고 말씀하신 적이 없었다. 사실, 내가 머리를 기른 이유 중에는 좀 더 멋지게 보여서 다른 아이들과 쉽게 어울리고 싶은 것도 있었다. 그러나 별로 도움은 되지 않았다. 어떤 면에서 머리를 기르는 것은 내가 방황하고 있다는 증거이고, 이제 더 이상 방황하고 싶지 않았다.

내가 대학에 갈 재목이 아니라고 선언한 진로 상담 교사의 말이 나를 자극했다. "알겠어. 내가 잘못된 길을 가고 있는 거야. 이제 경로를 바꿀 때가 되었어. 그러지 않으면…."

그리고 며칠 후, 나는 현관을 들어서면서 부모님께 분명하게 선언했다. "성적을 올려서 좋은 대학에 들어가겠습니다."

그 후 몇 주 동안, 나는 목표를 설정하고 거기에 전념하기 시작했다. 그러자 놀라울 정도로 빠르게 상황이 호전되었다. 나는 좀 더 행복해지고 있었다. 더 이상 방황하지 않았으며 공상에 빠져 허우적대지도 않았다. 물론 여기에는 아이러니컬한 면도 있었다. 부모님은 당연히 내가 잘되기를 바랐다. 하지만 두 분 모두 대학을 다녀본 적이 없어 심적으로는 진로 상담 교사의 의견에 어느 정도 공감하고 있었던 것이다. 직업학교의 유용성은 분명하게 이해했지만, 대학은 미지의 세계였기 때문이다. 어쩌면 그 시점이 미국인들의 삶에서 대학 진학이 인생의 여러 가지 선택 사항 중 단지 하나에 불과했던 마지막 순간이었을지 모른다. 대학이 오늘날처럼 중산층 이상으로 사느냐 뒤처지느냐를 가르는 필수 조건으로 여겨지지는 않았다는 뜻이다. 부모님은 나의 빠른 변화에 놀라셨지만 실제로 일류 대학에 들어가 훌륭한 성적을 내리라고는 기대하지 않았다.

나는 적어도 매사추세츠 대학교 로웰 캠퍼스에 들어갈 정도로 성적을 끌어올릴 수 있었다. 부모님은 내가 매사추세츠 대학교 로웰 캠퍼스에 입학한 것을 훌륭한 선택으로 생각하셨을지 모르지만 나는 대학 1년을 더 나은 학교에 들어가기 위한 출발점으로 생각했다.

우연히도 그 시절 나는 잔디 깎는 일을 하고 있었는데, 내게 자기 집 정원의 잔디를 맡긴 사람 중 한 명이 짐 셰넌이라는 부유한 증권 중개인이었다. 조지타운 대학 졸업생인 짐으로부터 워싱턴에 있는 그 예수회 교육 기관에 대한 이야기를 들은 후 나는 새로운 목표를 세웠다. 그리고 매진해서 목표를 이루었다. 좋은 성적을 내기 위해 열심히 공부했고, 짐이 추천서를 써준 덕분에 조지타운 대학교에 입학한 것이다. 수년 후 내가 조지타운 대학에 적지 않은 금액을 기부할 능력을 갖추었을 때 나는 그 기부금의 수탁인으로 짐을 선정해 100만 달러짜리 수표를 건넸다.

조지타운 대학에 들어간 것은 하나의 성취였고 그 성취는 내게 진정한 행복감을 안겨주었다. 조지타운 대학에 들어가기까지의 과정을 되돌아보건대, 나는 실로 추락하는 궤도에서 나를 건져 올린 것이나 다름없었다. 어떻게 보면 나 자신에게 이렇게 말한 셈이었다.

'나는 해피엔딩이 아닌 길을 계속 따라갈 수도 있고, 통제력을 발휘해 나 자신의 길을 개척할 수도 있다.'

내 인생의 여러 상황을 연결해보면, 가족을 비롯한 공동체가 내가 딛고 설 수 있는 발판을 제공했음이 분명하다. 나는 의식적으로 목표를 향해 매진했다. 이번 경우에는 조지타운 대학에 들어가기 위해서였을 뿐만 아니라, 내가 대학에 갈 재목이 아니라던 진로 상담 교사의 의견이 틀렸음을 입증하기 위해서였을지도 모른다. 나쁜 하루가 모이면 나쁜 한 주가 되며 또 그것이 모이면 나쁜 학기와 학년이 된다. 나는 거기에서 벗어나 신중한 태도로 목표를 향해 차근차근 나아갔다. 예를 들어, 함께 어울리는 친구도 가려서 사귀기 시작했다. 가급적 긍정적인 인생관을 가진 친구들을 사귀려 했다. 친구와 목표가 결국은 내 삶의 방향을 정해주리라는 것을 직관으로 알 수 있었다. 브루클린 출신 소년에게 조지타운은 빛을 발하며 언덕 위에서 있는 전설 속의 도시처럼 보였다. 그리고 그 대학에 입학하자 내가 다시 예전의 나로, 영재반에 뽑혔던 그 시절의 나로 돌아간 느낌이 들었다.

많은 면에서 대학 입학은 내 인생의 궤도를 좀 더 나은 방향으로 선회시켰다. 물론 당시에는 고향에서 멀리 떨어진 명문 사립대에 들어가겠다는 목표를 세운 것 자체만으로 내 인생에 크고 분명한 목적의식을 부여한 거라고는 생각하지 않았다. 조지타운 대학교 입학으로 내 인생이 환하게 밝아진 것처럼 보이긴 했지만, 목표 설정과 성취가 내가 행복해질 가능성까지 높여줄 거라는 사실은 몰랐다. 나는 그저 내 행동 방식이 변화했다는 사실만을 깨달았을 뿐이다. 방 안에 틀어박혀 공상만 일삼던 태도를 버리고 급우들과 훨씬 더 적극적으로 교제하기 시작했다. 학교 과제를 통해 나 자신을 표현하기 시작했고 글쓰기를 비롯한 모든 학업에 보다 많은 노력을 쏟아 부었다. 또한 나는 감사하는 마음에서 활력을 얻었다. 누군가가(짐 세년) 내가 정말로 좋은 학교에 들어갈 수 있도록 도와주고 있었기 때문이다. 그리고 처음으로 숭고한 소명도 갖게 되었다. 세계 최고의 대학에서 교육을 받는 것 말이다.

조지타운 대학교 입학은 브루클린 베이리지의 빈민 공동 주택에서 사랑하는 아내와 함께 살게 된 아름다운 집으로 가는 과정에서 가장 중요한 하나의 단계가 되었다. 그 당시 내가 그 점을 진정으로 알았든 몰랐든 간에 목표를 세우고 그것을 성취하기 위해 열심히 노력하는 것은 행복에 이르는 과정에서 매우 중요한 단계이다. 그리고 그토록 훌륭한 대학에 진학한 것은 내가 비즈니스에서 성공한 가장 큰 요인 중 하나가 되었다.

2장
책임감은
꿈에서 시작된다

조지타운 대학교에 도착해서 내가 처음 배운 것은 우리 가족이 가난하다는 사실이었다. 내가 만난 아이들은 모두 최고의 사립학교 출신 같았다. 부모는 모두 대졸자이고 겉으로 보기엔 먹고살기 위해 일을 하는 것이 아니라, 경력 관리나 하며 지내는 사람들 같았다. 내 동기들은 "우리 아버지는 어디 어디의 CEO인데…" 하는 식으로 직함을 거론하며 부모의 직업을 밝히곤 했다. 그럴 때면 내 아버지가 고등학교도 못 나온 웨이터라는 사실이 떠올랐다.

내 동기들은 대부분 자기 자동차가 있었다. 하지만 나는 모든 소지품을 꾸려 담은 더플 백 하나를 짊어지고 워싱턴의 뉴욕 애버뉴에 있는 그레이하운드 버스 터미널에 도착했다. 부모님은 여행하면서 머물렀던 모텔 등에서 챙겨온 자그마한 비누와 샴푸를 작은 가방에 담아서 내게 건네주었다. 나와 달리 내가 만나는 아이들은 전 세계를 돌아다니며 여행한 경험이 있었다. "올여름은 낸터켓이었어. 너희는?"이라고 말하는 식으로 '여름'이라는 단어를 '휴가 여행'과 동일시했다. 음, 내 여름은 로웰이었다. 낸터켓에서 일직선으로 50마일밖에 떨어져 있지 않지만, 실질적으로는 백만 마일쯤 떨어진 것처럼 느껴지는 우리 동네 말이다.

그때 처음으로 행복하게만 보이던 내 어린 시절이 뭔가 약간 궁핍한 게 아니었나 하는 생각이 들었다. 브루클린과 로웰에서의 삶은 알고 보니 전형적인 미국인들의 삶이 아니었다. 나의 삶은 하류 중산층 이민자의 삶이었으며, 교외 지역 출신의 좀 더 중산층에 가까운 아이들의 삶과도 판이하게 달랐다. 나는 내가 생각했던 것처럼 중산층의 중간 정도에도 있지 않았다. 거기까지라도 올라가려면 열심히 노력해야 할 터였다.

새 친구들은 저택에 살았고, 저택이 한 채 이상인 집도 있었다. 그런 친구들은 학비며 생활비를 벌기 위해 일할 필요 없이 대학 생활에만 집중할 수 있었지만, 나는 위스콘신 애버뉴에 있는 신발 가게에서 아르바이트를 했다.

조지타운 대학교에서는 두각을 나타낼 방법이 여러 가지 있었다. 나로서는 입고 다니는 옷이나 소지하고 있는 물건, 여름휴가를 즐긴 장소 따위로는 경쟁할 수 없었다. 그나마 항상 운동을 중요시했고 제법 쓸 만한 길거리 농수 선수라고 자부했지만, 조지타운에서는 그것조차 아무 쓸모가 없었다. 그 당시 전설적인 존 톰슨을 코치로 맞이한 조지타운 농구 팀은 이제 막 전국적인 명문 팀이 되려는 순간이었다. 내가 동기생들과 경쟁할 수 있는 유일한 방법은 노력뿐이었다. 그래서 일단은 공부를 열심히 했고, 곧이어 참여하게 된 다른 일에도 성의껏 최선을 다했다.

조지타운 대학교에서 알게 된 아이들 중 상당수는 정치와 공직에 관심이 있었다. 그것이야말로 내가 경쟁 우위를 갖고 있는 유일한 영역인 것 같았다. 대학 입학 전 나는 하원의원 출마를 준비하던 먼 그리스계 친척 폴 송가스 씨의 선거 캠프에 자원봉사자로 참가한 적이 있었다. 폴은 진짜 친척은 아니었지만, 로웰이라는 공동체 자체가 그리스인 중에 누군가가 선거 운동 같은 중대한 일에 관련되면 모두 동포애를 발휘해 적극 지원하는 분위기였다.

폴의 선거 운동을 하는 동안 난생 처음 뭔가 큰일의 일부분이 된 느낌을 갖게 되었다. 나는 그 경험을 통해 정치인들은 좀 더 숭고한 소명을 지니고 사람들에게 도움을 주고 싶어 하는 사람들이라는 믿음을 갖게 되었다. 이념과는 아무 상관없는 일이었다. 요즘은 사람들이 정치와 정치인들에 대해 매우 냉소적인 것 같다. 하지만 나는 이상주의자였고, 폴 송가스는 한 젊은이의 가슴속에 내가 훗날 '이중 결산표'라고 생각하게 된 결론, 즉 성공하면서도 선을 행할 수 있다는 생각에 믿음을 불어넣어준 인물 중 한 명이었다. 이러한 '이중 결산'을 성취하는 것은 다른 사람들에게 옳은 일은 행하는 것과 관련이 있다. 그때까지는 나도 이러한 개념이 비즈니스에도 적용될 수 있다는 것을 아직 모르고 있었다.

폴과 그의 부인 니키는 우리 집에서 0.8킬로미터쯤 떨어진 곳에 살았다. 우리 동네 사람도 송가스처럼 교육을 잘 받고 큰 야망을 품을 수 있다는 사실에 나는 크게 고무되었다. 그가 그토록 명료하게 공동체와 나아가 국가를 위해 봉사하겠다는 숭고한 소명을 가질 수 있다는 것은 일종의 계시와도 같았다. 군대에 자원한 사람들과 하늘의 부름을 받고 성직자의 길로 들어선 젊은이들도 있었다. 하지만 폴의 소명은 달랐다. 폴은 대학을 마치고 평화봉사단에서 활동하다 로웰 시의원에 당선되고 카운티 집행관이 되었다. 내가 조지타운 대학교 2학년이던 1974년에 일어난 워터게이트 사건 이후 위세를 떨치던 민주당원 그룹의 일원으로 미 하원의원에 당선되었다. 4년 후에는 상원의원이 되었고 1992년에는 미국 대선 후보에 출마했다. 뉴햄프셔 예비 선거에서 승리하기도 했지만, 결국 빌 클린턴에게 패해 민주당 대통령 후보 자리를 내주었다. 1997년 그가 암으로 세상을 떠난 날은 슬프기 그지없었다.

폴이 하원의원에 당선되자 나는 그의 의원 사무실에서 인턴으로 일할 수 있었다. 야심차고 부유한 내 동기들이 간절히 원하던 종류의 과외 활동 기회를 갖게 된 것은 물론이고 (그 일로 해서 친구들과 대등해졌다는 느낌을 갖게 되었다) 의원 사무실 인턴으로 일한다는 것은 가난한 학생에게 크나큰 이점이었다. 송가스 의원 사무실에서 일한다는 것은 로웰에 계신 부모님께 시외 전화를 걸 여력이 생겼다는 걸 의미했다. 신발 가게에서 받은 임금으로 근근이 살아가던 학생에게는 대단한 변화였다.

나는 또한 조지타운 대학 도서관에서도 일하며 학기당 500달러라는 큰돈을 벌었다. 모든 일반적인 학생 활동과 함께 인턴직, 도서관 일, 신발 가게 일을 병행하면서 최선을 다했고 그 때문에 매우 바빴지만 나 자신이 여러 가지 일을 한꺼번에 처리할 수 있는 꽤나 높은 대역폭(high bandwidth)을 가진 사람이라는 것을 알게 되었다. 나는 더욱 성숙해졌고 매우 힘든 일도 감당해낼 수 있는 새로운 능력을 발견했다. 크리스마스 휴가를 보내기 위해 집으로 돌아간 다른 아이들이 가족들과 함께 스키를 타러 가거나 세인트 바츠(St. Barts: 서인도 제도에 있는 프랑스령 섬-옮긴이)로 여행을 가는 동안, 나는 학기가 시작되기 전까지 평균 두 가지 일을 병행하면서 가능한 한 많은 돈을 벌기 위해 애썼다.

내가 빚을 안고 대학을 졸업하리라는 것은 틀림없었다. 조지타운 대학은 당시 '개인별 필요 금액 산정, 필요 금액 전액 보조 방식'에 따라 학자금을 보조해주는 대학이 아니었고, 나는 필요 자금을 충당하기 위해 학자금 대출을 받아야 했다. 부모님이 학자금을 대주는 풍족한 아이들이 나와 달리 학업을 팽개치고 방종을 일삼는 모습을 보는 것은 안타까운 일이었다. 내 경우에는 스스로 학비를 충당했기에 그토록 열심히 공부하면서 조지타운 대학이 제공해주는 모든 혜택에 진정으로 감사했는지도 모르겠다.

브루클린 출신의 시인이자 작가인 델모어 슈워츠는 자신의 첫 시집에 《책임감은 꿈에서 시작된다》라는 유명한 제목을 붙였다. 로웰에서 '유배' 생활을 하는 동안 나는 조지타운 대학에 입학하는 것을 꿈꿨다. 그리고 그 꿈을 이루었을 때, 그 사실을 매우 진지하게 받아들였다.

조지타운 대학에 입학한 학생에게는 멘토가 한 명씩 배정되는데, 나의 멘토는 일흔다섯 살의 예수회 신부 조지프 더킨이었다. 그를 처음 만났을 때, 나는 약간 실망했음을 고백하지 않을 수 없다. 평생 학교 울타리 안에서 비교적 은둔자적 삶을 살아온 노인과 내가 무엇을 공유할 수 있을지 의

심스러웠기 때문이다. 나는 그때 그가 얼마나 전설적인 인물인지 그리고 얼마나 유명한 사람인지 잘 몰랐다. 그리고 더킨 신부의 멘티(mentee)가 된 것이 나에게 얼마나 큰 행운이었는지도 그때는 미처 몰랐다.

더킨 신부는 100세에 타계했는데, 그 순간까지도 25번째 책을 쓰고 있었다. 그는 아직까지 내가 만나본 사람 중에서 가장 훌륭한 사람이었다. 무엇보다도 참으로 진실한 인간이었다. 나는 그에 관해서 알려진 것과 다른 면모를 한 가지도 찾을 수 없었다. 그는 숨은 의도 혹은 조금이라도 부정적인 면을 갖고 있지 않았다. 다른 사람을 흠잡아 농담하거나 실없는 소리를 하는 법도 없고 냉소적인 측면도 찾아볼 수 없었다. 지금까지 내가 만나본 사람 중 가장 순수한 영혼의 소유자였다. 그는 진지했으나 아주 행복한 사람이었다. 그의 말에는 늘 '소명', '목적', '숭고한 사랑' 같은 단어들이 포함되어 있었다. 사람을 정말 진심으로 대했기에 시건방진 십대들조차 그의 말을 진부하다고 생각할 수 없었다.

더킨 신부는 예수회의 이상을 체현한 사람이었다. 그는 세상 만물에서 신을 발견했다. 예수회의 이상을 실천하면서 늘 조용히 경청하는 자세가 인상 깊었는데, 특히 자신이 멘토링하는 학생들에게는 더욱 그랬다. 그는 간단한 질문을 던져 상대의 마음을 열게 했고, 그렇게 시작한 대화를 통해 내가 읽어야 할 책과 내가 연구해야 할 주제를 제시해주었다. 그것은 학교 커리큘럼과 별도로 마련된 조지타운 대학 교육 과정의 일부였다.

더킨 신부는 행복한 사람이었고, 그 행복은 그의 숭고한 소명에서 비롯되었다. 그의 역할은 성직자로서 종교적인 일에만 국한되지 않고 자신이 돌보는 젊은이들이 한층 숭고한 소명을 깨닫도록 돕는 것이었다. 그는 학생들의 이성과 감성을 예리하고 활발하게 발달시킴으로써 그렇게 할 수 있다고 믿었다. 그는 멘토링을 받는 우리가 즐거운 분위기에서 마음과 영혼을 갈고 닦을 수 있도록 도와주었다. 인간의 궁극적 목적은 죽음 이후에도 삶이 지속된다는 것을 믿고 후회 없는 삶을 살다가 평화롭게 죽는 것이기 때문이다. 그는 받은 것보다 더 많은 것을 주는 삶을 살고자 하는 소망을 나에게 물려주었다. 삶의 모든 측면이 균형을 이루는 삶을 살라고 가르쳤으며 거기에는 일, 스포츠, 예술, 즉 인간성을 고양하는 모든 기쁨이 포함되어야 한다고 했다. 더킨 신부는 삶의 여러 부분 사이에서 균형을 유지하며 참여적이고 실천적인 삶을 살고자 하는 열망을 우리에게 불어넣어주려고 노력했다.

　더킨 신부는 지적으로도 시대를 앞선 사람이었다. 오늘날의 웹 2.0 세계에서 우리는 통합 프로그램, 즉 둘 이상의 소스(source)에서 도출한 자료나 기능을 하나의 응용 프로그램으로 통합하는 매시업(mash-up)에 대해 이야기한다. 더킨 신부는 1970년대 중반에 이미 그런 방식으로 생각한 사람이며, 내 대학 생활에서 그리고 나아가 내 사회생활에서 가장 중요하고 의미 있는 사건을 경험하도록 안내해준 사람도 그였다.

　당시 조지타운 대학에서는 3학년 학생도 4학년과 마찬가지로 특정 주제를 정해 논문을 써야 했다. 나는 고등학교 때 영어와 역사 과목을 잘했고 독서를 즐겼기 때문에, 2학년이 끝날 때쯤 영문학을 집중적으로 공부하기로 결심했으며, 미국학(American Studies)이라는 새로운 복합 학문을 전공하는 쪽으로 마음을 굳혔다. 2학년을 마치기 전 어느 날, 더킨 신부가 나에게 헤밍웨이의 《노인과 바다》를 읽어보라고 권했다. 그 소설은 신부가 가장 토론하기 좋아하는 종류의 책이었다. 왜냐하면《노인과 바다》는 유심론(spiritualism)에 대해 얼마든지 탐구할 수 있는 소재를 갖고 있었기 때문이다. 그 책은 아무리 벗겨도 속이 드러나지 않는 양파 같았고 그런 점이 더킨 신부의 흥미를 끌었다. 그는 하나의 주제를 한 번에 한 꺼풀씩 세밀하게 벗겨내며 파고들 수 있는 지력의 소유자였다. 그해 여름, 나는《노인과 바다》를 두 번이나 읽었다. 그리고 곧바로 같은 작가의《강을 건너 숲 속으로》를 읽었다.

《강을 건너 숲 속으로》는 1950년에 쓰였고《노인과 바다》는 1952년에 쓰인 것으로 알려져 있다. 그러나 나는 근원적으로 아주 다른, 문체도 전혀 다른 두 작품이 시기적으로 연이어 창작되었다는 사실을 수긍할 수 없었다. 나는 헤밍웨이가 위대한 예술가라는 것을 알고 있었고,《노인과 바다》를 출간하기 30년 전부터 저널리스트로서 수많은 글을 썼다는 사실도 알고 있었다.《노인과 바다》와 바로 이전에 출간한《강을 건너 숲 속으로》사이에는 많은 차이가 있었기 때문에 나는《노인과 바다》의 일정 부분은 헤밍웨이의 작가 생활 초기에 쓰였을지도 모른다는 의심을 품었다. 궁금증을 풀기 위해 도서관에 가서 헤밍웨이가 쓴 책을 있는 대로 다 찾아 읽었다. 내 예감이 옳다는 느낌이 왔다.《노인과 바다》는 문체에서나 어휘 선택 측면에서 헤밍웨이의 후기 작품보다는 초기 작품과 훨씬 더 많은 공통점을 갖고 있는 것처럼 보였다. 나는 당장이라도 더킨 신부에게 내가 발견한 사실들을 말하고 싶었다.

여름 방학이 끝날 무렵, 나는 대학으로 돌아와 나의 멘토를 만났다. "여름 잘 보냈나?" 더킨 신부가 물었다. "그 책은 읽어봤고?"

나는 방학 동안 내가 한 모든 일, 즉 의문을 품고 도서관에서 시간을 보 낸 일이며 헤밍웨이의《노인과 바다》와 그의 초기 작품 사이의 관계를 비 교해본 일 등에 대해 이야기했다. 그리고 헤밍웨이가《노인과 바다》의 전 부는 아닐지라도 상당 부분을 작가 생활 초기에 썼을지도 모른다고 말했 다. 아마 영감이 떠오르지 않아 새로운 작품을 쓸 수 없었거나 생활비를 벌 기 위해 서랍에서 예전에 써놓은 작품을 꺼내 출판사에 넘겨줬을 가능성 도 있다고 덧붙였다.

더킨 신부는 내 말에 무척 감동을 받은 것 같았다. 자신이 추천해준 책을 내가 읽을 거란 확신도 없었는데, 내가 그 책을 읽은 것은 물론 작품에 대 한 독창적인 이론을 생각해낼 만큼 열심히 연구까지 해왔으니 말이다. 몇 주에 걸쳐 우리는 그 주제에 대해 이야기를 나눴다. 그러던 어느 날, 나는 내 이론을 실제로 증명해보고 싶다고 말했다. 하지만 어떻게 증명해야 할 지는 전혀 몰랐다.

이때가 1975년 가을, 그러니까 브루스 스프링스틴의 '본 투 런(Born to Run)'이 나왔고, 패티 허스트가 납치되었고, 제럴드 포드 대통령의 말투가 '새터데이 나이트 라이브'라는 텔레비전 쇼에서 조롱을 받고 있을 때였다. 시간적으로는 그리 오래전이 아닐지 몰라도, 기술의 발전이라는 측면에서 보면 고대 이집트 시대나 다름없는 시절이었다. 컴퓨터는 대기업이나 미 국 항공우주국(NASA) 등에서나 사용되는 기계였다. 사실 누가 그때 나에게 컴퓨터에 대해 아는 것을 다 말해보라고 했다면, 나는 아마〈2001: 스페이 스 오디세이〉에 나오는 HAL 컴퓨터를 예로 들면서 대충 이야기를 끝냈을 것이다. 그만큼 컴퓨터와 기술 전반에 대해 별로 아는 게 없었다.

하지만 학제적 매시업 차원에서 사고하는 더킨 신부는 대학원 언어학과 쪽 사람들을 알고 있었다. 우리는 대학원 언어학과의 한 교수를 찾아가《노인과 바다》가 1950년대 이전에 쓰인 작품이라는 것을 증명하려면 어떻게 해야 좋을지 이야기를 나눠보았다. 그 언어학과 여교수는 헤밍웨이의 문장과 단어를 하나하나 살펴보면 각 작품별로 특정 패턴을 추출할 수 있을 거라고 말했다.《강을 건너서 숲 속으로》와《누구를 위하여 종은 울리나》에서 대명사가 어떻게 다르게 사용되었는지를 비교 조사한 다음,《노인과 바다》와 이 두 작품 사이에서 대명사 사용법의 차이를 다시 비교해보는 방법이 있고, 또 어떤 시기의 작품에서 특별한 형용사 사용법이 발견된다면 그것을 이용해《노인과 바다》의 저술 시기를 추정할 수도 있다고 조언해주었다. 그 교수는 개념적으로 많은 도움을 주었다. 하지만 내 이론을 증명하려면 분명 아주 번거로울 것이라고 말했다. 그때가 IBM의 개인용 컴퓨터가 나오기 약 6년 전이었는데, 칠십대 노신부는 "음, 그럼 컴퓨터를 한번 써볼까요?"하고 말했다.

당시 조지타운 캠퍼스에 컴퓨터라고는 학적과 단말기와 연결된 IBM 360 메인프레임 한 대뿐이었다. 더킨 신부와 언어학과 교수 그리고 학적과에 근무하는 컴퓨터 기사와 함께 나는 컴퓨터를 이용해 어니스트 헤밍웨이가《노인과 바다》를 1951년이 아니라 1930년대 또는 1940년대에 썼는지 조사하기 시작했다. 그 거대한 IBM 360 컴퓨터는 대략 요즘 아이폰 정도의 계산 능력을 갖고 있었으며, 순전히 펀치 카드를 사용해 데이터를 처리했다. 하지만 내 과제를 수행하기 위해 컴퓨터를 사용한다는 것은 아주 흥분되는 일이었다. 그 작업에서 나는 과학자이자 탐정이며 동시에 역사가가 된 듯한 기분이었다. 어떤 수수께끼를 풀기 위해 컴퓨터를 이용하는 것이 나를 그토록 흥분시키리라고는 전혀 기대하지 않았다. 게다가 연세 많은 예수회 신부와 함께 그런 연구를 시작하리라고는 꿈에도 예상 못했다. 아, 얼마나 행복했던지!

나는 친구들에게 내 연구 과제에 대해 이야기하곤 했는데, 친구들은 그런 내가 미쳤다고 생각했다. 친구들은 내가 뉴욕 레인저스 하키 팀이 어떻게 새로 탄생한 워싱턴 캐피털스를 눌러 이길 것인지 이야기하거나, 정치 또는 로큰롤에 대해 이야기하는 것을 더 좋아했던 것 같다. 미래에 의사나 변호사가 될 사람들에게 영문학 연구 과제를 컴퓨터를 이용해 수행한다는 게 말할 수 없이 이상해 보였을 것임에 틀림없다. 부모님도 내가 하는 일을 전혀 이해하지 못했다. 그해 크리스마스 때 내 연구 과제를 부모님께 말했지만, 컴퓨터는 그들의 경험 세계와는 너무 동떨어진 것이었다. 그것은 나에게 새로운 세계를 정복하는 것과 같았다. 다른 사람들의 전문 지식에 의존해 과제를 진행하는 데다 결과가 어떻게 나올지조차 불분명한 상황이었음에도 내가 내 운명을 지배하고 있다는 느낌이 들었다. 그 후로 내가 새로운 회사를 설립해 단지 목표를 향해 앞으로 나아갈 때마다 당시와 똑같은 느낌을 받았다. 그때 나는 진정으로 기업가가 된 기분이었다.

나는 먼저 헤밍웨이의 《노인과 바다》에 나오는 단어 5000개와 초기의 저술과 작품에서 골라낸 단어 수천 개를 펀치 카드를 이용해 컴퓨터에 입력했다. 컴퓨터 기사는 내가 힘들여 입력한 문장이 담긴 펀치 카드를 사용해 단어의 패턴을 탐색하는 프로그램을 짰다. 그러던 어느 날, 놀랍게도 컴퓨터가 우리에게 말했다. 최소한 《노인과 바다》의 몇몇 부분은 1950년대 이전에 쓰인 것이라고.

유레카의 순간이었다. 더킨 신부와 내가 하이파이브를 했는지는 기억나지 않지만, 그도 나만큼 흥분했다는 것은 기억난다. 그 발견에 우리는 이성을 잃을 정도였다. 특히 나는 거의 제정신이 아니었다. 조지타운 대학은 학제적 연구 개념에 기초해 교육 시스템을 구성했는데, 내 3학년 논문 주제가 컴퓨터 과학과 언어학, 문학과 역사학이 복합된 것이라는 사실은 아주 대단한 사건이었다.

비록 헤밍웨이의 전기 작가들은 우리가 발표한 이론을 결코 따뜻하게 받아들이지 않았지만, 내가 작성한 논문은 컴퓨터와 인문학 관련 학회 회보에 실렸다. 단기적으로 내게 가장 중요했던 일은 내가 그해에 조지타운 대학이 3학년 학생에게 주는 최고 논문상을 받았다는 사실이다. 그리고 장기적으로는 더킨 신부와 함께 연구 과제를 수행한 것(특정 논문의 주제를 증명하기 위해 컴퓨터를 이용한 것)을 계기로, 컴퓨터의 힘과 그것을 실용적으로 이용하는 것에 대해 평생토록 관심을 갖게 되었다는 것이 가장 중요했다. 내 사회생활 초기에 이룬 모든 성취는 우리가 함께 작업하면서 만든 명문화되지 않은 연구 방법에서 나왔다. 그 방법 속에는 컴퓨터가 세상을 변화시킬 것이라는 믿음이 전제되어 있었다. 나는 인간이 무언가를 하기 위해 어떻게 컴퓨터를 사용할 수 있는지 직접 체험했다. 그 과정에서 빛이 번쩍했다거나 어떤 계시가 있었던 것은 아니다. 앞으로 보게 되겠지만, 나중에는 그런 일이 실제로 일어나기도 했다. 하지만 여기서 말할 수 있는 것은 단지 한 예수회 신부가 나에게 《노인과 바다》를 읽어보라고 권했고, 그 일을 계기로 내가 어마어마한 어떤 신천지에 도달하게 되었다는 것이다.

나는 잭 케루악에 관해 졸업 논문을 쓰기로 마음먹고 4학년을 시작했다. 《길 위에서》가 비록 전후(戰後) 문학에서 하나의 현상이 되었지만, 나의 관심은 개인적이고 지역적인 것이었다. 잭 케루악은 로웰에서 성장했고, 내 외삼촌 빌 쿠만첼리스와도 절친한 친구였다. 《길 위에서》로 얻은 갑작스러운 명성을 감당할 수 없을 즈음 케루악은 로웰 태생의 그리스계 미국 여성 스텔라 샘퍼스와 결혼해 다시 로웰로 돌아왔다.

장 루이 케루악은 미국으로 이민 온 프랑스계 캐나다인 부모 밑에서 태어났다. 하지만 내 외삼촌 빌이나 다른 식구들은 케루악을 그리스 사람처럼 대했다. 어렸을 때 잭 케루악을 딱 한 번 만난 적이 있을 뿐이지만, 조지타운 대학 4학년이 되자 여러 가지 면에서 나와 공통점을 찾게 되었다. 케루악은 이민자 공동체의 한 사람이었고, 일류 대학(컬럼비아 대학)에 들어가기 위해 로웰을 떠났었다. 일테면 나와 비슷한 경로를 거쳤던 것이다.

나는 졸업 논문에 참고하기 위해 케루악과 알고 지냈던 사람들을 찾아다니기 시작했다. 그들이 케루악에 관해 다른 영문학 전공자들과는 다른 관점을 제공해줄 수 있을 거라 생각했고, 그것을 통해 생생한 이야기 같은 근원적인 자료를 얻을 수 있을 거라고 생각했기 때문이다. 나로서는 로웰의 빈민 공동 주택에서 보낸 그의 어린 시절을 상상하는 것이 그다지 어렵지 않았다.

하루는 케루악과 더불어 비트 세대를 대표했던 두 작가 앨런 긴즈버그와 윌리엄 버로스가 폴저 도서관에서 낭독회를 주최한다기에 그들을 찾아갔다. 낭독회가 끝나고 두 작가에게 나를 소개할 기회를 얻었다. 나는 로웰 출신의 그리스계이고, 친척이 케루악과 절친한 사이였으며, 케루악에 관한 논문을 준비하고 있다는 얘기를 했다. 그리고 졸업 논문에 참고할 수 있게끔 케루악에 관한 기억들을 들려줄 수 있는지 물어보았다.

전설적인 이 두 작가(버로스는 키만 크고 비쩍 말랐으며, 긴즈버그는 머리와 수염을 길게 길렀는데, 만화가 R. 크럼의 그림 같은 외모였다)는 즉석에서 흔쾌히 승낙했다. 놀랍고도 기쁜 일이 아닐 수 없었다. 두 사람은 자신들이 지금 케루악의 가족들하고 관계가 다소 소원해진 상태인데, 만약 내 친척이 지금도 그들과 가까운 사이라면 자신들과의 관계를 회복하는 데 도움을 줄 수도 있을 것 같다는 얘기를 했다.

다음 날, 앨런 긴즈버그와 윌리엄 버로스가 내 아파트로 찾아왔다. 그때의 그 전율이라니. 비트 작가에 관해 논문을 쓰는 한 대학생에게 찾아온 이 엄청난 기회! 그 전율은 상상조차 할 수 없을 정도였다. 살아 있는 두 전설이 내 방에 앉아서 자신들의 동지 잭 케루악과 함께했던 생생한 기억들을 들려주는 것은 하늘이 내려준 행운이나 다름없었다. 하지만 나 자신이 케루악과 어떤 연결 고리를 가지고 있었기에 100퍼센트 행운이라고만은 말할 수 없었다. 나보다는 더 큰 연결 고리를 갖고 있는 것처럼 보였던 조지타운 대학 동기들이 그토록 탐내던 의회 인턴십 자리를 폴 송가스가 하원의원에 당선되었기 때문에 로웰 출신의 가난한 대학생인 내가 거머쥘 수 있었던 것처럼, 내 외삼촌 빌이 잭 케루악과 연결 고리를 갖고 있었기 때문에 버로스와 긴즈버그가 내 아파트로 찾아왔던 것이다. 그런데 곧 문제가 생겼다. 나는 수업에 들어가야 하는데, 두 작가는 온종일 내 방에 앉아서 이야기를 쏟아낼 것만 같았다. 나는 목소리를 가다듬고 앨런 긴즈버그가 한참 풀어내는 이야기를 도중에 끊었다.

"죄송합니다. 정말로 분위기 깨고 싶지 않지만 수업에 들어가야 할 시간이에요."

"무슨 수업인가?"

"영문학입니다."

내가 대답했다.

"같이 가도 되겠나?"

버로스가 물었다.

그렇게 해서 우리는 조지타운 대학 캠퍼스를 가로질러 영문학 수업에 함께 들어갔다. 영문학 교수 휴 클록 박사는 내가 강의실에 늦게 들어가자 약간 못마땅한 표정을 지었다.

"클록 박사님, 늦어서 죄송합니다. 동행이 있어서요."

내가 말했다. 두말할 것도 없이 클록 교수는 평범한 호의 이상의 반응을 보여주었다. 그러나 윌리엄 버로스와 앨런 긴즈버그 그리고 클록 교수 사이에는 좁힐 수 없는 간극이 있었다. 계산기 회사의 상속자인 윌리엄 버로스는 자신의 소설에서 '영어'를 해체한 독특한 문장가이며, 아내를 살해한 혐의로 구속된 전력이 있는 인물이었다. 그리고 동성애자인 앨런 긴즈버그는 자신의 종교를 유대교에서 불교로 개종해 유명세를 탄 시인이었다. 이에 반해 클록 박사는 예수회 계열 교육 기관에 소속된 교수가 아닌가? 하지만 이런 식의 기회를 관용과 존중으로 학생들에게 용인하는 것이 바로 조지타운 대학의 본질이었다.

수업이 끝나고 나는 두 작가와 함께 대학 교내 방송국으로 향했다. 그곳에서 긴즈버그는 자신의 시 〈울부짖음〉을 낭송하기도 하고 불경을 읊조리

기도 했다. 점심을 느지막하게 해결한 다음 두 작가는 내게 논문을 위한 독창적인 연구 자료를 남겨주고 유쾌하게 발걸음을 옮겼다. 삽시간에 캠퍼스의 전설이 된 것은 말할 필요도 없었다.

케루악과 로웰에 관한 논문에 참고하기 위해 버로스와 긴즈버그에게 들은 이야기는 믿을 수 없을 만큼 큰 도움이 됐다. 단순히 도서관 자료에만 의지하거나 마음대로 꾸며낸 것이 아니라 내가 정말로 버로스 그리고 긴스버그와 인터뷰를 했다는 반박의 여지없는 증거를 내 영문학 교수가 갖고 있었기에 내가 좋은 성적을 받는 것은 당연한 일이었다.

지극히 개인적인 차원에서 케루악과 로웰에 관한 이야기를 파헤치고, 그를 비공식적인 일원으로 받아들인 그리스계 이민자 공동체를 조사하면서, 내가 그동안 여러 가지 면에서 거부했던 이 공동체를 마침내 끌어안을 수 있었다. 내 부모님이 성장했던 매사추세츠의 공업 도시 로웰은 잭 케루악이 엄청난 명성과 부를 얻은 뒤 다시 돌아온 곳이기도 했다. 케루악이 다시 끌어안을 수 있다면 나 역시 마찬가지일 것이다. 졸업이 다가오는 시점에서, 3년 전 대학에 입학했을 때보다 더욱 세련된 젊은이가 된 나로서는 이제 고향이라고 부를만한 곳과 화해를 하고 학교를 졸업할 생각이었다. 나는 대학 시절 동안 로웰을 멀리 벗어나지도 못하고 부모님과 친척이 아직 그곳에 있는데도 불구하고 진짜 친밀감을 느끼지 못했다. 이제 케루악에 대한 논문 덕택에 어떤 당혹감이나 후회도 없이 나 자신을 있는 그대로 받아들일 수 있게 되었다. 세월이 한참 지나서, 나는 《길 위에서》의 자필 원본을 구하기 위해 입찰을 했으나 호가가 200만 달러를 넘어 포기했다. 케루악이 타이핑한 긴 두루마리 종이를 정말로 소장하고 싶었지만 200만 달러는 무리였다.

　졸업 논문은 A학점을 받았다. 사실 나는 3학년과 4학년 때 모든 과목에서 A를 받았다. 당시 조지타운 대학은 내 멘토 조지프 더킨 신부의 이름을 따 가장 뛰어난 4학년 학생에게 매년 더킨상을 막 수여하기 시작했는데, 나는 1977년에 이 상을 받고 조지타운 대학에서의 생활을 마감했다. 감동적인 순간이었다. 그 상이 내가 대학 시절 동안 이뤄낸 모든 것을 증명하기 때문도 아니고, 불과 4~5년 전만 해도 "대학에 갈 재목이 아니다"라는 꼬리표를 달았던 사람이 해낸 일이기 때문도 아니었다. 그 상이 내 인생과 성공, 내 미래의 행복에 믿을 수 없을 정도로 영향을 끼친 조지프 더킨 신부의 이름을 따 제정한 상이기 때문이었다.

　조지타운 대학 시절은 내게 깊고 긍정적인 영향을 끼쳤다. 약간의 오기를 품은 채 대학에 입학해 만만치 않은 열등감에 시달리다 더킨상을 받으며 졸업하기까지 나의 대학 생활은 대단한 여정이었다. 학업에 매진하면서 그리고 나를 둘러싼 세상과 폭넓게 교류하면서 삶에 충실해지는 법을 배웠다. 3학년 논문을 준비하면서 컴퓨터를 배웠고, 학교 수업 및 폴 송가스 의원의 인턴직을 통해 정치를 배웠다. 동부 해안 지방 출신 중상류층 동기들은 '여름'이라는 단어조차 나와 다른 의미로 사용한다는 것도 알지 못한 채 대학 생활을 시작했지만, 나는 비판적 사고를 길렀고 이전과는 다른 좀 더 큰 도전에서도 성공할 수 있다는 자신감을 갖게 되었다. 가장 중요한 것은 조지프 더킨 신부의 지도를 받으면서 다른 사람에게 봉사하겠다는 마음이 싹텄고, 지성과 감성을 길러 온전한 사람이 되자는 조지타운 대학의 정신을 받아들인 점이었다. 1970년대 말 냉소적이면서도 꽤 우울한 사회적 분위기 속에서 나는 야심차고 이상주의적인 젊은이가 되어 사회에 나왔다.

그리고 나는 행복했다. 하지만 아직은 행복을 이루는 부속품을 이해하지 못하고 있었다. 분명 행복이란 모 아니면 도라고 생각했던 것 같다. 행복하거나 그렇지 않거나 둘 중의 하나 말이다. 어떤 일에 관심을 집중하거나 어떤 행동을 강화하는 것으로 행복한 사람이 될 가능성이 커진다고는 전혀 생각하지 못했다. 그때 여러분이 내게 질문을 던졌다면 아마도 성공이 행복을 부른다고 대답했을 것이다. 뒤집어서 생각하지 못하고 말이다. 하지만 되돌아서서 스물한 살짜리 내 자신을, 과 수석으로 조지타운 대학을 졸업한 내 자신을 바라보면 몇 가지 분명한 점이 있다.

타고난 외향적 성격으로 인해 나는 여러 공동체를 이곳저곳 기웃거려야 마음이 편해지는 사회적 존재였다. 풍요로움과 다양한 경험이 넘치는 조지타운 대학 학생회는 입학 첫날부터 위화감을 조성했지만 나는 조금도 아랑곳하지 않고 그 한가운데서 활기차게 활동했다. 그리고 평생을 함께할 친구도 사귀었다. 그러면서도 나는 브루클린과 로웰에 두고 온 친구들과도 계속 교류를 유지했다. 케루악에 관한 논문을 쓰면서 로웰에 대한 나의 마음이 열렸기 때문에 고향과 동떨어져 있다는 생각을 하지 않게 되었다. 공동체 이곳저곳에 속해 있다는 생각에 한껏 행복을 느꼈고, 내 정체성의 다양한 측면이 주위 사람들과의 접촉을 통해 보강되었다.

나는 자기표현의 통로를 발견했다. 내 논문 두 편이 가능성을 열어주었다. 나는 개인용 컴퓨터라는 가능성에 흠뻑 빠져 있었다. 당시 사용하던 포트란 같은 프로그래밍 언어로 컴퓨터 코드를 작성했다는 이야기가 아니다. 하지만 어떤 목적을 달성하는 수단으로 컴퓨터를 인식하며 1977년에 대학을 졸업했다. 순전히 실용적인 차원에서 보면 이것은 영화 〈졸업〉에서 극중 더스틴 호프만이 동부의 명문 대학을 졸업하고 미래에는 플라스틱이 대단한 사업이 될 것이라는 짤막한 귀띔을 받은 것과 같았다. 개인용 컴퓨터 시대가 막 시작할 무렵 컴퓨터의 잠재력을 인식한 영문학 전공자가 되었다는 것은 믿을 수 없는 행운이었다.

나는 조지타운 대학, 더킨 신부, 곧 상원의원이 된 하원의원 폴 송가스, 이들 모두에게 고마움을 느꼈다. 내가 조지타운 대학에 들어갈 수 있도록 해준 짐 셰넌에게도 고마웠다. 특히 부모님께 고마웠다. 나는 반드시 부모를 거슬러야만 어른이 된다고 믿는 그런 청년은 아니었다. 나는 내 어머니 아버지가 자신을 희생하면서까지 나를 올바른 길 위에 올려놓았다는 사실을 알고 있었다.

하지만 나의 행복은 불완전했다. 아직은 충만한 행복을 실현하지 못한 사람이었다. 공동체에 대한 의무감을 이해하고, 봉사에 헌신하는 삶이라는 예수회의 정신에 감동도 받았지만, 당시 내 야망은 나 자신을 향한 것이었다. 나는 다른 사람들의 마음을 잘 헤아렸다. 외향적인 성격처럼 이런 헤아림도 나의 본질이라고 믿고 있다. 하지만 졸업할 당시 내 숭고한 소명은 근본적으로 나 자신과 관련이 있었다. 내 숭고한 소명이 돈이었다고는 말하고 싶지 않다. 왜냐하면 전적으로 그렇진 않았기 때문이다. 성인으로 가는 길목에서, 유리창에 얼굴을 대고 내 동기들이 즐기던 삶의 여유로움을 들여다보면서 '나'라는 존재가 형성되었다는 것을 부인할 수는 없을 것이다.

나는 동기들의 집에 초대받았을 때, 그들의 여유로운 삶을 목격했다. 피어스 팜즈라는 한 동기생의 목장에 갔던 일을 지금도 기억한다. 그 아름다운 목장에는 거대한 붉은색 대문이 서 있고, 거기서 차를 타고 한참을 들어가야 현관이 나왔다. 나는 언젠가 이렇게 인상적인 대목장을 갖겠다고 마음 먹었다. 내 기준을 동기들에게 맞춰보면서 만약 공정한 경쟁이 가능하다면 나도 그들만큼 성공할 수 있을 거라는 생각이 들었다. 나는 좋은 직장을 구해서 금전적으로 성공하겠다고 마음먹었다. 학자금 대출로 2만 7000달러의 빚을 안고 대학을 졸업했으니 금전적 성공이란 일단 빚을 청산한다는 의미일 뿐 기부까지 할 정도는 아니었다. 이때 내 인생은 분명 금전적 성공이라는 목표를 향해 방향이 맞춰져 있었다. 그리고 그런 성공을 이룬다고 해서 그것만으로 진정한 행복을 얻을 수 없다는 사실을 깨닫지 못한 철없는 시절이기도 했다.

이렇듯 흥미진진했던 내 인생의 한 시기를 되돌아보니, 어느 정도까지는 성공도 했고 행복하기도 했던 듯하다. 하지만 나의 행복은 그것을 뒷받침하는 몇 가지 요소가 불완전했기 때문에 지속될 수 없었다. 나는 더 이상 대학생이 아니었다. 분명 어떤 종류의 성공이라는 길에는 들어서 있었다. 하지만 '행복 학교'의 학생으로서는 아직도 갈 길이 멀었다.

조지타운에서 나는 정말 좋은 평생지기를 많이 만났다. 마리아 슈라이버(Maria Shriver: 작가이자 언론인. 아널드 슈워제네거의 부인)는 나와 같이 더킨 신부님을 멘토로 둔 학우였고, 나하고는 35년 이상 친밀하게 지내며 연락을 주고받았다. 룸메이트였던 마이클 제이콥스는 내 영화 〈난징〉의 제작자

중 한 명이 되었다. 로렌스 아머하고는 오랜 세월 계속해서 연락을 취하고 있으며 나를 처음 캐피털스 팀 경기에 데려다준 사람은 존 하워드였다.

조지타운에서 벌어졌던 한 사건은, 돌이켜보면 그 당시에도 내가 행복의 구성 요소를 정의하기 위해 고군분투했다는 사실을 상기시켜준다. 당시 어느 정도 행복에 이르는 지름길을 알아낸 것 같아 룸메이트와 나눴던 재미있는 대화가 생각난다. 이 대화를 더듬어보면, 아마 나도 행복에 대해 아무것도 모르고 있지는 않았던 것 같다.

내 룸메이트는 빌 맥도널드라는 녀석이었는데, 지금은 할리우드에서 영화 제작자로 크게 성공했다. 아마도 대학교 3학년 때의 어느 금요일 밤이었던 것 같다. 빌과 나는 주말에 공부할 자료를 구하기 위해 도서관에 들렀다. 우리는 열심히 공부한 다음, 캠퍼스 파티가 열리는 곳을 찾으러 나섰다가 허탕만 치고 한밤중에 집으로 돌아왔다. 나는 곧장 잠자리에 들기 위해 위층으로 올라갔다. 위스콘신 애버뉴의 신발 가게에서 아르바이트를 했기 때문에 자명종을 8시에 맞추어놓았다.

아침에 잠에서 깬 나는 샤워를 하고 아르바이트 나갈 준비를 했다. 아래층으로 내려오자 사립학교 출신의 잘생긴 빌이 무릎 위에 완벽하게 아름다운 금발 머리 아가씨를 올려놓고 소파에 앉아 웃고 떠들고 있었다. 정말 놀라운 일이었다. 전날 밤 빌과 나는 분명 함께 집으로 돌아왔는데, 언제 이토록 아름다운 여자를 만났는지 어리둥절했다.

"뭐하려고?"

빌이 물었다. 내가 대답했다.

"음, 이제 나가서 아침을 먹고 신발 가게에서 네 시간 동안 일해야 해. 그리고 근무가 끝나면 도서관에 가서 몇 시간 더 공부를 해야지."

빌이 나를 보며 말했다.

"왜 공부를 더 하려는 거야? 어제 공부하지 않았어?"

"했지. 하지만 좋은 성적을 얻으려면 더 공부해야 해."

그러자 빌이 말했다.

"왜 좋은 성적을 얻고 싶은 거야?"

난 잠시 생각하다가 대답했다.

"그래야 졸업을 할 수 있고 좋은 직장을 얻을 수 있으니까."

"좋은 직장은 왜 얻으려고 하는 건데?"

"음, 빌. 난 돈을 많이 벌어야 해."

그러자 그가 말했다.

"왜 돈을 많이 벌어야 하는데?"

나는 대답했다.

"학자금 대출을 갚아야 해. 그뿐만 아니라 돈을 많이 벌면 행복해질 수 있을 것 같아."

"네가 정의하는 행복은 어떤 건데?"

"지금의 네 모습이 아닐까 하는데? 늦잠을 자고, 예쁜 여자를 무릎에 앉혀 놓고, 세상이 어떻게 되든 상관없이 웃고 수다를 떠는 것 말이지."

빌이 말했다.

"바로 그거야. 난 중간 과정은 몽땅 생략해버렸지."

그때 빌의 말에 번뜩이는 진실이 담겨 있으며, 빌은 정말로 행운의 사나이라고 생각했던 기억이 난다. 그는 이미 답을 알고 있었기에 나에게 '소크

라테스의 대화법'을 시도했던 것이다. 그게 아니더라도 최소한 무엇이 자신에게 이로운지는 알고 있었다.

이미 그때부터 나는 행복을 성취하는 것은 단계적인 과정이라고 여기고 있었다. 하지만 어쩌면 남보다 유리한 입장에서 태어난 빌은 그 결승선으로 직행한 셈이다.

나는 그런 삶도 존중한다. 그리고 내 친구이자 예전의 룸메이트인 잘생긴 할리우드 영화 제작자가 행복한 삶을 살아가는 탁월한 재능을 가지고 있다는 사실도 인정한다. 그에게는 자연스러운 일이다. 그걸 타고난 사람이니까.

반면 나는 A 다음에 B, B 다음에 C로 가는 단계를 거치는 대기만성형 인간인 것 같다. 하지만 빌은 단번에 종착지에 도착했다. 신의 축복을 받은 게 분명하다!

그러나 성공을 향한 여정을 계획하듯, 행복을 향한 여정을 계획하고 있는 대부분의 사람들은 분명 내가 기나긴 세월 동안 배워온 체계적인 접근 방식을 선택해야 할 것이다. 처음부터 금발 여인을 품에 안고 소파에 앉아 있을 수 있을 만큼 재능과 매력, 행운을 타고나는 사람은 극소수일 테니 말이다.

3장
27세에 백만장자가 되다

사람들에게 미국 최고의 첨단 기술 중심지가 어디냐고 묻는다면 가장 먼저 나오는 대답은 아마도 실리콘 밸리일 것이다. 그러나 1970년대 후반 무렵 컴퓨터 전산 기술은 서해안뿐만 아니라 동해안에서도 발전을 거듭하고 있었다. 특히 매사추세츠에서 말이다. 실제로 이 작은 주의 주지사인 마이클 듀카키스가 1988년에 민주당 대통령 후보로 지명되는 데 큰 도움을 준, 이른바 '매사추세츠의 기적'은 DEC나 데이터 제너럴을 비롯해 보스턴 북부 및 서부의 준(準)교외 지역에서 싹튼 최첨단 기업들이 만들어낸 것이었다. 그리고 공교롭게도 내가 조지타운 대학을 졸업할 무렵, 그 기업 중 한 곳인 왕 연구소(Wang Laboratories)가 마침내 본궤도에 진입해 1년 전 본사를 트웩스버리에서 로웰로 이전한 상태였다.

1977년 여름, 나는 대학교 학위를 딴 대가로 어마어마한 액수의 청구서를 받았다. 부모님은 내가 일자리를 찾고 학자 융자금을 모두 갚을 때까지 집에 들어와 살라고 제안했고 나는 그것이 상당히 합리적인 조건이라고 생각했다. 그리고 왕 연구소는 내가 가장 먼저 지원하기로 한 회사 중 한 곳이었다.

왕 연구소는 1950년대 초반 중국 출신으로 하버드를 졸업한 컴퓨터 엔지니어 왕안 박사에 의해 설립되었다. 연구소의 주요 업무는 탁상용 계산기를 개발하는 것이었다. 1976년에 왕은 이른바 최초의 워드 프로세서 중 하나를 발명했는데, 이는 타자기와 개인용 컴퓨터의 중간 단계로 머지않아 모든 사무실에서 상용화되었다. 워드 프로세서는 모든 문서를 처음부터 타자로 쳐야 하는 사무원들을 고역에서 해방시켰고, 타자수들은 좀더 생산적인 업무에 투입될 수 있었다. 내가 지원할 당시 연구소는 매사추세츠에서 '발에 날개가 돋친 듯 잘 나가는' 회사였고 매우 행복한 일터였다. 반독점법과 씨름하며 딱딱하고 경직된 회사 문화로 악명 높던 IBM과는 여러 모로 대조적이었다. 왕 연구소는 개발하는 생산품과 직원에서 고객에 이르기까지 구성원을 대하는 방식에서 그 어느 기업보다도 혁신적이었고, 내가 입사한 해에는 전사(全社)적 네트워크 구축이라는 선구적 노력의 산물인 오피스 정보 시스템(Office Information System) 덕분에 사무 자동화와 생산성 증진을 꾀하는 똑똑한 기업 고객들에게 각광을 받고 있었다.

나는 지원자 중에서 상당히 독특한 편에 속했다. 엔지니어는 아니었지만 로웰 출신으로 좋은 대학을 졸업했고, 컴퓨터에 관한 지식과 영문학 학위를 갖고 있었다. 글을 쓰고 설명할 수 있으며 동시에 첨단 기술에 경기를 일으키지도 않았다. 다시 말해 전기공학 전문가지만 누가 때려죽인대도 도저히 글은 못 쓰겠다는 MIT 졸업생과 글을 쓸 능력은 있지만 오피스 정보 시스템이 뭔지 설명할 수 없는 보스턴 칼리지나 매사추세츠 주립대학의 영어 전공자 사이의 간격을 메울 수 있는 일종의 교량이었던 셈이다.

처음 6개월 동안 나는 기술지원 팀에서 일하며 컴퓨터와 그 관련 기술에 대해 배울 기회를 접했다. 그것은 또한 회사가 어떤 방식으로 운영되는지 엿볼 수 있는 훌륭한 창구가 되었으며, 나는 고객을 위해 인바운드 텔레마케팅(inbound telemarketing) 업무를 수행하며 우리가 판매하는 상품과 서비스에 대해 상당한 지식을 쌓을 수 있었다. 나는 사교성이 뛰어났고 왕 연구소라는 거대한 조직에 많은 관심을 갖고 있었기 때문에 호기심이 이끄는 대로 여러 부서를 돌아다니며 회사의 비즈니스와 제품, 업무 생산성 등 배울 수 있는 모든 것을 탐구했다. 그러다 결국에는 사내 광고 팀에 적을 두고 광고 문구와 매뉴얼, 홍보 브로슈어 등을 작성하는 업무를 맡게 되었다. 내 생각을 정확하게 표현할 수 있고 엔지니어들이 말하는 것들을 평범한 사람들이 이해할 수 있는 언어로 번역하는 능력을 갖고 있었기 때문이다. 마침내 나는 내가 있어야 할 자리에 와 있다는 느낌을 받았다.

대기업들 사무직원들에게 워드 프로세싱이라는 해결책을 제공한 덕분에 왕 연구소는 〈포춘〉이 선정한 500대 기업 중에서 가장 성장 속도가 빨랐다. 그러나 내향적인 엔지니어들이 설립한 다른 많은 기업과 마찬가지로 왕 연구소는 바깥세상을 따라가는 데 어려움을 겪고 있었다. 첨단 기술에 무지한 대중과 원만한 의사소통을 못하고 있었던 것이다. 내가 판단하기에 왕은 홍보의 필요성을 좀더 진지하게 생각해야 할 필요가 있었다. 그래서 나는 이른바 '기업 홍보처'라 불리는 부서를 창설해 언론 매체를 상대하고 마케팅 커뮤니케이션을 통해 생산 라인을 지원하자고 제안했다. 나는 왕 연구소의 놀라운 혁신 매체인 이메일을 사용해 내 의견을 회사 전체에 전달했다. 왕 연구소 특유의 신속함으로, 윗선에서 연락이 오기까지 딱 이틀이 걸렸다.

"좋은 의견이군. 자네가 해보게."

그래서 나는 스물둘이라는 나이에 나는 〈포춘〉 500대 기업 가운데 가장 빠른 속도로 성장하는 기업에서 PR 부서를 책임지게 되었다. 연봉은 만족스러웠고(내 연봉은 1만 500달러에서 3만 6000달러로 껑충 뛰었다), 학자금을 상환하는 데도 커다란 도움이 되었다. 경제적 능력이 되자마자 나는 부모님 집에서 나와 아파트를 얻었다.

하루는 슈퍼마켓에서 줄을 서서 기다리다 계산대 옆에 꽂혀 있는 〈TV 가이드〉를 발견했다. 표지에 큼지막한 글씨체로 이렇게 쓰여 있었다.

'미국 판매 부수 1위 잡지!'

의아한 생각이 들었다. 나 자신은 한 번도 그 잡지를 읽은 적이 없었기 때문이다. 부모님은 텔레비전을 별로 좋아하지 않았다. 나는 〈TV 가이드〉를 한 부 사서 집으로 가져와 펼쳐보았다. 잡지 앞부분에는 감독 및 텔레비전 배우들의 인터뷰와 프로그램 리뷰가 실려 있었다. 그러나 나머지 지면은 세 개의 전국 방송국에서 어떤 시간대에 무슨 프로그램을 방영하는지, 정말 재미없는 편성표가 가득할 뿐이었다. 나는 〈TV 가이드〉가 미국에서 판매 부수 1위를 자랑하는 잡지라는 사실을 믿을 수가 없었다. 그래서 잡지를 방구석으로 내팽개쳐버렸다.

그날 밤, 서재에 앉아 새로 산 애플II 컴퓨터를 켰다. 몇 달 전 컴퓨터 전시회에 갔다가 2600달러나 주고 구입한 녀석이었다. 당시 왕 연구소는 우리의 초기 PC 모델이 될 왕 라이터를 개발하고 있었다. 애플은 비록 주 고객이 컴퓨터 애호가였지만 이미 PC를 시장에 판매하고 있었다. 그리고 1978년이 되자 나 역시 호기심과 열정 그리고 직업적 필요에 의해 그 대열에 합류하고 말았다. 처음 포장 상자를 열었을 때, 비닐봉지에 아무렇게나 칭칭 감긴 애플II의 부품들을 마주하고 컴퓨터에 딸린 설명서를 읽었다. 하지만 결국은 나 대신 컴퓨터를 조립해줄 누군가를 찾아야 했다. 애플II는 CP/M이라 불리는 아주 간단한 운영 체제를 이용했지만 막상 그것으로 돌릴 수 있는 프로그램은 몇 개 되지 않았다. 게임 몇 개와 조잡한 워드 프로그램 몇 개 그리고 비지칼크(VisiCalc)이라는 회계 프로그램이 전부였다. 할 수 있는 일은 별로 없었지만 적어도 나는 집에 컴퓨터를 보유하고 있었다. 시간이 지나면 나 같은 팬이 활용할 수 있는 실용적인 프로그램이 쏟아져 나올 것이다. 왕 연구소 같은 연구 기업들이 직장에서는 물론 집에서 컴퓨터를 사용하는 사람들의 숫자를 기하급수적으로 증가시키리라는 것은 누가 봐도 자명했다. 미국에서 가장 잘나가는 첨단 기술 회사의 PR 부서를 맡고 있는 젊은이에게는 너무나도 당연해 보이는 일이었다.

〈TV 가이드〉를 처음으로 접한 그날 밤, 나는 애플 컴퓨터의 화면을 들여다보다 순간 놀라운 깨달음을 얻었다. 이 컴퓨터는 옆방에 놓여 있는 텔레비전과 하등 다를 바가 없었다. 그저 다른 프로그램을 갖추고 있을 뿐이었다. 텔레비전의 경우에는 로스앤젤레스나 뉴욕에서 방영한 프로그램이 공중파를 타고 안방으로 날아 들어온다. 컴퓨터는 비지칼크 같은 프로그램이 플로피 디스크를 통해 컴퓨터에 설치된다. 같은 내용물이 그저 다른 과정을 거칠 뿐이었다.

나는 왕 연구소에서 일한 덕분에 컴퓨터 네트워크가 무엇인지 알고 있었다. 텔레비전 네트워크가 있다면 컴퓨터 네트워크도 있다. 텔레비전 프로그램이 있다면 컴퓨터 프로그램도 있다. 텔레비전, 컴퓨터, 네트워크, 프로그램. 만일 누군가가 컴퓨터와 텔레비전이 기본적으로 동일한 모델이라는 사실을 간파하고 점점 더 많은 컴퓨터 프로그램이 개발된다면, 사람들이 소파에 앉아 감자칩을 우물거리며 〈TV 가이드〉를 들춰보듯이 컴퓨터 사용자에게도 컴퓨터 프로그램 가이드가 필요하지는 않을까? 바로 이 때문에 〈TV 가이드〉가 미국 최대의 판매 부수를 자랑하는 잡지가 될 수 있었던 것이다.

한참 뒤, 나는 컴퓨터를 껐다. 그러나 화면이 어두워지고 한참이 지나서까지도 내 마음속에는 뜻밖의 통찰력이 밝게 빛나고 있었다.

몇 주일 뒤, 나는 의외의 제안을 받았다. 플로리다 주 멜번에 있는 대형 전자 업체 해리스 코퍼레이션(Harris Corporation)에서 기업 홍보처를 맡아달라는 연락을 해온 것이었다. 군부대와 NASA에 전자기기를 납품하는 해리스는 오피스 시스템 비즈니스에 눈독을 들이고 있었는데, 1983년에 래니어 코퍼레이션을 인수하면서 마침내 그 분야에 발을 들여놓게 된 회사이다. 당시 해리의 전문 영역과 미래 전략을 고려할 때 그들의 헤드헌터가 나를 찾아낸 것은 어찌 보면 당연한 일이었다. 나는 왕 연구소에서 행복을 느끼고 있었다. 완벽하게 충족된 삶은 아니었지만 모든 일이 순조로웠다. 그러나 해리스가 내 앞에 9만 8000달러라는 연봉을 제시하자 나는 즉시 그 제안을 승낙했다.

하지만 그것은 엄청난 실수였고, 나를 불행하게 만들었다. 나는 한창 잘나가던 기업 공동체에서, 그것도 내가 일궈낸 일자리를 버리고 뛰쳐나왔다. 게다가 로웰은 내 고향이었다. 나는 그곳에서 날개를 한껏 펼치고 하늘 높이 날아올랐으며, 정치 운동에 참여하고, 여자들과 데이트를 하고 친구들과 어울렸다. 그러나 이제는 부모님과 가족 그리고 풍요로운 지역 사회를 뒤로하고 떠나야 했다. 나는 플로리다에 정착할 때까지 해리스로 이직하기로 한 결정이 순전히 돈 때문이었다는 사실을 스스로 인정하지 않았다. 이 얼마나 고리타분한 실수인가. 행복의 열쇠와 그 요건을 이해하지 못하는 수많은 사람처럼 나 역시 그 흔하디흔한 실수를 저지르고 만 것이다.

해리스는 정말 거대한 기업으로, 왕 연구소처럼 설립자가 솔선해서 이끌고 경영하는 회사가 아니었다. 해리스에 입사한 지 3개월도 채 지나지 않아 내 머릿속은 온통 어떻게 여기서 벗어나 내가 저지른 실수를 바로잡을 수 있을까 하는 생각으로 가득 찼다. 당시 내가 진정으로 원한 일은 내 회사를 설립하는 것이었다.

〈TV 가이드〉를 보며 컴퓨터와 텔레비전의 상관관계를 깨달은 이후 나는 줄곧 한 가지 생각에만 매달려 있었다. 골똘히 생각하면 할수록 앞으로 소프트웨어 회사들이 점점 더 많은 컴퓨터 프로그램을 쏟아내고, 그에 따라 열성 사용자들이 그 흐름에 맞춰 쫓아갈 방법을 원하게 되리라는 데에는 의심의 여지가 없었다. 일주일 동안 텔레비전에서 무엇을 볼 수 있는지 알려주는 잡지가 있다면 새로 나온 컴퓨터 소프트웨어를 소개하고 설명하는 잡지가 나오지 말라는 법도 없지 않은가? 심지어 나는 잡지를 발간할 회사명까지 정해두었다. 리스트(LIST), 즉 레온시스 소프트웨어 기술 색인(Leonsis Index of Software Technology)이었다.

왕 연구소에서 PR 부서를 맡은 이래, 나는 전국에서 열리는 여러 PC 박람회 및 전시회에 정기적으로 참가하곤 했다. 싸구려 플라스틱 탁자와 의자 위에 자신이 개발한 제품을 전시하고 있는 소프트웨어 개발자들에게 질문을 던지며 돌아다녔다. 컴퓨터 비즈니스는 이제 막 뜨겁게 끓어오르기 시작하고 있었다. 코모도어의 PET과 아타리 같은 다양한 초창기 개인용 컴퓨터가 출시되었고, IBM이 새로운 자사 모델 IBM PC를 출시할 것이라는 소문도 돌고 있었다. 와우!

나는 소프트웨어 개발자들과 대화를 나누며 각 컴퓨터에서 운용할 수 있는 프로그램에 관한 통합 가이드가 존재하는지 물어보았고, 그런 안내서는 존재하지 않는다는 사실을 다시금 확인했다. 그런 간행물이 출간된다면 소프트웨어 개발자들 역시 커다란 혜택을 얻을 수 있을 터였다. 왜냐하면 그들의 고객 기반이 소프트웨어에 관한 지식을 넓히고 다양한 선택을 할 수 있기 때문이다.

IBM이 보카레이턴에서 기성 부품으로 PC를 제작하는 비밀 프로젝트를 운영하고 있다는 소문이 귀에 들어오기 시작했다. 왕 연구소에서 일했던 나는 IBM 브랜드의 힘과 그들의 마케팅 조직을 마음속 깊이 존경하고 있었다. 만일 그 소문이 사실이라면 IBM PC의 시장 진출은 관련 산업 분야에서 획기적인 사건이 될 터였다.

해리스에 입사한 지 1년여가 지났을 무렵, 나는 더 이상 그곳에 머무를 수 없다는 판단을 내렸다. 애초에 이곳을 선택한 것도 높은 연봉의 유혹을 뿌리칠 수 없었기 때문이다. 연봉은 높았지만 나는 이곳에서 행복을 누리지 못하고 있었다. 1980년 말, 스물다섯 살에 이미 돈을 좀 모았지만 일터에서는 비참함을 느꼈다. 성공은 행복을 가져다주지 않았다. 나는 플로리다가 마음에 들었고, 많은 여자와 친구들을 사귀었으며 회사에서도 좋은 사람을 많이 만났다. 그러나 해리스는 내가 편안함을 느낄 만한 공동체가 아니었다. 회사는 거대한 대기업, 정부의 협력 업체였다. 왕 연구소에 비해 해리슨은 행복한 곳이 아니었다. 한 차원 높은 소명을 갖고 있지도 않았다. 설사 그런 것이 있다 할지라도 군에 필요한 기술과 서비스를 제공해 더 큰 정부 계약을 따내는 데 그쳤다. 거기에 불만이 있는 것은 아니었지만, 분명 나 자신의 숭고한 소명과는 일치하지 않았다. 당시 나는 개인용 컴퓨터 분야에서 벌어지는 일들에 매혹되어 있었다.

나는 레온시스 소프트웨어 기술 색인을 만들어야겠다는 마음을 먹고 왕 연구소에서 알게 된 친구에게 연락을 했다. 그의 이름은 빈센트 피카. 뉴욕에 있는 E. F. 허튼의 정보 시스템 부서에서 일하고 있었다. 허튼은 왕 연구소의 거물급 고객이었는데, 나는 회사의 PR 자료를 만들기 위해 빈센트를 인터뷰한 적이 있었다. 빈센트와 나는 만나자마자 의기투합했고 내가 왕 연구소를 떠난 뒤에도 친분을 유지하고 있었다.(우리는 아직까지도 꾸준히 연락을 하고 있으며, 그는 나의 가까운 친구 중 한 사람이다. 특히 나는 빈센트의 딸이 최근 조지타운 대학을 졸업한 데 자부심을 느낀다.) 나는 빈센트에게 내 아이디어를 들려주었다. 개인용 컴퓨터가 사회적 현상이 되어감에 따라(우리는 그게 시간문제일 뿐이라고 생각했다), 각각의 하드웨어에서 운용되는 소프트웨어 가이드를 만드는 일이 몹시 흥미로운 사업이 될 수 있을 거라고 말이다. 나는 빈센트를 설득할 필요조차 없었다. 최첨단 기술에 의존하는 경영 정보 시스템(MIS)을 책임지고 있는 빈센트는 내가 무슨 잡지를 발간하든 E. F. 허튼이 그것을 구매하는 첫 번째 고객이 될 것이라고 말했다. 그러나 그게 바로 문제였다. 나는 목록을 만들어야 했고, 그러자면 사람들을 고용해 데이터를 수집해야 했다. 내게는 회사를 창업할 자금도 없었고, 회사를 운영하는 것은 결코 쉬운 일이 아니었다. 그러자 빈센트가 E. F. 허튼에서 자금을 대줄 만한 위치에 있는 사람을 소개해주겠다고 제안했다.

나는 15페이지에 달하는 기획서를 내리쓴 다음 뉴욕으로 날아갔다. 빈센트는 스물네 살짜리 청년 창업가인 나를 E. F. 허튼의 사업개발 팀에서 일하는 풋내기 MBA 수료자에게 소개시켜주려는 것이 아니었다. 그는 나를 회사 CEO인 로버트 포먼과 회장인 조지 볼에게 소개할 정도로 나와 내 아이디어를 굳게 신뢰하고 있었다. 일테면 E.F. 허튼에서 가장 중요한 두 인물이 내 사업 계획을 듣기 위해 나를 기다리고 있었던 것이다.

마침내 나는 건물 꼭대기에 있는 회의실로 들어가 탁자를 둘러싸고 앉아 있는 수많은 중역을 마주하게 되었다. 아마도 내가 지난 20년간 그 방에 들어선 사람 가운데 가장 젊은 축에 들었을 것이다. 그러나 나는 내가 무슨 말을 해야 할지 알고 있었다. 나는 현재 첨단 기술업계에서 벌어지고 있는 일들과 거기 놓인 기회들에 관해 천천히 그리고 차분하게 내가 분석한 내용을 설명했다.

나는 그들에게 조만간 고객들이 사무실은 물론 집에서도 컴퓨터를 자유롭게 사용하게 될 것이며 컴퓨터가 곧 텔레비전과 비슷한 존재가 되고, 이 새로운 매체가 소프트웨어를 통해 소비될 것이라고 말했다. 그리고 〈TV 가이드〉가 미국에서 판매 부수 1위의 잡지이며, 이를 컴퓨터 산업에 적용하면 개인용 컴퓨터에서 사용 가능한 소프트웨어 프로그램 가이드 잡지 역시 그와 비슷한 위치를 차지할 수 있을 것이라고 설명했다.

그런 다음, 단순한 분류 목록을 넘어 좀 더 넓은 개념을 제시했다. 나는 내가 잡지 이상의 것을 염두에 두고 있노라고 말했다. 내가 발간할 것은 소프트웨어 데이터베이스 그 자체가 될 것이며, 사용자는 그것을 통해 회사의 컴퓨터 제품과 사용가능한 프로그램에 관해 더 많은 정보를 얻게 될 것이라고 주장했다. 심지어 때가 되면 컴퓨터에 연결된 다른 컴퓨터로부터 소프트웨어를 다운로드받는 것이 가능해질 것이라고도 했다. 1980년에 나는 진실로 그것이 가능하리라 여겼고, 내 지식과 열정으로 중역들을 설득하는 데에도 성공했다.

30분이 넘는 시간 동안, 나는 아무런 방해도 받지 않고 거침없이 이야기를 쏟아냈다. 숨도 쉬지 않았던 것 같다. 누군가 이런 말을 한 적이 있다. '판매를 하고 싶다면 파는 것을 중단하라.' 그렇지만 나는 내 이야기를 파는 데 성공했는지 알 수 없었다. 발표를 끝마쳤을 때 흡족함을 느꼈다. 그들이 내게 사업 자금을 대주든 아니면 거절하든 말이다. 텔레비전과 컴퓨터, 소프트웨어, 시장에 출시된 소프트웨어 목록에 대한 필요성, 심지어 내가 출간할 간행물이 잡지 및 데이터베이스의 형태로 존재할 것이라는 부분까지, 모든 것이 하나의 그림으로 마무리되는 기분이었다. 헤밍웨이에 대한 글을 IBM 360에 입력하는 일에서 시작해, 왕 연구소의 나이 어린 커뮤니케이션 마케팅 중역을 거쳐, 월스트리트에서 가장 각광받는 회사에 잡지 겸 소프트웨어 데이터베이스를 출간하는 벤처 사업 지원을 요청하기까지, 꼬박 5년이라는 세월이 걸렸다. 내가 프레젠테이션을 마무리 짓자 그들은 매우 정중한 태도로 내 제안을 논의할 수 있도록 잠시 회의실에서 나가달라고 부탁했다.

나는 로비에 앉아 일을 망쳐버린 건 아닌지 걱정했다. 20분 뒤, 포먼이 내게 회의실로 다시 들어오라고 한 다음 말했다.

"우리 중 아무도 당신이 무슨 말을 하는지 한마디도 알아들을 수 없었소. 그렇지만 우리는 당신이 에스키모한테 얼음도 팔 수 있을 거라고 생각하오. 그래서 당신의 사업을 지원하기로 결정했소."

그리고 내게 100만 달러짜리 수표를 끊어주었다. 몇 주일 후, 나는 직장을 때려치웠다. 레온시스 소프트웨어 기술 색인이 탄생한 것이다. 나는 LIST를 만들 준비가 되어 있었다.

나는 1981년 3월에 해리스를 떠났다. 당시 내 나이는 스물다섯. 로널드 레이건 대통령이 피격을 당하고 며칠 뒤의 일이었다. 그러나 나는 LIST에 너무 정신이 팔린 나머지 바깥세상이 어떻게 돌아가고 있는지조차 감감했다. 시장은 불경기였다. 내가 아는 것이라고는 레온시스 소프트웨어 기술 색인을 만드는 데 필요한 데이터베이스를 정리하고 관리할 젊은이들을 고용해야 한다는 사실이었다. 현대 미국 비즈니스업계에는 창업과 관련한 소문들이 잔뜩 떠돌고 있다. 피자와 카페인을 배 속에 들이부으며 시장에 결과물을 내놓기 위해 밤새도록 일하는 젊은이들에 관한 이야기도 그중 하나다. 내 경험에 의하면 그런 소문은 모두 사실이다. 우리는 이후 15개월 동안 밤낮을 가리지 않고 일에 전념했다.

1981년 8월, IBM PC가 시장에 모습을 드러내자 순식간에 컴퓨터 산업이 필요로 하던 대대적인 현상이 몰아쳤다. 애플II는 애호가들, 다시 말해 납땜인두를 직접 사용할 수 있는 얼리 어댑터들을 위한 제품이었다. 다른 컴퓨터들은 기본적으로 자신만의 잣대를 가진 다른 부류를 위한 장난감에 불과했고 고등학교 과학 전시회에서 상을 타기 위해 서로 경쟁했다. 그러나 IBM이 개인용 컴퓨터를 출시한 순간, PC는 곧장 주류에 편입되었다.

이런 새로운 물결과 관련해 내게 가장 중요했던 것은 LIST가 IBM 마케팅 캠페인의 일환으로 통합되었다는 사실이다. 어떤 독자들은 IBM이 1981년에 방영하던 PC 광고를 기억하고 있을지도 모르겠다. 무성영화 속의 찰리 채플린이 새로운 발명품의 사용법을 배우는 광고 말이다. 그것은 이 '작은 방랑자(Little Tramp)'가 PC를 사용할 수 있다면 누구든 사용할 수 있다는 뜻이었다. 엄마, 아빠, 가게 점원 그리고 심지어 CEO마저도 말이다!

IBM PC가 출시된 후 나는 돈 에스트리지를 찾아갔다. 그는 보카레이턴 부근에서 흥미로운 작업을 진행하고 있었다.

보카레이턴은 우리 집이 있는 베로 비치에서 170킬로미터나 떨어져 있었다. 그러나 IBM에서 PC 개발 업무를 위임받은 중역과 만날 수만 있다면 나는 한시도 쉬지 않고 자동차를 몰 용의가 있었다. 에스트리지는 세상을 떠들썩하게 만든 제품을 내놓은 바쁜 사람이었지만 아직 아무 결과물도 없는 젊은 창업자에게 기꺼이 귀한 시간을 내주었다. 존 에스트리지는 굉장히 훌륭한 인물이었지만 불행히도 1983년에 자동차 사고로 세상을 떴다. 1988년에 나는 IBM에 PC 개발 지침서를 제안하고 그로써 세상을 바꾼 돈과 그의 팀 이야기를 다룬 《블루 매직》이라는 책을 썼다. 20세기에 가장 커다란 영향을 미친 사업가 중 한 명을 기리고 싶었기 때문이다.

나는 그와 마주앉아 말했다.

"에스트리지 씨, 먼저 PC를 오픈 시스템으로 개발해주신 데 대해 감사하고 싶습니다."

오픈 시스템이란 IBM이 개발한 소프트웨어뿐만 아니라 다른 제작사의 소프트웨어 역시 운용할 수 있는 시스템을 말한다. 사실 처음에 그들은 베이직(BASIC)이라 불리는 운영 체제를 사용했는데, 그것은 시애틀에서 함께 자란 빌 게이츠와 폴 앨런이라는 두 젊은이가 개발해 IBM과 사용 계약을 맺은 것이었다. 그 한 번의 계약으로 게이츠와 앨런은 이후 마이크로소프트라는 작은 회사를 케이프 커내버럴(Cape Canaveral: 케네디 우주 센터가 있는 미국 플로리다 주의 곶-옮긴이)에서 발사한 그 무엇보다도 더 높이 쏘아 올리게 된다.

돈은 경청 솜씨가 매우 탁월했다. 나는 최근에 출시된 모든 소프트웨어를 망라하는 데이터베이스를 작성하고 있으며, 따라서 그 간행물이 시장에 나온다면 IBM이 신제품을 출시할 때 도움을 줄 수 있을 것이라고 말했다. 그리고 〈LIST〉 창간호가 세상에 나오기 전에 내게 투자를 하는 것이 어떻겠느냐고 제안했다.

돈 에스트리지가 오픈 시스템 PC를 구축한 것은 IBM 같은 회사에서는 매우 급진적인 일이었다. 원래 IBM의 비즈니스 모델은 컴퓨터 메인프레임과 그것을 운영하는 소프트웨어를 기업에 판매하고 그 '커다란 쇳덩이'를 유지하기 위해 계약을 맺는 방식이었다. 그러나 돈은 PC에 대해서만큼은 상반되는 접근법을 택했다. 이는 그가 PC를 비(非)IBM 소프트웨어 및 주변 기기에 개방할 경우 PC 산업을 활성화할 수 있고, 그로써 IBM이 더 많은 PC를 판매할 수 있음을 알고 있었기 때문이다. 돈은 또한 고객들이 시장에 어떤 PC 소프트웨어가 출시되어 있는지 모른다는 문제가 생기리라는 것을 잘 알고 있었다. 그는 〈LIST〉가 시장에 질서를 가져올 수 있으며, IBM이 원하는 환경을 조성할 수 있다는 사실을 금방 알아차렸다. 〈LIST〉는 그들이 더 많은 PC를 판매할 수 있도록 도울 터였다. 왜냐하면 고객들이 PC로 무엇을 할 수 있을지 더 많은 정보를 제공해줄 것이기 때문이다.

돈은 즉석에서 내가 구축 중인 데이터베이스에 대한 자료를 원했다. 그리고 나는 돈 덕분에 〈LIST〉 창간호의 표지 안쪽 전면 광고뿐만 아니라 1년에 네 번 발간되는 우리 잡지에 향후 2년 동안 IBM를 실을 수 있었다. 그들은 우리의 첫 번째 광고주이자 여러 가지 의미에서 가장 중요한 광고주이기도 했다. IBM의 지원은 거기서 끝나지 않았다. 그들은 우리 데이터베이스를 이용해 '작은 방랑자'의 후속 광고를 제작했다. 바닥에 흩어져 있는 소프트웨어 상자들을 비추는 장면을 담은 광고였다. 그 모든 소프트웨어는 물론 우리의 레온시스 소프트웨어 기술 색인을 통해 수집한 것이었다.

그 후 수개월 동안 우리는 IBM PC가 창출한 활기차고 엄청난 에너지를 고스란히 담아낼 수 있게끔 IBM PC는 물론 시장에 출시된 다른 모든 컴퓨터에서도 사용 가능한 소프트웨어 목록을 데이터베이스로 구축하고 미국 최초의 소프트웨어 잡지를 발간하기 위해 열심히 뛰어다녔다. 영원히 끝나지 않을 게임에 발을 들여놓은 셈이었다. 새로운 소프트웨어가 미친 듯이 쏟아져 나오고 있었기 때문이다.

〈LIST〉 창간호는 1982년 가을에 발간되자마자 소프트웨어업계에 커다란 파문을 일으켰다. 우리는 하드웨어와 소프트웨어의 소비자는 물론 판매자들에게도 필수적인 정보를 제공했다. 맨 먼저 애플이 그리고 이어서 개인용 컴퓨터가 일궈낸 이 약동적인 세계의 중심에 서게 된 것이다. 나와 직원들이 컴퓨터 박람회에 갈 때마다 소프트웨어 제작자들이 우리 주변에 벌떼처럼 몰려들었다. 〈LIST〉를 자사 제품을 고객들에게 소개할 수단으로 여겼기 때문이다.

〈LIST〉는 〈TV 가이드〉와 마찬가지로 앞쪽 지면에 인터뷰와 기사 그리고 제품에 대한 리뷰를 실었다. 잡지는 매끄럽고 두꺼운 종이에 인쇄되었다. 좀 더 거친 종이를 사용한 뒤쪽 지면에는 당시 출시된 소프트웨어를 각 카테고리별로 분류한 표를 실었다. 우리는 각각의 하드웨어와 운영 체제에 어떤 소프트웨어를 활용할 수 있는지 독자들에게 알려주었다. 또한 〈TV 가이드〉과 마찬가지로 '소프트웨어 프로그램' 목록은 무료였지만 소프트웨어 개발자들이 직접적인 홍보를 원한다면 인치당 가격을 지불하는 광고 지면을 구입해야 했다. 우리는 잡지 앞쪽 지면에는 일반 광고를 싣고 뒤쪽에는 안내 광고를 실었다. 〈LIST〉의 판매 가격은 당시로 치면 유례없는 수준인 19.95달러였다. 그리고 잡지 역사상 처음으로, 우리의 창간호는 흑자를 기록했다.

〈LIST〉 창간호는 총 5만 부가 팔려나갔다. 우리는 서점과 가판대에서 잡지를 판매하며 정기 구독도 받았다. 최초의 컴퓨터 상점 중 상당수가 계산대에 〈LIST〉를 쌓아두었다. 하드웨어 회사들은 놀랍게도 우리 잡지를 구입해 자사 제품에 덤으로 끼워 보냈다. 자고로 사업가들이라면 누구나 자기 제품에 대한 수요가 사방에서 넘쳐흐르는 것을 꿈꾼다. 〈LIST〉는 완벽한 틈새를 파고들었다. 전문가들이 차세대 기술을 감지하고 시장이 이를 알아차리기 전, 그 사이에 존재하는 찰나의 순간을 포착한 것이다. 시장에는 개인용 컴퓨터 세계가 도래하고 있었다. 1981년 8월 IBM이 시장에 PC를 처음 선보인 이래, 1983년 1월 〈타임〉이 표지에 '올해의 기계'로 개인용 컴퓨터를 싣기까지 PC 산업은 걷잡을 수 없이 성장했다.

이러한 현상이 경제 및 사회에 미친 영향에 대해서는 굳이 설명할 필요도 없을 것이다. 1981년 8월, 미국 경기는 침체기를 겪고 있었다. 그러나 16개월 뒤 〈타임〉이 역사상 최초로 인간이 아닌 PC를 '올해의 인물'로 선정했을 때에는 역사상 가장 긴 강세 시장이 시작되고 있었다.

PC 붐은 미국 사회에 단순한 경제적 이득을 넘어 어마어마한 영향을 끼쳤다. 생산성 향상에서 완전히 새로운 산업 분야의 탄생에 이르기까지, 나는 컴퓨터의 대중적인 보급이야말로 제2차 세계대전 종전과 맞먹는 중요한 사건이며 자동차나 전화기의 발명에 비길 수 있는 일이라고 생각한다. 우리는 아무것도 예측할 수 없었다. 모든 것이 너무나도 빨리 변화하고 있었기 때문이다.

숨 돌릴 틈도 없이 우리는 경쟁 체제에 돌입했다. 비슷한 시기에 〈PC 매거진〉이 발간되어 역시 전례 없는 히트를 기록했다. 그러나 〈PC 매거진〉은 광고 사이사이에 기사와 도표, 변화하는 생활양식을 끼워 넣은 전통적인 소비 잡지에 가까운 반면, 〈LIST〉는 미래의 컴퓨터 고객들에게 좀 더 실용적인 서비스를 제공했다. 〈LIST〉 일종의 카탈로그이자 소비자들의 안내서였다. 우리는 광고주와 밀접한 관계를 맺고 있었으나 우리에게 진정 중요한 것은 우리를 자사의 성공에 없어서는 안 될 일종의 동업자로 대접하는 소프트웨어 개발자와 하드웨어 제조 업체였다. 내가 미치 카포를 처음 만났을 때, 이 PC 시대 최초의 '킬러 앱(Killer app: 새로운 테크놀로지 보급에 결정적 계기가 되는 애플리케이션-옮긴이)' 로터스 1-2-3 스프레드시트 소프트웨어 개발자는 우리가 해낸 일을 너무도 마음에 들어 한 나머지 축하 이벤트 장에서 〈LIST〉를 판매할 수 있게 허락해주었다. 수년 뒤, 나는 AOL로 하여금 미치의 모질라 재단에 훗날 파이어폭스 브라우저가 된 지적 재산을 양도하게 함으로써 이 은혜를 조금이나마 갚을 수 있었다. 또한 AOL을 조르고 졸라 모질라 재단의 오픈 소스 소프트웨어 운동을 돕기 위해 200만 달러를 투자하게끔 했다.

처음 〈LIST〉 잡지를 시작할 때, 나는 사업을 매각할 생각이 전혀 없었다. 그러나 잡지가 발매된 지 겨우 몇 달도 지나지 않아 바이어들이 달려들기 시작했다. 〈타임〉이 PC를 '올해의 기계'로 선정할 무렵 어느 잡지에서 IBM PC가 하룻밤 만에 개척해낸 새로운 출판 시장, 즉 '컴퓨터 잡지'에 관한 기사를 쓴 일이 있다. 기사는 경탄에 가까운 어조로 허공에서 불쑥 탄생한 듯한 이러한 간행물 중 하나가 〈LIST〉라는 작은 벤처 잡지이며, 플로리다 주 베로 비치에서 몇 명의 젊은이가 이 잡지를 운영하고 있다고 소개했다. 또한 우리의 창간호가 5만 부나 판매되고 흑자를 냈다는 사실도 덧붙였다.

그 기사가 보도된 지 며칠 후, 나는 아메리칸 익스프레스 출판사 및 지프 데이비스(지프 데이비스는 몇 달 뒤 〈PC 매거진〉을 인수했다) 쪽 사람들로부터 연락을 받았다. 그들은 내게 회사를 팔 의양이 있는지 알고 싶어 했다. 톰슨 코퍼레이션이 운영하는 출판사 '인터내셔널 톰슨'의 미국 지사장 또한 접촉을 해왔는데, 알고 보니 그는 베로 비치에 두 번째 주택을 갖고 있었다. 잡지가 출간된 지 몇 주일도 채 지나지 않아 나는 머지않아 우리 회사를 인수할 사람과 마주앉게 된 것이다.

톰슨 코퍼레이션은 원래 캐나다에 뿌리를 둔 신문사였으나 1980년대 초반 복합 기업체로 발전해 석유에서 가스, 항공기는 물론 잡지와 학습 교재 그리고 이른바 특수 정보에 이르기까지 모든 분야에 가지를 뻗고 있었다. 9년 전 톰슨이 유서 깊은 로이터와 합병해 탄생한 '톰슨 로이터'는 오늘날 세계에서 가장 잘나가는 정보 서비스 회사 중 하나다. 당시 톰슨은 여행과 석유 및 가스 사업에서 얻은 이익으로 틈새 출판 시장을 공략하고 싶어 했고, 그런 그들에게 〈LIST〉는 이상적인 타깃이었다.

애초 톰슨은 우리 회사에 투자하고 싶다는 제안을 했지만 나는 이미 흑자를 보고 있었기 때문에 더 이상의 벤처 자본은 필요 없다고 거절했다. 또한 아메리칸 익스프레스와 지프 데이비스를 조만간 만날 예정이라고도 말해주었다. 결론만 말하면, 그들은 내게 회사를 인수하겠다고 제안했고 입찰 경쟁에 앞서 선매권을 획득했다. 심지어 두 번째 호도 발간하지 않았는데 말이다.

2년도 채 되지 않은 회사에 톰슨이 6000만 달러라는 가격을 제시했을 때, 내 입에서 '좋다'는 대답이 떨어지기까지는 그리 오래 걸리지 않았다. 정확히 이런 결말을 원한 것은 아니었지만, 어쨌든 이는 내게 하나의 승리였다. 나는 여전히 학자금을 갚아야 했고, 로웰의 우리 부모님은 아직도 2

만 9000달러의 주택 융자금을 갚고 있었다. 아버지는 다달이 갚아야 하는 그 융자금을 '다모클레스의 칼'이라고 불렀다.

내 회사에 투자한 모든 이들이 배당금을 거머쥐고, 함께 일했던 모든 사람이 한몫을 챙기고, 심지어 국세청이 그중 4분의 1을 떼어갔음에도 내 손에는 여전히 2000만 달러가 남아 있었다. 그때 내 나이는 스물일곱이었다.

내가 대학을 졸업하고 왕 연구소에서 일을 시작한 비교적 평온했던 시절, 로웰에 살던 밥 헤이텀이라는 한 이웃이 사퇴를 선언한 폴 송가스의 의석을 노리고 국회의원 선거에 출마했다. 밥은 레이시온(Raytheon: 미국의 방위 산업 통합 솔루션 전문 업체-옮긴이)에 근무하는 부유한 중역이었는데, 우리 부모님 댁과 머지않은 곳에 있는 커다란 저택에 살았다. 직장에서는 일에 전념하고 정치에 관심이 많던 밥의 공약이 마음에 들어 그의 선거 본부에서 자원봉사를 하기로 했다. 나는 항상 여러 가지 일을 한꺼번에 진행하는 사람인 데다 당시에는 젊은이다운 정력으로 쉼 없이 뛰어다니는 걸 좋아했다. 주말마다 그리고 퇴근 후에도 밥의 선거 운동 본부에서 일했고 근무를 하면서도 최대한 시간을 내 그에게 투자했다. 선거가 끝나고, 내가 지지하던 후보가 아슬아슬한 차이로 패하자 나는 대단히 실망했다. 그때 밥이 내게 이렇게 말했다.

"실망하지 말게. 자네는 정말 열심히 해주었어. 그래서 난 자네에게 무척 고맙네. 그리고 이 말을 꼭 해야겠군. 만일 자네가 나를 위해서 한 것처럼만 열심히 일한다면 스물다섯 즈음이면 백만장자가 될 수 있을 걸세."

한 2년쯤 어긋나긴 했지만 결과적으로 밥이 옳았다. 인터내셔널 톰슨은

1983년 LIST를 인수했고, 다음 해 1월에 스물일곱 살이 되었으니까 말이다. 그들은 내게 어마어마한 돈을 지불하는 대신 5년간의 고용계약서에 서명하게 했다. 내 연봉은 100만 달러였다. 좋은 소식은 내가 부자가 되었다는 것이고, 나쁜 소식은 내가 거대한 복합 기업의 직원이 되었다는 것이다.

회사를 매각할 당시, 나는 오직 한 손으로만 아령 운동을 한 사람과 흡사했다. 목표를 세우고 그것을 향해 한 길로 달려가는 것이 거대하게 발달한 한쪽 팔이라면 나머지 한쪽 팔은 이 사회에 대한 내 소명을 의식하고 내 영적인 부분을 탐색하는 다면적인 젊은이가 되는 것이었다. 나는 절반은 뽀빠이요, 나머지 절반은 윔피였다. 1970년대에 가히 무적이라 불렸던 아르헨티나의 테니스 선수 기예르모 빌라스가 기억난다. 그가 테니스를 칠 때 이용하는 팔은 자동차 한 대쯤은 거뜬히 들어 올릴 수 있을 만큼 강인해 보였으나, 반대쪽 팔은 상대적으로 깡마르고 볼품없어 거의 기형처럼 보일 정도였다. 회사를 매각했을 때의 내가 바로 그랬다. 지나치게 한쪽으로 치우쳐 있는 상태가 최악이었던 이유는 그것이 내가 조지타운에서 배운 것과 정반대였기 때문이다. 이는 조 신부님의 가르침을 모욕하는 것이나 다름없었다. 내 머리와 가슴은 불균형적이었다. 나는 백만장자에 성공한 사람이었지만 전혀 행복하지 않았다.

그렇다고 내가 몇 년 동안 힘겹게 일한 결과 돈더미에 올라앉게 된 스물일곱 젊은이로서 인생을 즐기지 않았다는 것은 아니다. 인터내셔널 톰슨의 수표로 남은 학자 융자금을 깨끗이 갚자 어깨에 얹혀 있던 무거운 짐이 돌연 사라졌다. 나는 부모님의 주택 융자금도 갚고 두 분께 번쩍번쩍한 새 자동차를 사드렸다. 정말이지 기분 좋은 일이었다. 우리 부모님은 이제

껏 한 번도 새 차를 가져본 적이 없었기 때문이다. 어느 날 갑자기 모든 게 내 손에 들어왔다. 나는 해변에 집을 지었고, 그동안 일을 하며 보낸 시간을 보상이라도 하려는 듯 여자들과 어울리기 시작했다. 프로 운동선수라면 다들 알겠지만, 당신이 젊고 독신에 부자라면 여자들 사이에서 인기가 급상승하기 마련이다.

처음에는 날아갈 것만 같았다. 내가 회사를 매각했다는 소식은 〈보스턴 글로브〉에서까지 다뤄졌고, 나는 로웰의 내 친구들이 모두 그 기사를 읽었다는 사실을 알고 있었다. 나는 고향을 방문해 친구들을 만나고, 그들로부터 영웅 같은 대접을 받았다. 그렇다. 나는 해낸 것이다. 10년 전 로웰 고등학교의 진로 상담 교사는 내가 대학에 갈 재목이 아니라고 말했지만 백만장자가 되어 고향에 돌아왔다. 그리고 물론 나는 자만심에 가득 차 있었다. 아마도 동창들한테 눈꼴사납게 거들먹거렸을 것이다. 그렇지만 솔직히 말해서 그 정도 성공을 거두고도 자기가 잘났다고 생각하지 않는 사람이 세상에 얼마나 되겠는가?

그러나 그런 수많은 즐거움과 새 BMW와 메르세데스 그리고 100만 달러의 고액 연봉과 고용 계약에도 불구하고, 나는 여전히 회사에서 일하는 한 직원에 불과했다. 역설적으로 들릴지 모르지만 나는 엄청난 경제적 자유를 누리면서도 조건에 얽매여 있었다. 그것은 돈을 찍어내는 거대한 기계의 일부이자 돈 버는 톱니바퀴에 불과했다. 나는 사장이었다가 한순간 사장을 모시는 처지로 전락했다. 정말 마음에 들지 않았다.

권태가 나를 덮쳐오기까지는 얼마 걸리지 않았다. 이게 다야? 마치 숙취를 앓는 것 같았다. 친구들과 진탕 술을 퍼마시고 다음 날 눈을 뜬 것 같았다. 그날 저녁은 날아갈 듯 즐거웠을지 모르지만 그것은 그저 순간의 쾌감일 뿐이며 다음 날이면 머리가 지끈거리고 속이 불편해진다. 나는 성공을 거둘 운명이었고 그래서 성공을 거두었다. 그러나 이는 완벽한 행복이 아니었고, 더 큰 도전이 있을 것만 같았다.

대학 시절 내 룸메이트였던 빌 맥도널드는 좋은 직장을 얻어 부자가 되는 중간 과정을 모두 생략하고 곧바로 아리따운 금발 미녀에게서 행복을 찾았다. 나는 세상 모든 것을 갖고 있었지만 뭔가가 잘못된 느낌이었다. 나는 내가 행복해지리라 생각했지만 실상은 그렇지 않았다. 결국 어깨를 한 번 으쓱하고 모든 걸 무시하며 일에 매달렸다. 어떤 면에서 내 인생은 별로 달라진 게 없었다. 가장 크게 바뀐 것이라고 해봐야 이제는 근사한 새 자동차를 몰고, 2년 전이라면 내 전화를 받지도 않았을 아름다운 여자와 데이트를 한다는 것뿐이었다. 그리고 데이트가 끝나면 골프 코스 옆에 있는 내 멋진 저택으로 돌아왔다. 어찌 이런 삶에 만족하지 않는 걸까? 나는 왜 행복하지 않은 걸까?

나는 일을 계속했다. 사업은 순조롭게 풀려나갔다. 하지만 인터내셔널 톰슨은 전통적인 출판사였고, 따라서 소프트웨어 데이터베이스라는 〈LIST〉에 대한 내 비전은 그들에게 잡지만큼 흥미로운 주제가 되지 못했다. 그들은 재빨리 〈LIST〉를 계간지에서 월간지로 변신시켰다. 도버에서 온 전문가들(pros from Dover: 기업 내 문제 해결을 위해 외부에서 투입된 컨설턴트들-옮긴이)은 자기만의 일하는 방식을 갖고 있었고, 내게 누구를 고용하고 누구를 해고해야 할지 지시하기 시작했다. 나는 부서장에게 보고하고, 그는 우리 그룹의 사장에게 보고했으며, 또 그는 누군가 저 먹이사슬 위쪽에 있는 사람에게 또다시 보고를 올렸다. 그들에게 평범한 토요일이란 넥타이를 조금 느슨하게 푸는 날에 불과했다.

표면적으로는 모든 게 잘 돌아가고 있는 것 같았다. 나는 잘나가고 있었다. 그러나 나는 나만의 숭고한 소명을 잃어버렸다. 레온시스 소프트웨어 기술 색인을 소프트웨어 데이터베이스로 만들려던 내 꿈은 회사의 높은 분들에게는 전혀 중요하지 않았다. 그러나 내가 뭐라 불평할 수 있겠는가? 마음에 들지 않았지만 나는 이제 원한다면 평생을 보라보라 해변에서 뒹굴 만한 돈을 벌고 있었다.

그중에서도 최악은 나라는 인간이 '내 회사'의 매각으로 설명된다는 사실이었다. 예전에 내 친구들은 나를 다른 사람에게 소개할 때 자기 친구이며 착하고 재미있는 놈이라고 말하곤 했다. 하지만 이제는 나를 이렇게 소개했다.

"내 친구 테드야. 얼마 전에 자기 회사를 6000만 달러에 팔았지."

아름다운 아가씨에게는 이렇게 말했다.

"내 친구 테드야. 존스 아일랜드의 대저택에 사는 사람들 중에서 제일 젊지. 다른 사람들은 이 친구가 자기 아버지 집에 얹혀사는 줄 알아."

나는 재미있거나 똑똑하거나 착한 친구가 아니었다. 심지어 내게는 이름조차 없었다. 나는 그저 뒤로 동그라미가 여덟 개 붙은 숫자에 불과했다.

그러던 어느 날, 사업차 뉴욕으로 출장을 가게 되었다. 나는 커다란 저택에서 나와 멋들어진 새 차에 올라탄 다음 공항으로 향했다. 여러분도 짐작했겠지만, 나는 비행기를 타야 했다.

4장
위기를
낭비하면 바보다

　삶에 대한 심판은 갖가지 형태로, 크고 작은 다양한 규모로 찾아온다. 암 투병 중이거나 약물 중독 치료 중인 사람 혹은 인생이 망가져가고 있는 사람의 기준으로 본다면, 비상 착륙을 시도하는 비행기 안에서 내가 직면했던 심판은 사실 그다지 대단하다고 할 수는 없을 것이다. 그 무시무시한 날이 저물 무렵, 나는 상처 하나 없이 멀쩡히 살아 있었다. 내가 겪은 심판은 중간 정도의 심판이라는 생각이 들었다. 결국 모든 일이 무사히 해결되었고, 거기서 기꺼이 뭔가를 배울 각오까지 했으니 말이다. 나는 마치 그동안 누군가가 내 뒤통수를 한 대 힘껏 갈겨주길 기다리고 있었던 듯했다. 한 방 맞은 김에 잠시 멈춰 서서 내 인생과 꿈, 행복에 대한 개념을 재평가해볼 기회 얻기 위해서 말이다.

남부 사람들이 즐기는 오래된 농담 중 천국에 가려면 애틀랜타에서 비행기를 갈아타야 한다는 말이 있다. 1984년에도 사정은 마찬가지여서 플로리다 멜번에서 북쪽이나 서쪽 어딘가로 가기 위해서는 우선 비행기를 타고 애틀랜타의 하츠필드 공항으로 가야 했다.

하지만 그날 아침은 비행을 시작한 지 채 20분도 지나지 않아 기장이 인터폰을 통해 마치 척 예거(Chuck Yeager: 최초로 초음속 비행에 성공한 미국의 전설적인 공군 비행사. 그의 음성으로 녹음된 비행 시뮬레이션 게임도 있다-옮긴이) 같은 차분한 목소리로 기내 방송을 시작했다. 조종사라면 누구나 비행 학교에서 그런 목소리를 습득하는 모양이었다.

"객실 사무장은 앞쪽으로 와주시기 바랍니다."

나는 비행기 맨 앞의 일등석에 타고 있었지만, 대수롭지 않게 생각했다. 하지만 조종실을 나서는 객실 사무장의 얼굴이 딱딱하게 굳어 있었다. 그녀는 인터폰에 대고 기내 방송을 했다.

"승무원은 모두 앞쪽으로 모여주시기 바랍니다."

이런, 뭔가 이상하군. 나는 생각했다. 예감이 안 좋은데.

사무장은 작은 주방에서 승무원들에게 브리핑을 마치고 다시 조종실로 들어갔다. 곧이어 이번엔 살짝 놀란 듯한 척 예거의 목소리가 인터폰에서 흘러나왔다. 기장은 계기판에 경고등이 하나 들어와, 물론 별일 아닐 수도 있겠지만, 만일의 경우에 대비해 승무원들에게 안전 조치를 취하도록 했다고 말했다. 그동안 비행기는 착륙 대기 경로를 선회하면서 기체의 결함 부위를 찾아보겠다고 했다.

당황스러운 일이었다. 그 이후 10분 동안 승무원들은 기내 통로를 부산

스럽게 왔다 갔다 하면서 승객들에게 비상 착륙 준비를 시켰다. 비행기를 탈 때마다 비행 안전 교육을 귓등으로 흘려들었던 일이 후회되기 시작했다. 이번 비행 동안 나에게 몰려올 수많은 후회 중 첫 번째 후회였다.

승무원들은 하중을 적절히 분산하기 위해 기내 짐칸의 수하물을 점검하고 승객들을 비행기 한편에서 다른 편으로 이동시키기 시작했다. 혼자 여행 중인 단독 승객은 위급 상황 시 도움이 될 수 있도록 서로서로 짝을 지어주었다. 그리고 비상 착륙 대처 요령이 적혀 있는 카드를 읽어보라고 권하더니 마음을 단단히 먹고 준비하라고 지시했다. 그때 나는 이런 생각을 하고 있었다. 나한테 이런 일이 일어날 순 없어, 사업차 꼭 참석해야 하는 회의가 있단 말이야!

기장은 인터폰을 다시 켜더니 연료가 너무 많이 남아 있어 바로 착륙을 시도할 수 없는 관계로 애틀랜타 공항 상공을 크게 선회하면서 연료를 소비할 예정이라고 알려주었다. 승객은 그 이상의 정보는 얻을 수 없었다. 비상 착륙을 준비해야 한다는 것과 그동안 기장이 비행기를 가볍게 만들겠다는 정보가 전부였다. 그 이후로 기장의 침묵이 이어지면서 사태는 더욱 걷잡을 수 없이 심각해졌다. 이런 경우 기장의 침묵은 상황이 호전되고 있다는 의미가 아니라는 사실을 나는 본능적으로 직감했다.

정확히 문제가 뭔지도 모른 채 우리는 앞으로 대략 35분 후에 착륙을 시도할 거라는 말만 들었다. 내 인생에서 가장 긴 35분이었다. 울음을 터뜨리는 사람도 있고 큰 소리로 기도를 하는 사람도 있었다. 부부와 연인들은 서로를 꼭 끌어안았다. 나는 특별히 종교적인 사람은 아니었지만 기도하는 방법은 알고 있었다. 하지만 놀랍게도 그런 상황에서조차 하느님과 협상을 벌이고 있었다. 나는 속으로 기도했다.

"하느님 제발, 저는 죽고 싶지 않습니다. 살려만 주신다면 제가 받은 것보다 더 많이 베푸는 사람이 되겠습니다. 지금 제가 죽으면 다른 사람들에게 선행을 베풀 기회가 없어집니다. 좀 더 숭고한 소명을 발견하고 그걸 이룰 기회도 없어집니다. 지금 살려주신다면, 앞으로 정말 죽을 때가 왔을 때 제가 살면서 이뤄온 모든 것에 진정 만족하며 죽음을 맞이할 수 있는 그런 삶을 살겠습니다. 하지만 지금은 아직까지 살아온 제 삶에 전혀 만족스럽지 않습니다. 제발 변화할 기회를 주십시오."

내 평생 가장 또렷한 정신으로 나 자신이 행복하지 않다는 걸 깨달았다. 나는 사람이 갖고 싶어 할 만한 것은 모두 소유하고 있었다. 내 나이 또래에 나보다 더 큰 성공을 거둔 사람도 찾아보기 힘들었다. 그런데 20여 분 앞으로 다가온 생의 마지막 순간을 나는 행복하게 맞이하지 못할 것 같았다. 나 자신에게 조금도 만족할 수 없었다. 만족 근처에도 못 간 상태였다. 후회할 거리가 너무 많았다. 인생을 살아온 방식, 모든 것을 당연한 것처럼 받아들였던 일, 어린 나이에 부자가 된 것으로 인생의 목표를 다 이룬 듯 자만했던 것 등이 모두 후회스러웠다.

이런 생각을 전부터 갖고 있었던 것은 아니다. 바로 그 무시무시한 순간에 이르러서야 내 인생이 도대체 어디쯤 와 있는지 평가해보게 되었던 것이다. 조지타운 대학을 졸업한 이후로 나는 더킨 신부님이 가르쳐주신 훌륭한 교훈을 저 멀리 던져놓고 살아온 게 분명했다. 전인적인 성장을 위해서는 머리와 가슴이 균형 있게 발달해야 한다는 그 소중한 교훈을 말이다. 나는 한 팔이 너무 우람해져서 한쪽으로 기우뚱해진 꼴이었다.

비행기는 공항 쪽으로 기수를 돌리기 시작했고, 기장은 이제 착륙을 시도하니 마음을 단단히 먹으라고 경고했다. 나는 패닉 상태에 빠졌다. 비행기가 충돌할까봐 두렵기 때문만은 아니었다. 현재의 내 모습이 전혀 내가 바라던 게 아니라는 사실에 충격을 받았기 때문이다. 그 순간만큼은 판에 박힌 듯 진부하던 문구들이 모두 사실로 다가왔다. 죽음을 앞에 두자 내가 그동안 갖지 못했던 뭔가를 갖고 싶다는 생각 같은 건 눈곱만큼도 떠오르지 않았다. 대신 나를 가득 채운 것은 스스로와 화해하고 싶다는 생각, 진정한 행복과 만족을 느끼고 싶다는 생각, 눈앞에 죽음이 닥쳐와도 두려움에 벌벌 떨지 않게 만들어줄 뭔가를 이루고 싶다는 생각뿐이었다.

마침내 바퀴가 바닥에 내려앉았다. 보조 날개도 아무 이상 없었다. 비행기는 늘어서서 기다리고 있는 구급 차량들을 붕 지나쳐 달려가더니 흠집 하나 없이 활주로 끝에 멈춰 섰다. 환호성이 터져 나왔다. 승객들은 굉장한 경험담을 하나씩 챙겨가게 되었다. 동승했던 승객이 모두 나와 같은 느낌이었을지는 모르겠지만, 나는 거의 죽음의 문턱까지 갔다가 살아났다는 생각에 잠겨 자리에 앉아 있었다. 하지만 그보다는 이제 내가 제대로 살아볼 수 있는 인생의 두 번째 기회를 얻었다는 것이 더 중요했다.

급할 때는 살려달라고 애원하며 하느님과 협상해놓고 약속을 금방 잊어버리는 사람도 있다. 나로 말하자면, 거래는 거래였다. 나는 하느님께 내가 산산조각 나지 않고 무사히 착륙하게 해주신다면, 만약 내 삶을 조금만 더 연장해주신다면, 마침내 죽음의 순간이 왔을 때 완전히 다른 사람이 되어 있을 거라고 약속했다. 이제부터는 인생의 끝에 섰을 때 아무 후회 없이 죽음을 맞이할 수 있도록 살아야만 했다.

나는 그 난리를 겪고도 사업상 회의를 위해 뉴욕까지 가야만 했다. 겉으로 보기에 나는 정상이었고, 예전과 별로 다를 바 없었다. 하지만 사실은 뿌리까지 송두리째 뒤흔들린 상태였다.

나는 모든 것을 조목조목 따져보며 무슨 일이 벌어졌고 그 의미가 무엇인지 분석해 보았다. 이번 사고에서 배울 점은 무엇일까? 어떻게 남은 인생을 더 많이 성찰하고, 더 겸손하게 행동하고, 더 중요한 문제에 집중하며 살 수 있을까? 지금 내가 서 있는 위치는 평화와 행복, 만족을 주지 못하는 것이 분명했다. 어떻게 거기에 이를 수 있을까?

나는 즉시 그 사고가 흔히 말하듯 '경종을 울리는' 사건임을 깨달았다. 그리고 어떤 의미에서는 좀 더 성숙할 시기가 왔다는 신호이기도 했다. 나는 하느님과 협상을 벌였고, 내 기도는 응답을 받았다. 이제 그 거래를 끝까지 밀고 나가는 일만 남아 있었다.

이어지는 몇 주 동안 나는 일에 치어 지냈다. 〈LIST〉를 발행하는 일로 매우 바빴다. 이제 월간지로 변신한 잡지 발행에다 고객에게서 출판 주문을 받아놓은 것까지 있었다. 몇 달 전 매킨토시를 발표하면서 스티브 잡스가 우리에게 〈매킨토시 소비자 가이드〉를 의뢰했던 것이다. 우리가 PC 시장에 제공했던 것과 똑같은 혜택을 애플 II에 이어 등장한 신제품 매킨토시에도 제공하기 위함이었다. 7월로 예정된 마감일이 코앞에 닥쳐 있었다.

하지만 아무리 (그것도 스티브 잡스를 위한) 마감이 코앞에 닥쳐 있다 해도, 죽음의 사신과 얼굴을 대면한 일하고는 비교도 되지 않았다. 애틀랜타에서 비행기 사고를 겪고 몇 주가 지난 어느 토요일 오후, 나는 수영장 옆에 홀로 앉아 나에게 벌어졌던 일과 인생을 제대로 살기 위해 무엇을 해야 할지 생각해보았다.

나는 항상 생각을 정리하기 위해 목록을 만드는 버릇이 있다. 심지어 내가 설립했던 회사 이름도 '목록(LIST)'이 아니던가? 나는 지독한 목록 애호가로 늘 작은 수첩을 갖고 다니면서 해야 할 일을 길게 적어 놓는다. 학생 시절부터 하루도 빠짐없이 나는 그날그날 완수해야 할 목록을 작성해왔다. 마이크로소프트 파워포인트가 나온 다음에도 나는 목록 작성이야말로 사업을 조직적으로 운영하는 데 가장 유용한 도구라고 믿고 있다. 게다가 수첩에 볼펜 한 자루만 있으면 충분하지 않은가?

'질문'은 내가 과연 무엇을 해야만 행복하고 충만한 삶을 살면서 하느님과 했던 약속을 잘 지켜 혹시 다시 추락하는 비행기 안에 앉아 있게 되더라도 만족스런 미소를 띠고 죽음을 맞이할 수 있을까 하는 것이었다. '정답'은 내가 이루고자 하는 일의 목록을 작성한 다음 착수에 들어가는 것이었다. 나는 그날 하루 종일 죽기 전에 내가 하고 싶고, 갖고 싶고, 보고 싶은 것 101가지를 작성했다. 말하자면 '인생 목록' 같은 것이었다. 다음 월요일, 사무실로 들어서자마자 비서에게 그 목록을 건네주며 이렇게 말했던 기억이 난다.

"이거 받으세요, 질문은 사절이고. 그냥 이 목록을 입력해줄 수 있겠죠?"

당시에는 비서에게 설명할 수 없었지만, 돌이켜보면 내가 펜을 집어 들고 목록 작성을 시작하던 바로 그 순간부터 행복을 향한 나의 여정이 시작되었던 듯싶다.

나의 인생 목록은 당시의 내 인격적 성숙도를 반영하는 마구잡이식 목록이었다. 거의 죽을 뻔한 경험으로 한껏 심각해져 있었고 성공한 사업가로서 나름 진지한 면도 있었지만 나는 아직 28살 밖에 안 된 미처 성숙하지 못한 청년이었다. 당시 내가 작성한 목록을 지금 들여다보노라면 솔직히 별로 자랑스럽지 못한 부분도 있다. 하지만 인생에서 꼭 성취하고 싶은 일을 작성함으로써 나는 득점판, 즉 목표 실현 과정을 추적해나갈 수 있는 하나의 수단을 갖게 된 셈이었다. 사업을 하다 보면 짧게는 하루를 마감하면서 금전 등록기의 현금을 세어보는 것에서부터, 길게는 분기 혹은 1년 동안 뽑아낸 이익을 추적해 사업의 성과를 평가하게 된다. 사업가들 사이에 '당신이 쫓는 바가 당신을 말해준다.'라는 격언이 생긴 것도 다 이유가 있다. 비즈니스 화법으로 말하자면, 사업가는 성공 실적을 쫓는다. 나의 발전 과정을 추적해나갈 목록을 만드는 일은 나의 특기 중 하나였다.

아슬아슬하게 죽음에서 벗어난 경험을 통해 소유만으로는 행복해질 수 없다는 사실을 뼈저리게 깨달았음에도 내 목록에는 여전히 '페라리 소유'나 '고급 시계 컬렉션 소장' 같은 항목들이 들어 있었다. 사실 '소유'라는 소제목 아래 그런 항목을 모아놓기까지 했다.

내가 적어놓은 항목 중에는 아무 영양가 없는 음식과 비슷한 것도 있었다. 실제로 아무런 효용도 없는 항목들 말이다. 하지만 '자선을 통해 누군가의 삶을 변화시키기' 같은 항목도 들어 있었다. 첫 번째 항목을 '사랑에 빠져 결혼하기'로 삼았던 것은 지금도 자랑스럽다. 적어도 그건 제대로 해냈기 때문이다. 되돌아보면, 내가 적어놓은 수많은 포부는 뭔가 좀 더 숭고한 사명을 추구하는 데 도움이 되었다.

개중에는 '우주여행', '돌고래와 수영하기', '플라이 볼 잡기' 같은 별난 생각도 들어 있었다. 59번째 목표인 '골프에서 홀인원 치기'는 순전히 운에 성패가 달린 문제이지 열심히 연습한다고 이룰 수 있는 목표도 아니다. 하지만 이미 체크 표시에 성공한 '영화 제작' 같은 목표는 그것을 성취하기 통해 (그리고 그것을 통해 두 번째 목표인 '에미상 수상'까지 성취함으로써) 상상도 못했던 새로운 대로, 즉 행복과 성공을 향한 대로를 활짝 열어주었다.

'위기를 낭비하지' 않기 위해 성취하고 싶은 일을 목록으로 작성하던 과정은 당시의 내 사고방식과 조지타운 대학교에서 받은 교육의 영향을 크게 받았다. 학문의 과정이 그러하듯 내 목록에서도 빠져야 할 것들을 생각해내는 게 중요했다. 무슨 말인가 하면, 내가 하느님과의 약속을 지키면서 세상에 선을 행하는 사람이 되겠다는 말은 일단 성직자가 되겠다는 의미는 아니었다. 또 성 아우구스티누스가 "제게 순결과 금욕을 허락하시옵소서. 하지만 아직은 아니옵니다."라고 하느님께 간청했던 것과도 다른 의미였다. 대신에 나는 현실적으로 어느 정도 성취할 수 있는 일, 도달할 수 있는 목표, 완수할 수 있는 야망 등의 목록을 작성해 좀 더 균형 잡힌 인간이 되고 싶었다. 그리고 무엇보다 지금 당장 시작할 수 있는 목표여야 했다.

24번과 25번의 '제트기 소유'와 '요트 소유'라는 항목은 조지프 더킨 신부님이 흐뭇한 미소를 보내줄 만한 목표는 아니지만, 목록의 광범위함, 즉 목록의 다양한 차원과 깊은 관련이 있었다. 같은 이유로 '할아버지 되기', '평생 동안 1억 달러 기부하기', '미키 맨틀(Mickey Mantle: 뉴욕 양키스에서 활약한 야구 선수-옮긴이) 만나보기', '타히티 여행', '롤링 스톤즈(Rolling Stones: 영국의 록그룹-옮긴이) 공연 보기' 등은 내가 인생을 살아가며 단순히 사업에서 대성공을 거둬 흥미로운 장난감을 사 모으는 것을 초월해 나의 전인격을 풍요롭게 발전시키는 데 필요한 요소들이었다. 목록을 작성하면서 나는 입체적인 인간으로 자아를 실현을 하고 싶다는 욕망을 느꼈고, 물질적인 면으로 조금 기울어진 면도 있었지만, 양쪽 팔의 근육을 모두 키워야 한다는 걸 인식하고 있었다. 나는 내 성격 안에서 과도하게 비대해진 사업 운영 및 돈벌이의 측면, 즉 내가 어린 나이에 부자가 될 수 있게 해준 야망에 가득 찬 측면과 인생 그 자체의 풍요로움을 만끽하는 측면을 잘 조화시켜야만 했다. 목록을 작성하면서 나는 내 삶에 좀 더 균형을 잡아줄 필요를 느꼈고, 내가 겪은 심판의 시간을 통해, 정확한 표현인지는 모르겠지만 옛날식으로 말하면 '의식이 깨어났던' 것이다.

내가 진짜 원하는 것은 행복이었다. 나의 인생 목록은 그 목표에 도달하기 위해 내가 밟아야 할 과정을 평가하는 투박한 수단이었다. 또한 내가 이미 성취한 것보다 훨씬 높은 수준의 성공을 이루기 위한 일종의 청사진이 되어주기도 했다. 나는 용감하게 행복을 향해 길을 떠났다. 그 여정에는 더 큰 성공이 기다리고 있었다.

처음부터 내 목록은 반드시 올라야만 하는 새로운 산처럼 눈앞에 우뚝 서 있었다. 나는 사업체를 팔고 그 대가로 엄청난 돈을 벌었지만, 종국에는 인생의 목표를 상실한 채 방황하고 있었다. 이제 달성해야 할 목표를 101개나 세웠으니 어서 목표를 향해 나아가야 한다고 생각했다. 하나씩 항목에 체크를 해나가면서 나는 행복해질 테고, 목표를 다 이루고 나면 1만 미터 상공에서 하느님과 맺었던 약속을 지킬 수 있게 되리라는 논리였다.

놀랍게도 이 논리는 정확히 들어맞았다. 당시 내가 한 일은 간절히 원하는 것들을 목록으로 만든 게 전부였다. 마침내 행복이라는 궁극적인 목표로 돌진할 수 있는 수단을 손에 넣었던 것이다.

인생 목표 그 자체가 내가 간절히 소망하는 행복에 도달하게 해준 것은 아니다. 하지만 101가지 목표를 달성하기 위해 노력하다 보니, 그렇지 않았을 경우보다 훨씬 더 행복하고 성공적인 사람이 되었다는 사실만큼은 분명하다. 그리고 72번째 목표를 이룰 무렵이 되자 1984년 이후로 발전해 온 나의 모습이 분명히 눈에 들어왔다.

불붙은 비행기 안에서 "오, 하느님, 저는 70퍼센트 정도 행복했습니다." 라고 말하는 사람은 아무도 없다. 대학 시절 나의 직감적인 깨달음은 옳았다. 행복은 CFO나 재무 분석가가 측정할 수 있는 것이라기보다는 이진법적인 것에 더 가깝다. 하지만 행복에 이르는 과정은 사업을 성공적으로 경영하는 것과 똑같은 단계를 밟아 나아갈 수 있다. 내가 행복을 추구하는 과정에서 발견한 6개의 원칙을 따라가다 보면 여러분도 더욱 행복해질 수 있을 것이다.

가만히 자리에 앉아 내 인생을 더욱 행복하고 충만하게 해줄 거라고 굳게 믿으며 앞으로 성취하고 싶은 일을 목록으로 작성하고 있자니, 목적 없이 방황하고 있다는 느낌이 더 이상 들지 않았다. 나침반은 목표를 찾았다. 이제 방향은 정해졌다. 이것이야말로 은행 계좌에 예치된 2000만 달러와 비교도 할 수 없는 훨씬 가치 있는 일이었다.

5장
형편없는 와인을 마시기엔 인생이 너무 짧다

    내가 죽기 전에 하고 싶은 101가지 목록 중에 인터내셔널 톰슨을 사직하는 일은 들어 있지 않았다. 하지만 아마 그것도 들어 있어야 했던 모양이다. 나는 새로운 사업의 개척자에서 거대 기업에 소속된 일개 전문 경영인이 되었는데, 썩 행복하지가 못했다. 그 당시 나는 아무리 보수를 잘 받는다 해도 자기가 하는 일이 보다 숭고한 소명을 추구한다는 느낌도 안 들고 자신을 표현할 적당한 통로가 없으면 충만함과 행복감을 느끼기 어렵다는 사실을 배웠다.

    이어지는 1년 반 동안 나는 의무감 때문에 열심히 일을 하기는 했으나, 인터내셔널 톰슨은 확실히 물리적 매체에만 관심이 있는 전통적인 출판사였다. 반면 나는 점점 더 미래에는 전자 매체에 의한 콘텐츠 유통이 대세가 될 거라는 확신이 강해졌다. 해리스에서 일하던 때와 똑같은 불안감이 밀려왔다. 그리고 앞으로 뉴 미디어라고 불리게 될 바로 그것을 위한 나의 비전을 추구해야 할 필요성을 느꼈다. 하지만 이번에는 새 사업을 시작하기 위해 내 아이디어를 들고 어딘가로 자금을 구하러 가는 대신, 1985년 후반으로 접어든 어느 날 톰슨의 고위 경영진과 마주 앉아 굉장히 생산적인 대화를 나눠보았다.

아무리 봐도 인터내셔널 톰슨은 전자 출판에 전혀 관심이 없어 보였기 때문에 나는 원래 내 회사였던 부분에서 잡지 출판을 제외한 나머지 전부를 재매입하겠다고 제안했다. 다행스럽게도 그들은 나의 제안을 수락했다. 나는 LIST를 6000만 달러에 매각했다가 그 회사 전체에서 내가 가장 원하는 부분만 300만 달러도 안 되는 가격에 재매입했다. 서른 번째 생일을 맞이한 달, 나는 인터내셔널 톰슨에서 레드게이트 커뮤니케이션즈를 분리해 인수함으로써 다시 한 번 내 운명의 주인이 되었다.

새 회사의 이름 '레드게이트'에는 사연이 있었다. 조지타운 대학교 재학 시절, 나는 같은 과의 한 부유한 친구 부모님이 소유한 목장을 방문한 적이 있었다. 목장 입구에 빨간색 대문이 서 있었는데, 그 아름다운 대문에 깊이 매료되었던 것이다. 나는 서둘러 레드게이트 사업에 뛰어들었다. 이 사업이 전자 매체를 통해 콘텐츠를 유통하고자 하는 나의 비전, 즉 데이터베이스 및 쌍방향 카탈로그, 컴퓨터를 통해 이용할 수 있는 오락물 등에 대한 나의 비전을 성취할 수 있는 새로운 기회를 제공해주었기 때문이다. 다시 한 번 내 회사를 내 뜻대로 꾸려가면서 보다 숭고한 소명(컴퓨터를 텔레비전만큼이나 확고한 미디어 플랫폼으로 변신시키는 일)을 추구하다 보니 행복을 느낄 수 있었다. 내가 진정 믿는 바를 위해 밤을 잊은 채 일에 매달렸다. 이제 훨씬 더 내 마음에 드는, 근면한 기업가라는 역할을 되찾았기 때문에 내 정체성도 더 이상 부유한 젊은이라는 편협한 편견에 매어 있지 않게 되었다. 게다가 나는 가난뱅이와는 한참 거리가 멀었고, 엄청난 재산은 새 사업에 필요한 자금을 구하는 데도 매우 큰 영향을 미쳤다.

물론 오른팔에만 과도하게 근육이 잡힌 불균형한 인간으로 되돌아갈 위험도 상존했다. 일과 야망이 인생의 전부인 평면적 인물이 될 위험 말이다. 당시 나는 내가 작성한 목록의 101가지 목표를 막 성취해나가기 시작한 참이었는데, 개중에는 다른 것들보다 좀 더 쉬운 목표들('전미 오픈 골프 선수권대회에 가보기' 같은 것들)도 있었다. 하지만 레드게이트 커뮤니케이션즈가 공식적으로 설립되고 몇 주 지나지 않아 내 인생은 더 나은 방향을 향해 극적인 전환을 시작했다.

레드게이트를 출범시키느라 바쁜 와중에도 나는 베로 비치 근처의 골프장과 테니스 코트에서 꾸준히 운동을 했다. 어느 날, 친구 몇 명이 나에게 복식으로 테니스를 칠 만한 여성을 한 명 소개해주었다. 나는 완전히 충격에 휩싸였다. 린 피터슨은 이제껏 내가 처음으로 만나본 아름다운 여성, 아니 가장 아름다운 사람이었다. 데이트를 시작하고 사랑에 빠지자, 그녀는 가장 똑똑하면서 가장 강인한 사람이기까지 했다 게다가 우리는 인생의 목표까지 비슷했다. 둘 다 미혼이었고, 무엇보다 두 사람 모두 간절히 가정을 꾸리고 싶어 했다.

1번째 목표: '사랑에 빠져 결혼에 골인한다.'

우리는 1987년에 결혼을 했다. 린을 처음 만나고부터 결혼에 골인하기까지 굉장히 행복한 시간이었다. 다양한 공동체에 참여하기 위해 가장 중요한 요소가 바로 영혼의 동반자를 만나는 일이다. 린이 내 영혼의 동반자가 되어주었다. 사실 나는 더 이상 평면적인 인물로 남아 있을 수 없었다. 누군가와 사랑에 빠지게 되면 자연스레 두 사람 모두에게 새로운 차원이 추가되기 때문이다. 1988년 10월, 아들 재크의 출생과 더불어 우리 삶의 범위는 더욱 넓어졌고, 더 많은 행복을 안겨주었다. 1992년, 딸 엘라가 태어나면서 우리 가족은 더욱 완벽해졌고, 네 사람 사이의 관계야말로 내 인생의 가장 중요한 요소가 되었다. 가족은 내가 하는 모든 일의 기본이 되는 플랫폼이다. 내가 과도하게 일이나 어떤 프로젝트에 집착할 때면 린과 재크, 엘라가 나를 중심으로 되돌려놓았다. 사람이 아무리 돈과 성공, 흥미진진한 생활, 화려한 경력, 대단한 성취 등 모든 것을 갖추고 있다 하더라도 가족이야말로 인생을 정말 가치 있는 것으로 도약케 하는 가장 중요한 요소이다.

내가 남편이자 아버지로서 더욱 완전한 모습에 가까워지고 있을 무렵, 레드게이트 커뮤니케이션즈는 최초의 뉴 미디어 회사로 자리를 잡아갔다. 이미 LIST가 뉴 미디어의 씨앗을 품고 있었지만 그 개념이 꽃을 피운 것은 레드게이트에서였다. 1988년, 나는 '새로운 규칙, 새로운 미디어'라는 제목의 보고서를 작성한 적이 있는데, 흔히들 그 보고서에서 '뉴 미디어'라는 용어가 처음 사용된 것이라고 말한다. 그 보고서에서도 그랬지만 나는 잠재적인 고객, 협력 업체, 투자자들과 대화를 할 때마다(사실 내가 만나는 모든 사람에게), 10여 년 전 자그마한 애플Ⅱ 컴퓨터 앞에 처음 앉았던 날 내 머릿속에 떠올랐던 생각을 열렬히 전파했다. 컴퓨터와 텔레비전의 미래에 대해 설파하는 것은 나에게 하나의 숭고한 사명이 되었다. 점점 더 나는 컴퓨터와 텔레비전이 서로 광범위하게 호환될 수 있는 날을 꿈꿨다. 컴퓨터가 일반적으로 텔레비전의 영역에서 가능한 방식으로 각종 매체에 연결되고, 텔레비전이 당시 오직 컴퓨터를 통해서만 가능하던 쌍방향 소통을 통해 프로그래밍과 데이터에 연결될 수 있는 시대 말이다. 나는 더 많은 정보가 전파를 통해 전달될 것이고, 무선 전화기가 등장할 것이며, 텔레비전은 어쩔 수 없이 공중파에서 대부분 케이블 쪽으로 변화할 것이라고 주장했다. 존 더킨 신부님과 함께 헤밍웨이 논문을 준비하면서 언어학과 컴퓨터, 문학 등을 결합한 이후 매쉬업(mash-up: 웹서비스 업체가 제공하는 각종 콘텐츠와 서비스를 융합해 새로운 웹서비스를 만들어내는 것을 의미하는 말-옮긴이)이라는 개념에 눈을 뜬 나에게는 점점 더 매체와 기술의 혼합이 빠른 속도로 우리에게 닥쳐오리라고 확신했다.

그런 비전을 가진 사람이 나 하나뿐은 아니었다. 하지만 레드게이트는 그 비전에 대한 다각적 접근이라는 측면에서 독보적인 존재였다. 우리는 사업자인 동시에 컨설턴트였고, 어느 순간 벨사우스나 AT&T에 조만간 그들의 통신망을 통해 어떤 콘텐츠가 이동하게 될 것인지 조언을 하고 있는가 싶으면, 다음 순간 애플이나 선 마이크로시스템즈 같은 컴퓨터 회사와 더불어 컴퓨터로 처리 가능한 콘텐츠에 관한 작업을 하고 있었다. 1987년, 우리는 실제로 사설 위성 통신망을 구축해 회사들로 하여금 다른 사업장에 직접 메시지를 방송할 수 있도록 했다.

제대로 된 의미의 인터넷이 등장하기 전인 1991년경 우리 회사는 최초로 쌍방향 쇼핑 사업을 시작했다. 디지털화된 수백 개의 카탈로그가 들어 있는 CD-ROM을 제공하여 소비자가 컴퓨터로 상품을 비교하며 쇼핑을 할 수 있도록 한 것이다. 일단 소비자가 구매하고 싶은 상품을 선택하면 모뎀을 통해 소매업자와 연결해 실제로 구매를 할 수 있었다. 요즘처럼 클릭 한 번으로 즉시 원하는 물건을 손에 넣을 수 있는 시대의 기준에서 보면 별것 아닐 것이다. 하지만 1991년에는 가히 혁명적인 일이었다. 우리는 이 프로젝트를 '2마켓'이라 불렀고, 다우존스, EDS, 애플 등이 우리의 조인트벤처 파트너였다.

당시는 격동의 시대였다. 그동안 음지에 머물러 있던 쌍방향성이 거침없이 양지로 쏟아져 나오는 듯했다. 다시 한 번 우리 회사가 그 격동의 한가운데 서 있었다.

1991년 후반, 다우존스 같은 대형 회사들이 레드게이트 인수에 관심을 보이기 시작하자 나는 투자 은행가를 고용했다. 샌프란시스코에 본사를 둔 햄브레히트 & 퀴스트는 신생 기술 업체를 상대하는 최고의 투자 은행 프랜차이즈를 보유하고 있었고, 댄 케이스라는 인물이 대표를 맡고 있었다. 댄은 윤리적이고 상상을 초월하리만큼 똑똑한 데다 수려한 외모를 갖춘 매력적인 인물이었다. 그는 하와이에서 성장해 프린스턴 대학교를 다녔으며, 로즈 장학생으로 선발되어 옥스퍼드에서 수학하기도 했다. 2002년에 애석하게도 뇌종양으로 사망할 때까지 댄은 기술 업체의 기업 공개 분야에서 선도적인 은행가 중 하나였다. 우리 회사가 갑작스럽게 인수 대상으로 떠올랐기 때문에, 댄을 고용해 대처 방안을 분석하도록 한 것은 현명한 처사였다.

1992년 초, 다우존스가 진지하게 레드게이트 인수를 고려하기 시작하자 댄은 아직은 때가 아니라고 충고했다. 댄은 그렇게 빠른 시점에 레이게이트를 매각하면 주식 가격을 제대로 평가받을 수 없을 것이라고 생각했다. 그가 망설이는 데는 또 다른 이유가 있었다. 다우존스는 비록 〈월스트리트 저널〉을 소유하고 있긴 했지만 기업 간(B2B) 거래에 치중하는 기업이었는데 비해, 댄은 나의 비전과 레드게이트의 장래가 궁극적으로는 대중적인 소비자 시장을 공략하는 회사가 되는 데 있음을 알고 있었기 때문이다.

다우존스와 계속 협상이 진행 중이던 1992년 어느 여름 날 저녁, 나는 댄과 저녁 식사를 하게 되었다. 우리는 이미 급성장 궤도에 들어선 기술 산업 분야에서 벌어지고 있는 일들에 대해 이야기를 나누었다. 예전에 댄은 자기 남동생 스티브가 버지니아 주에 있는 아메리카 온라인(America Online, AOL)이라는 회사의 공동 설립자이자 경영자로 일한다는 이야기를 해준 적이 있었다. 나도 AOL의 초기 가입자 중 한 명이었고, 스크린 네임을 이용해 사람들에게 이메일을 보낼 수 있는 AOL의 서비스를 흥미롭게 생각하고 있었다. 물론 그 당시에는 이용 가능한 여러 온라인 서비스 중 하나였을 뿐이지만 말이다. 그날 저녁 댄이 말했다.

"주말 동안 가족 모임이 있어서 스티브를 만났는데, 정말 사장님하고 똑같은 이야기를 하더군요. 사용하는 어휘까지 똑같았어요. 실리콘 밸리의 경영자들을 포함해 다양한 사람을 많이 만나봤지만, 두 사람이 생각하고 있는 그런 서비스를 소비자에게 제공하자고 이야기하는 사람은 한 명도 없었어요. 사장님께 스티브를 꼭 소개해드리고 싶습니다. 둘이 잘 맞을 것 같거든요."

하지만 우리는 해가 바뀌고 1993년 겨울이 되어서야 마침내 만날 수 있었다. 나는 보스턴에서 열리는 한 컨퍼런스에서 강연을 하기로 되어 있었는데, 마침 스티브 케이스도 나보다 하루 늦게 같은 컨퍼런스에 강연 일정이 잡혀 있었다. 내가 출장 준비를 하고 있을 때 댄의 전화가 걸려왔다.

"두 사람이 하루 차이로 보스턴에 머물게 됐어요. 스티브가 자기 강연 예정일보다 하루 일찍 도착해서, 다음 날 아침 사장님을 만나 뵈러 갈 겁니다. 사장님께서 그때까지 거기 머물러 계실 수만 있다면요. 꼭 한 번 만나 보시면 좋겠습니다."

그 당시 나는 댄의 요구라면 뭐든 들어줄 준비가 되어 있었기 때문에 흔쾌히 동의했다. 그리고 강연을 끝내고 하룻밤 더 묵을 호텔을 예약했다.

르 메리디언 호텔에 투숙하기로 한 나는 그 호텔에서 댄의 동생과 함께 아침을 먹기로 했다. 먼저 식당에 도착해 앉아 있으려니 어느 모로 보나 딱 댄 케이스의 동생으로 보이는 남자가 걸어오는 모습이 보였다. 내가 열정적인 데 비해 스티브는 냉정한 성격이었고, 내가 패기 넘치고 외향적인 데 비해 스티브는 차분하고 계산적인 스타일이었다. 그러다 보니 우리가 만난 처음 몇 분 동안은 나 혼자만 떠들었다. 나는 댄에 대해서 몇 가지 짓궂은 소리를 하고, 소문자(Lower Case)라는 스티브의 별명에 대해서도 농담을 했던 기억이 난다. 그의 형 댄 케이스의 별명은 대문자(Upper Case)였다.

종업원이 메뉴판과 커피 한 잔씩을 가져다주었다. 내가 커피를 막 한 모금 들이켜는 순간 스티브가 말했다. "사장님 회사에 관해서는 형한테 많이 들었습니다. 제 생각에는 사장님 회사와 저희 회사가 꼭 합병을 해야 할 것 같습니다."

스티브가 제대로 된 문장으로 나에게 처음 던진 말이었다. 나는 엉겁결에 입 안에 들어 있던 커피 한 모금을 꿀꺽 삼켰지만, 만약 이 장면을 영화로 제작한다면 내 역할을 맡은 배우는 아마도 입에 들었던 커피를 테이블보 위에 토해내고 말았을 것이다. 내가 말했다.

"먼저 키스부터 해봐야 하지 않겠소? 부모님도 좀 만나 뵙고? 첫 데이트 자리에서 청혼을 하는 겁니까?"

나는 놀랍고도 즐거웠다. 그리고 솔직히 아주 흥미로웠다. 그러자 스티브가 말했다.

"형편없는 와인을 마시기엔 인생이 너무 짧지요. 저는 직감이 아주 뛰어난 편인데 이번엔 뭔가 느낌이 옵니다. 우리 두 회사는 꼭 합병을 해야 합니다."

그런 대화를 나눈 다음 스티브는 강연을 하러 떠났고, 나는 집으로 돌아왔다. 이후 몇 개월 동안 스티브와 나는 AOL을 통해 서로 이메일을 주고받았다. 얼마 지나지 않아 우리는 다시 만났고, 가을이 올 무렵에는 진지한 협상에 돌입했다. 나는 레드게이트를 위해 대규모 자본 확충을 추진하는 중이었는데, 스티브는 일단 그 일부터 마무리 짓는 게 좋겠다고 생각했다. 투자자들이 AT&T 같은 진지하고 수준 높은 회사들이었기 때문이다.

1993년 10월에 스티브 케이스와 아메리카 온라인은 공식적으로 레드게이트에 대한 인수를 제안했다. 도저히 거절할 수 없는 대단한 제안이었다. 레드게이트는 약 6퍼센트에 달하는 AOL의 사외주와 추가로 4퍼센트의 스톡옵션을 받게 되었다. 레드게이트는 내가 살고 있는 베로 비치에서 따로 독립할 예정이었다. 레드게이트 이사회는 즉시 인수를 승인했다. 1994

년, 인수가 마무리되었을 때 우리가 받은 AOL 주식 6퍼센트(옵션까지 포함하면 총 10퍼센트)는 대략 4000만 달러의 가치가 있었다. 내가 10년 전에 LIST를 매각할 때 받은 금액에는 약간 못 미치는 돈이었다. 레드게이트 인수는 AOL의 가치도 증가시켰다. 인수 발표와 인수 마무리 시점 사이에 AOL의 주가가 크게 상승해 인수를 거의 공짜로 한 것이나 마찬가지인 효과를 냈다. AOL에서 차지하는 내 지분의 가치도 시간이 갈수록 커질 거라는 예감에 기분이 매우 좋았다.

6장
다양한 공동체를
행복하게 만들어라

나의 AOL 시절에 대한 이야기만으로도 책 한 권은 거뜬히 나올 것이다. 내가 배운 가장 중요한 교훈을 요약하자면 다음과 같다. 기업과 직원, 협력업체와 사용자가 모두 행복할 때는 AOL도 번성했다. 하지만 이 모든 지지 기반이 행복하지 못할 때는 AOL도 하강 곡선을 따라 내려갔다. 공식은 간단했다. 다양한 공동체를 행복하게 만들어라. 그러면 모든 게 잘될 것이다. 그렇지 못하면 모든 게 산산조각이 난다.

내가 내부에서 관찰한 바에 따르면, AOL은 단순히 한 번의 성공과 실패를 경험한 것이 아니다. AOL은 성공했다 실패했고, 다시 한 번 성공했다 실패했다. 내가 AOL에 합류했던 1994년과 AOL의 타임워너 합병이 발표된 2000년 사이의 6년 동안, AOL의 시가 총액은 4억 달러에서 1630억 달러로 증가했다. 10년 동안 수익은 6000만 달러에서 100억 달러로 높아졌다. 내가 합류했을 때 AOL의 가입자 수는 30만 명이었지만, 8년 후에는 3600만 명으로 정점에 이르렀다. AOL은 비즈니스 역사상 가장 위대한 성공 사례 중 하나였다.

공식적인 기록으로 남기기 위해 한마디 하자면, 나는 타임워너와의 합병을 맹렬히 반대했던 사람이다. 나는 항의의 표시로 다른 동료들을 따라 합병된 회사의 뉴욕 본부로 자리를 옮기지 않았다. 그리고 즉시 나의 스포츠 팀들과 자선 사업에 더 많은 에너지를 쏟아 붓기 시작했다.

어쨌든 1년이라는 시간에 걸쳐 합병이 완료되자 우리가 세운 회사는 기울어지기 시작했고, AOL은 수세에 몰렸다. 하지만 나는 2005년과 2007년 사이에 AOL이 제2의 급성장기에 들어설 때 다시 그 자리에 있었다. 이 시기 동안, 결국 나중에 포기하게 된 가입자 사업은 계속 망가져가는 중이었다. 하지만 내가 관리하던 광고 사업은 주요 온라인 기업 중에서 구글 다음으로 빠른 사용자 증가세를 보이며 광고 수익만으로도 사업이 유지될 정도였다.

불행하게도 이 제2의 성장기는 타임워너가 CEO인 존 밀러를 해고하면서 종말을 맞았다. 다시 한 번 도버의 전문가들이 파견되었다. 수많은 동료들과 함께 나도 회사를 떠났다. 나는 명예부회장이라는 멋진 칭호를 달고 업무를 돕고 싶은 열망에 가득 차 있었다. 그럼에도 불구하고 파견된 전문 경영인들에 의해 거의 2개월 동안 업무에서 철저히 차단당한 채 지내고 나서는 사직을 결정했다. 동료들과 나는 멀리 물러선 채 우리가 힘겹게 쌓아 올린 모든 성과가 무너져 내리는 걸 지켜봐야 했다. 그리고 AOL은 다시 한 번 수세에 몰리고 말았다.

AOL의 첫 성쇠 그리고 다시 이어진 성장과 쇠퇴에서 배울 수 있는 사업적 교훈이 있다. 아마도 우리가 올라탔던 롤러코스터에 대해 서술한 글들만 해도 상당할 것이다. 오랜 기간 동안 나는 그 롤러코스터의 선두차량에 타고 있었다. 맨 앞에 똑바로 앉아 있던 적도 있고, 억지로 떠밀려 앉아 있던 적도 있었다. 하지만 거기엔 행복에 관해 배울 수 있는 교훈 역시 있었다. 그리고 내 관점에서 바라본 AOL 이야기는 바로 여기서부터 시작하고 싶다.

레드게이트에 대한 AOL의 인수 작업은 1994년 중반이 되어서야 마무리되었고, 그 즈음 스티브와 나는 항상 긴밀한 연락을 유지했다. 어느 날 아침, 나는 베로 비치에 있는 우리 집에 앉아서 매우 빠른 속도로 스티브와 이메일을 주고받고 있었다. 내가 두 줄짜리 이메일을 보내면 스티브가 바로 답장을 보내는 식이었다. 마치 AOL의 인스턴트 메신저를 미리 연습하는 것 같았다.

지금 생각해보니 그날 아침 우리가 나눈 대화를 통해 AOL이 '아메리카 온라인'이라는 이름 자체가 품고 있는 바로 그 약속을 성취해 수천만 미국인을 온라인으로 연결하게 될 거라는 나의 확신이 더욱 확고해졌던 것 같다. 사용자들이 쉽고 간단하게 온라인에 접속할 수 있게 만드는 것이 바로 우리의 임무였다. 스티브도 나도 과학 기술에 정통한 전문가는 아니었다. 스티브는 마케팅 전공, 나는 영문학 전공이었다. 스티브의 최대 강점 중 하나는 기본적으로 매우 평범한 사람이라는 점이었다. 그의 인생관은 미국 중산층의 인생관과 정확히 일치했다. 당신이 일류에 속하는 사람이라면 약간 까칠하게 굴면서 자기랑 똑같은 일류를 대상으로 사업을 벌이겠지만, 당신이 스티브 그리고 솔직히 말해 나처럼 평범한 주류에 속하는 사람이라면 중산층을 대상으로 사업을 할 것이다. 이것이 바로 AOL 성공의 핵심 요소였다. 대중을 위한 온라인 매체를 만들어낸 것 말이다.

우리 사업의 비전은 사람들을 온라인에 접속하게 만들어 세상을 변화시키는 것이었다. 인터넷 사업 초창기에 우리는 정말 거창한 꿈을 품고 살았다. 우리는 교육의 기회를 균등하게 만들어, 예를 들면 미시시피 주의 시골 가정에도 맨해튼의 상류층 가정과 동등한 양질의 교육을 제공할 수 있을 거라고 믿었다. 우리는 전 세계에 민주주의를 더 많이 소개하고, 새로운 통신 매체를 널리 전파함으로써 사람들이 친구와 연인, 가족들과 더욱 가까워질 수 있도록 만들고자 했다. 스티브와 이런저런 창의적인 생각을 교환하는 동안 나는 이메일에 이런 말을 써 보냈던 기억이 난다.

'우리가 할 일은 이 온라인 통신을 공동체적이고 매우 인간적인 것으로 만들어 모든 사람이 전화나 텔레비전처럼 자연스럽게 사용할 수 있도록 하는 것입니다.'

내가 꿈꾸는 AOL의 좀 더 숭고한 소명은 일단 접속 과정을 쉽게 만들어 사람들을 온라인으로 끌어들인 다음, 모르는 사람들을 서로 어울리게 만들 수 있는 새로운 가능성을 매체 자체에 부여하자는 것이었다. 나는 아메리카 온라인이라는 이름과 사랑에 빠졌다. 그것이야말로 내가 지난 10년간 열심히 추구해온 모든 것의 논리적 귀결 같았다. 그리고 내가 스티브에게 반복적으로 이야기하던 내용은 바로 스티브와 그의 아내 진 그리고 AOL의 다른 초창기 멤버들이 믿고 지지하면서 실행에 옮기기 시작한 일들과 정확히 일치했다. 스티브가 즉시 답장을 보내왔다.

"전화 주세요. 지금 당장 할 말이 있습니다."

전화를 받은 스티브가 특유의 직설적인 어투로 말했다.

"인수가 마무리된 지도 얼마 안 되었고, 사장님은 플로리다에 머물면서 레드게이트를 계속 경영하기로 했던 건 잘 알고 있습니다. 하지만 워싱턴 D. C.로 와주시면 좋겠습니다. 저는 사업을 국제적으로 확장하고, 투자 기반을 확충하고, 추가적인 인수 전략을 세우는 데 집중해야 할 것 같습니다. AOL의 핵심 사업은 사장님께서 운영해주십시오. 워싱턴으로 오셔서 AOL의 사장직을 맡아주시기 바랍니다."

나는 정말이지 놀라서 할 말을 잃었다. 하지만 얼마 후 린과 함께 워싱턴으로 날아갔고, 도착하자마자 고향에 돌아온 듯 편안한 느낌이 들었다. 우리는 버지니아 주의 타이슨 코너에 숙소를 잡았다. 그리고 그날 밤 린을 데리고 조지타운 대학교에 가서 저녁을 먹고 워싱턴 D. C.를 구경시켜주었다. 다음 날에는 AOL 본사에서 일련의 회의를 했다. 스티브와 나는 내가 AOL에서 담당해야 할 역할에 대해 오랫동안 대화를 나눴다. 다시 워싱턴으로 돌아오는 것도 어색하지 않았고, AOL 본사 근무가 필요하다는 논리도 충분히 이해했지만, 나는 홀몸이 아니었다. 지금 살고 있는 플로리다를 떠나는 일은 나 혼자 결정할 문제가 아니었다.

그날 밤, 집으로 돌아오는 비행기에서 린이 나에게 말했다.

"스티브 말대로 하는 게 좋겠어요. 워싱턴에서도 행복하게 지낼 수 있을 거예요. 스티브도, 회사도 느낌이 아주 좋아요. 꼭 옮기도록 해요."

그로부터 몇 주 후, 나는 AOL의 신임 사장 자리에 앉았다.

내가 사장으로 취임할 당시 AOL은 아직 거대한 조직과는 거리가 멀었다. 가입자 수는 30만 명이었다. 우리는 회원 수 100만에 도달하기 위해 열심히 노력했다. 당시에는 회원이 100만이라는 엄청난 숫자에 도달하면 AOL이 업계에서 좀 더 비중 있는 기업체가 되고, 우리의 목표 중 몇몇 개가 결실을 맺기 시작할 거라고 생각했기 때문이다. 사실 우리도 그때까지는 이른바 네트워크 효과(network effect)라는 걸 잘 모르고 있었다. 일단 아는 사람들이 모두 한 네트워크에 소속되면, 다른 사람들도 친구나 동료들과 함께하기 위해 그 네트워크에 가입하게 되는 효과 말이다. 우리는 그저 100만 다음엔 200만이 되고, 그다음엔 300만이 될 거라고만 생각했다.

다음 사실을 꼭 기억하길 바란다. 하루가 잘 풀리면, 일주일, 한 달이 잘 풀리고, 한 달씩 세 번이면 한 분기가 잘 풀리게 된다. 그렇게 계속되는 것이다.

AOL은 행복한 회사였다. 돌이켜보면 그 이유 중 하나는 경영진에 훌륭한 여성이 많이 포진하고 있었기 때문이 아닌가 싶다. 잔 브랜트, 캐시 라이언, 오드리 웨일, 진 빌라누에바, 린 캐머런 등은 AOL의 급속한 성장과 회사 전체의 행복을 위해 꼭 필요한 여성 경영진이었다. 후에 AOL이 불행한 회사가 되었을 때, 고위직 대부분을 남성이 차지하고 있었던 건 우연이 아닐 것이다.

나는 밤낮으로 업무에 매진하며 500명에 달하는 AOL의 전 직원 및 관련된 협력 업체를 전부 만났다. 나는 그들에게서 최대한 피드백을 얻고자 노력했고, 회사 안에 매우 뛰어난 아이디어를 가진 똑똑한 인재가 많다는 사실을 알게 되었다. 나는 평소 버릇대로 '전화나 텔레비전처럼 사람들의 일상생활 중심에 있으면서도 그보다 훨씬 더 가치 있는 글로벌 매체'의 구축이라는 우리 회사의 소명을 완수하기 위해 성취해야 할 일들의 목록을 만들었다. 내 목표는 AOL을 일차원적인 데이터 통신 회사에서 진정한 의미의 뉴 미디어 회사로 변신시키는 데 있었다. 우리는 훗날 '채널 메타포'라고 알려진, 마치 텔레비전처럼 서로 다른 채널을 통해 서로 다른 프로그래밍에 접근하는 방식으로 서비스를 재구성하기 시작했다.

우리는 오늘날까지도 인터넷 사업 성공의 기본이 되고 있는 '6C', 즉 편의성(convenience)과 연결성(connectivity), 커뮤니케이션(communication), 커뮤니티(community), 콘텐츠(content) 그리고 궁극적으로는 상거래(commerce)를 하나로 연결시켰다.

AOL은 사람들을 온라인에 접속시키는 인터넷 서비스 제공자(ISP)였다. 처음에는 인터넷 그 자체라기보다는 AOL 안으로 사람들을 끌어들였다. 일단 AOL에 접속하면 우리가 만들어놓은 각 채널을 통해 원하는 곳으로 접근할 수 있었다. 뉴스를 읽거나 기상 정보를 얻을 수도 있고, 선호하는 스포츠 팀에서 최근 업데이트된 오락 정보까지 무엇이든 찾아볼 수 있었다. 나는 우리의 미래가 단순하게 누군가를 온라인에 접속시키는 연결성에 있는 게 아니라 우리가 제공하는 콘텐츠와 여러 가지 다양한 서비스에 있음을 항상 확신하고 있었다. 게다가 AOL은 이메일, 게시판, 대화방, 궁극적으로는 인스턴트 메시지 제공자로서 단순히 사람들을 콘텐츠에 연결시키는 것을 넘어서 커뮤니티라는 개념을 중심으로 발전해나갔다. 커뮤니티는 사람들이 직장과 가정 이외에 따로 머무를 수 있는 '제3의 공간'으로, 다른 말로 표현하면 레이 올든버그의 책제목처럼 '정말 좋은 공간(The Great

Good Place)'이었다.

'6C'의 각 항목이 모두 중요하긴 하지만 무엇보다 커뮤니티라는 개념이 가장 중요했다. 초창기부터 커뮤니티는 AOL의 성공에 가장 핵심적인 역할을 했으며, 점점 더 많은 사람이 온라인에 접속해 다른 사람들도 자신과 마찬가지로 특정 주제를 중심으로 모여 있다는 사실을 발견하기 시작했다. 처음에는 수백 개에 불과했던 대화방이 수천 개로, 다시 수만 개로 늘어났다. 관심 있는 주제에 관해 토론하고 싶은 그리고 토론해야 하는 회원들이 개설한 대화방들이었다. 유방암을 극복한 사람들부터 애완동물 애호가, 특정 스포츠 팀의 팬, 특정 정당의 지지자, 게이와 레즈비언, 이혼한 남녀에 이르기까지 모든 사람이 서로 연결되어 대화를 하고, 동료를 찾고, 경험을 나누기 위해 AOL을 이용하기 시작했다. 자신의 거실에 편안히 앉아서 미국 전역 그리고 전 세계 사람들과 연결될 수 있게 된 것이다. 요즘의 잘 조직된 페이스북 커뮤니티나 스포츠 팀의 팬 포럼과 비교하면 매우 기초적인 수준으로 보일 것이다. 하지만 1994년 당시로서는 '미지의 세계'였다.

나는 AOL을 10년 전 나에게 찾아왔던 통찰(컴퓨터 모니터와 텔레비전이 본질적으로 똑같은 가능성을 제공한다는 통찰)을 충족시킬 만한 매체로 만들어가면서, AOL 커뮤니티에서 벌어지고 있는 일에 면밀한 주의를 기울였다. 가입자들은 들어가는 대화방의 종류에 상관없이 항상 같은 AOL 스크린 네임을 사용했다. 그리고 아직은 커뮤니티의 규모가 그다지 크지 않아 몇 사람의 스크린 네임을 기억해두는 게 가능했기 때문에 동일한 사람이 AOL이 제공하는 서비스 여기저기에 등장한다는 사실을 알아차렸다. 어느 토요일, 한 대화방에서 대학 풋볼 게임에 대해 논의하던 사람이 일요일에는 완전히 다른 대화방에 나타나 종교에 대한 토론을 벌이는가 하면, 그다음 주 금요일에는 주말에 볼 만한 영화에 대한 얘기를 하고 있었다. 그 사람들의 어조나 대화의 경향으로 판단해볼 때 실생활에서 외롭게 지내는 사람들 같지는 않았다. 이런저런 커뮤니티를 섭렵하고 있는 많은 사람은 '실제 세상'에서도 평범한 삶이나 관계를 충분히 누리고 있는 사람들이라는 점이 곧 분명해졌다. 그들은 안정적이고 적응력이 뛰어난 사회적 존재로서 AOL이 구축한 온라인 매체가 직장과 가정에서 훌륭한 '제3의 공간'이 되고 있음을 이해하는 사람들이었다. 그것은 마치 당시 절정의 인기를 누리며 종영된 TV 시리즈 치어스(Cheers)에 등장하는 술집이나 미국 전역에 확산되고 있던 동네 스타벅스만큼이나 미국인의 정신 속에 안정적인 자리를 차지하고 있었다.

AOL 대화방에 들어오는 사람들은 '행복'했다. 그들이 더 많은 대화방을 개설할수록 다른 사람들과의 만남에 더 많은 시간을 할애하며 더 행복해졌다. 결과적으로 그들이 AOL에 접속해서 더 많은 시간을 보낼수록 우리는 더 많은 돈을 벌었다.(아직은 온라인 접속 시간당 요금이 부과되고 있었다. 정액제 같은 것은 없던 시절이었다.) 나는 AOL에서 근무한 지 오래되지 않아 그 연관관계를 깨닫기 시작했다.

행복한 가입자는 행복한 고객이 되어 행복한 AOL 커뮤니티를 개설하고 확장시켰다. 그리고 이것이 결국 AOL을 행복한 기업으로 만들어주었다.

무엇보다도 AOL은 행복한 기업이었다. AOL이 자신의 임무를 완수하고 있었기 때문이다. 우리는 회사 로비에 걸어놓은 현판에 새겨진 '전화나 텔레비전처럼 사람들의 일상생활 중심에 있으면서도-그보다 훨씬 더 가치 있는 글로벌 매체를 구축하자'는 선언을 성취하는 과정에서 정말로 세상을 변화시키고 있었다.

1980년대 초반 이후부터 회사 내에서는 오피스 이메일을 이용해 직원들 간에 전자적인 소통이 가능했지만, 1990년대 중반까지도 집에서 편지를 쓸 때는 여전히 볼펜을 들고 종이 위에 쓰거나 컴퓨터에 입력 후 인쇄한 다음, 다시 한 번 읽어보고 잘 접어 봉투에 넣고, 혓바닥을 베어가며 침을 묻혀 봉투를 붙인 다음, 서랍을 뒤져 우표를 찾아 붙이고, 누군가에게 전달해야만 했다. 그 편지는 누군가에 의해 일단 분류를 거친 다음, 다시 여러 사람의 손을 통해 연료 소비가 심한 트럭에 실려 공항까지 보내지고, 거기서 역시 다른 사람의 손을 통해 비행기에 실려 목적지로 향했다. 비행기에서 내리면 다시 누군가에 의해 분류를 거친 다음, 트럭에 실려 친절한 우편집배원에 의해 지정한 수취인의 손에 들어갔다. 최소 2일이 소요되는 과정이었다. 세상에나!

이메일을 사용하면 할아버지는 클릭 한 번으로 손자손녀와 연락을 취할 수 있었다. 훨씬 빠르고 편리하면서도 저렴한 방법이었다. 온라인의 편리함이 널리 확대됨에 따라, 즉 점점 더 많은 사람이 AOL을 통해 온라인에 접속함에 따라 사람들은 행복해졌다. 많은 사람들을 행복하게 만들수록 AOL에서 근무하는 직원들 역시 행복해졌다. 우리는 소명을 가진 기업을 위해 일했고, 그 소명을 성취하면서 우리가 하는 일에 대해 확실한 흥분과 순수한 기쁨을 느꼈다.

온라인 서비스 제공은 사용자들로부터 즉각적인 피드백을 받을 수 있다는 점에서 매우 독특한 경험이었다. AOL에 가입한 회원들은 우리가 만든 서비스 중 효과 있는 것과 없는 것을 실시간으로 알려주었다. 회원들은 우리가 제공한 새로운 도구에 숙달해 온라인상에서 시간을 많이 보낼수록 우리에게 원하는 바를 더 많이 제안했다. 회원들이 우리 제품과 서비스를 더 좋아할수록 우리 직원들도 더 즐겁고 행복했으며 회사는 더 많은 돈을 벌었다. 우리가 돈을 더 많이 벌고 새로운 가입자 수가 늘어날수록 주가는 더 높아졌다. 우리를 사랑하게 된 사용자들은 우리 주식을 사들였다. 선순환이란 바로 그런 것이다.

회사 전체가 하나의 임무를 추구하고 있었다. 비록 '디지털 지식인'은 인터넷 브라우저인 넷스케이프나 포털 사이트인 야후 등을 더 멋지다고 추켜세웠지만 AOL은 잘나가고 있었다. 사실 직장에서는 T1(초당 1544킬로비트의 데이터를 전송하는 직렬 라인-옮긴이) 접속을 통해 초기 단계의 인터넷을 보다 빠른 속도로 탐험할 수 있었지만, 집에서 전화선을 통해 AOL에 접속하면 속도가 훨씬 느렸다. AOL이 정액제를 시행하자 지역 접속 번호로 동시 접속하는 신규 가입자 수가 폭발적으로 증가하면서 잦은 통화 대기로 인해 주 법무부의 분노까지 촉발했던 위기의 순간이 있었다. 하지만 그 이전에도 AOL은 이미 느려터진 온라인 서비스라고 욕을 먹곤 했다. 그럼에도 만약 AOL이 수세에 몰려 있었다면, 그건 가입자 수가 너무 많아 AOL이 고객의 요구에 제대로 부응할 수 없었기 때문이다.

AOL에 부임한 지 1년째 되어 가던 어느 날, 나는 행복을 향한 나의 개인적 노력 역시 성공을 거두고 있음을 깨달았다.

나는 정말 열심히 일했다. 사람은 일을 열심히 하면서 불행할 수도 있고,

정말 열심히 일하면서 행복을 느낄 수도 있다. 일을 하면서 행복을 느끼는 사람은 더욱 열심히 일하게 된다. 내 경우도 그랬다.

린은 버지니아 북부를 매우 마음에 들어 했고 우리 둘 다 아이들을 키우는 데서 큰 즐거움을 느꼈다. 사실 나는 일찍 사무실에 나가 밤늦게까지 일에 몰두했고, 집에 있을 때조차 많은 시간을 일에 빠져 지냈다. AOL 서비스 덕분에 집에서도 이메일을 통해 직장 동료들과 얼마든지 연락을 취하며 일을 할 수 있었던 것이다. 내가 그렇게 일에 몰두하는 동안 린은 두 아이의 엄마로서 막중한 책임을 홀로 감당해야만 했다. 하지만 린은 내가 AOL에서 스티브와 함께 일하기 위해 워싱턴으로 삶의 기반을 옮긴 것이 우리 가족 모두를 위해 옳은 선택이었다고 생각했다.

가족은 나를 행복하게 해주었다. LIST 창업 이래 지속적으로 추구해온 보다 숭고한 소명의 완수 역시 분명히 나를 행복하게 해주었다. 내가 오래전에 품었던 비전이 실현되는 모습을 지켜보는 건 가슴 벅찬 일이었다. 컴퓨터와 텔레비전의 기능이 통합되는 비전 말이다.

AOL은 재정적으로도 잘 굴러갔고 여러 가지 면에서 당대에 가장 주목받는 기업이 되었다. 수천만 명의 미국인에게 'AOL'과 '인터넷'은 동의어였다. AOL은 하나의 인터넷 기업이 아니라 인터넷 그 자체였다. 사람들은 우리가 만들어낸 제품에 열광했고 조금이라도 개선에 보탬이 될 수 있도록 여러 가지 제안을 보내주었다. 심지어 러브레터를 보내온 고객도 있었다. 나는 하루에 한 시간씩 고객이 스티브 케이스에게 보낸 이메일을 읽었다. 서비스를 개선하기 위해 무엇을 해야 하는지 알고 싶었기 때문이다. 우리가 하는 모든 일에 대해 끊임없이 긍정적인 조언과 협조가 이어졌다.

나는 굉장히 멋진 시절을 보내며 내 인생 목록에서 여러 가지 항목에 체크를 해나가고 있었다. AOL의 사장이라는 지위 덕택에 목표 달성이 훨씬 쉬운 경우도 있었다. 예를 들어, 내 목록 중에 권투 챔피언 결정전 관람이 있었는데, 마침 AOL이 HBO와 제휴 관계를 맺고 있었다. 나는 HBO 사장에게 전화를 걸어 HBO가 중계 예정인 마이크 타이슨의 경기를 볼 수 있는지 문의했다. 와우, 그렇게 해서 목록의 항목 하나에 또 체크 표시가 되었다. 나는 또 행복해졌다.

나를 행복하게 만드는 일에 주의를 기울이다 보니, 내가 적어놓은 목표를 완수하는 것만으로는 뭔가 부족하다는 생각이 들었다. 몇 년 전 인생 목록을 작성하면서 나는 행복을 하나의 목표로 간주했다. 그 덕분에 내 생각을 올바른 길로 집중할 수 있었다. 기업이 제대로 굴러가고 있는지 확인하기 위해 일련의 지표를 추적하는 사업가처럼 나도 내 목록을 통해 점수를 매겨나갔다. 하지만 그것 자체가 행복을 성취할 수 있는 완벽한 시스템은 아니었다. 그래도 행복을 하나의 명확한 목표로 규정해놓고 101가지 하위 목표를 성취하기 위해 체계적으로 노력하다 보니 적어도 올바른 방향으로 나아갈 수는 있었다. 내가 정말 발전했을까? 물론이다. 확실히 그런 느낌이 들었다. 하지만 그 이상의 뭔가가 있다는 느낌도 지울 수 없었다.

1995년 초, AOL에서 처음으로 강연을 할 기회가 생겼다. 제목은 '친절은 경쟁력 있는 무기다'로 정했다. 나는 행복이나 공동체 같은 문제에 관심을 쏟는 기업은 시장에서도 자연히 승리할 것이라고 생각했다. 이 생각에는 지금도 변함이 없다. 그 강연에서 AOL이 한 기업으로서 추구해야 할 임무와 직원들이 서로에게 친절해야 하는 필요성 등에 관해 말했던 기억이 난다. 우리의 목표는 행복하고 자기 주도적인 사람을 발견하고, 또 우리 스스로 그런 사람이 되는 것이었다. 돌이켜보면 나는 이미 그때부터 스스로 행복을 창조해내는 일과 더 크고 좋고 행복한 회사를 구축하는 일 사이에 상관관계가 있음을 이해하고 있었던 듯하다.

무엇이 나를 정말로 행복하게 만드는지 조사하고 분석하기 위해 삶의 속도를 늦추는 것은 어려운 일이었다. 하지만 나는 휴가를 성찰의 시간, 즉 그간 성취한 행복의 지표들을 합산하고 현재 상황을 평가해보는 계기로 삼았다. 사무실에서 멀리 떨어진 그 휴식 시간에 목표 달성을 위해 그동안 내가 밟아온 길을 다시 한 번 검토해보려고 노력했다.

나는 목록 위의 크고 작은 여러 항목에 계속 체크를 해나갔다. 내가 본능적으로 가장 중요한 목표라고 생각했던 '결혼해서 자식 낳기' 같은 항목은 역시 나에게 엄청난 만족을 안겨주었다. 나는 점점 후회 없는 삶을 살아가고 있었다. 하지만 깊이 생각하면 할수록 행복 성취에 필요한 새로운 요인이 전면으로 부각되었다. 그 첫 번째가 바로 커뮤니티였다.

다양한 커뮤니티 조성이야말로 AOL의 성공을 불러온 추진력이었기 때문에 나는 커뮤니티에 관심을 집중할 수밖에 없었다. 내가 관찰한 바로도 그랬지만 회원들이 보낸 편지를 읽어보아도 다양한 온라인 커뮤니티에 가입한 회원들이야말로 만족과 행복을 가장 많이 느끼고 있음을 알 수 있었다. 그 결과를 토대로 나도 당시의 내 삶을 생각해보게 되었다.

일을 굉장히 열심히 하고 있기는 했지만 역시 내 삶의 중심은 린과 재크 그리고 엘이었다. 자녀가 생기자 친가 외가 할 것 없이 더욱 친밀한 관계가 되었다. 우리는 가능한 한 많은 시간을 양가 부모님 및 친척들과 함께 보냈다. 직계 가족과 친척 역시 하나의 공동체를 이루었다.

나는 아주 긴 시간을 회사에서 보냈고, 동료들과도 매우 즐겁게 지냈다. 우리는 전우로서 마이크로소프트와 전투를 벌였고, 누구든 도전해오는 자와 맞서 싸웠다. 팀 내부의 분쟁도 있었고, 새 제품이 출시되기 직전에는 긴장이 고조되는 순간도 있었다. 하지만 우리는 서로를 좋아했고, 똑같은 언어를 사용했고, 오래전 컨설턴트들이 비슷한 맥락에서 우리의 '기업 문화'라고 이름 붙였던 것을 함께 발전시켰다. 우리는 수없이 많은 시간을 같이 작업하면서 더 나은 제품을 고객들에게 제공하기 위해 노력했다. 우리 자체가 AOL이라는 커뮤니티를 제공하는 하나의 커뮤니티였다.

AOL을 지휘하던 기간 동안 나는 매우 다양한 역할을 담당했지만, 무엇보다도 고객 및 협력 업체 그리고 LIST 시절부터 함께 일해온 사람들이 다수 포함된 보다 광범위한 의미의 기술 공동체 참여자들과 밀접한 관계를 맺어야 했다. 나는 인터넷의 형성에 관여하고 있는 보다 큰 공동체의 일원이었고, 컨퍼런스에서 마주치거나 사무실에서 만나는 많은 사람들 역시 일견 서로 경쟁자 같아 보였지만, 사실은 보다 큰 뭔가에 소속된 일원이었다. 그리고 우리 모두는 그 사실을 인식하고 있었다. 낮에는 서로 치열하게 경쟁을 벌이다가도 해가 저물면 다시 친구가 되는 그런 사이였다. 워싱턴은 나에게 제2의 고향이나 마찬가지였고, 나는 학부생과 졸업생 가리지 않고 조지타운 대학교의 훌륭한 공동체와 긴밀한 관계를 유지했다. 조지타운 대학교의 호야는 최고의 대학 농구 팀 중 하나였는데, 나는 워싱턴 지역에 살게 된 덕분에 호야의 홈경기를 자주 관람했다 또 정기 입장권을 끊어 프로 아이스하키 팀 워싱턴 캐피털스의 홈경기를 관람했다. 그러다 진짜 캐피털스의 열광적인 팬이 되는 바람에 평생 충성을 맹세했던 뉴욕 레인저스도, 레인저스보다는 못했지만 어쨌든 열심히 응원했던 보스턴 브루인스도 모두 배신하고 말았다. 시간이 날 때마다 나는 린과 친구들을 오래된 캐피털 센터로 데려가곤 했다. 훗날 '유에스 에어 아레나'라는 이름으로 불리기도 했던 이 원형 실내 경기장은 워싱턴 외곽의 메릴랜드 주 랜도버에 있었다. 우리는 친구 중 아이스하키 팬들을 모아 커뮤니티를 만들었고, 우리가 만난 아이스하키 팬 중에서 친구를 사귀어 또 커뮤니티를 만들었다.

처음엔 재크, 이어서 엘까지 학교에 입학하자 우리는 부모 역할을 열심히 하면서 아이들의 학급 친구 부모들과 함께 시간을 보내기 시작했다. 오래지 않아 자녀가 없었다면 결코 깨닫지 못했을 인생의 교훈을 배우게 되었다. 아이들은 학교를 통해 자신들만의 커뮤니티를 형성하며, 부모가 자녀의 생활에 참여하기 시작하면 부모의 커뮤니티 역시 자녀를 중심으로 확장된다는 사실 말이다.

린과 나는 베로 비치에 있는 집을 처분하지 않고 그곳 친구들과 친분을 유지했다. 그러다 보니 워싱턴에서 새로 사귄 친구뿐 아니라 물리적으로는 멀리 떨어져 있어도 계속 연락을 유지하는 베로 비치의 기존 커뮤니티도 챙겨야 했다.

그리고 바로 우리가 제공하는 제품, 즉 이메일과 1996년경 시작된 인스턴트 메시지가 커뮤니티 내부와 각 커뮤니티 사이의 의사소통을 촉진시켰다. 나는 AOL의 인스턴트 메시지를 출시하면서, 버디 리스트(Buddy List)를 통해 가정에서 직장까지 사람이 살아가는 곳이면 어디서나 다양한 커뮤니티가 형성될 것이라고 확신했다. 확실히 인스턴트 메시지는 현재 각광받고 있는 페이스북이나 트위터에 큰 영향을 미친 선구적 제품이었다. 1990년대 중반이 되자 컴퓨터를 이용해 단순한 가상 커뮤니티를 형성하는 단계를 넘어, 여러 가지 최신 소통 수단의 등장으로 인해 사람들 사이의 거리가 좁아졌다.

가입자 수는 매일 늘어났다. AOL은 점차 단순한 서비스 접속 제공을 넘어 인터넷 전체에 대한 진입로 구실을 하게 되면서 '인터넷 그리고 그 이상'이라는 문구로 서비스를 홍보하기 시작했다. 케이블과 텔레비전 회사들이 광대역 연결을 제공하기 전인 1990년대 내내 수천만 미국인은 'AOL'과 '인터넷'을 동의어로 생각했다. 우리는 하나의 인터넷 서비스 제공 회사가 아니라 인터넷 자체였다. 가입자 수가 기하급수적으로 증가하자, 물론 AOL의 주가도 다달이 지속적으로 상승하면서 주식 시장 전체를 활성화시켰다.

이런 성공에도 불구하고 우리는 항상 마이크로소프트에 먹혀버리는 건 아닌가 하는 불안감에 시달렸다. 운영 체제와 오피스 제품을 독점하고 있는 마이크로소프트의 엄청난 자금력이면 AOL을 인수해버리거나 운영 체제를 기반으로 하는 새로운 서비스를 출시해 AOL의 고객 기반을 몽땅 빼앗아갈 수도 있을 것 같았다. 하지만 이런 외부 위협은 오히려 회사의 결속에 도움이 되었다. 실제로 AOL 사장으로 취임하고 나서 얼마 지나지 않아 나는 마이크로소프트를 우리를 잡아먹으려고 으르렁대는 거대한 공룡으로 묘사하는 전사적 집회를 개최해 회사의 경쟁 심리에 불을 지피기도 했다. 이를 통해 직원들은 굉장한 동기부여가 되었고, 직장 내의 단결심도 더욱 강화되었다.

이런 위기감은 앞으로 닥쳐올 결전을 대비해 맷집을 강화시키는 역할도 했다. 나는 마이크로소프트의 특징과 빌 게이츠의 사고방식을 잘 알고 있었다. 만약 MSN이 우리를 앞지르게 된다면, 컴퓨터 업계에서 마이크로소프트의 독점적 지배력은 절대 막을 수 없을 터였다. 그런 사태만큼은 막아야 했다.

AOL 직원들은 우리의 임무를 완수하기 위해 AOL의 주주가 되었다. MSN이라는 거대한 공룡에 홀로 맞서야 한다는 의무감 때문에 직원들은 더욱 창의적이고 협동적이 되었다. 그리고 무엇보다 더욱 부유해졌다. 어느 순간이 되자 AOL 직원 중 백만장자가 3500명에 달했다. 우리가 만들어낸 행복이 우리를 부자로 만들어준 것이다.

놀라운 속도로 성장하던 AOL은 '사랑받는' 기업에서 '필요한' 기업으로 변해갔다. 내 생각에는 별로 좋은 변화가 아니었다. 내가 그런 변화를 깨달았던 순간이 아직도 기억에 생생하다.

나중에 AOL의 CEO가 된 밥 피트먼이 아직 AOL에 합류하기 전인 1996년, 밥과 훗날 그의 아내가 된 베로니크는 나와 린을 비롯해 다른 두 가족과 더불어 지중해에서 요트를 한 척 빌려 휴가를 보내고 있었다. 일손을 놓고 어딘가 멀리로 떠나는 게 꼭 필요한 시점이었다. AOL에 부임한 이후 눈코 뜰 새 없이 일에만 몰두했기 때문에 나는 정말이지 이메일과 전화벨, 회의에서 잠시 벗어날 필요가 있었다. 물론 이것은 요즘 같이 전 세계 어떤

오지에서나 휴대용 단말기로 인터넷에 연결하여 업무를 볼 수 있는 유비쿼터스 접속의 시대가 도래하기 전의 이야기다.

하루는 밥과 함께 요트 갑판에 앉아 사랑받는 기업과 필요한 기업 중 어떤 것이 너 나은지에 관해 대화를 나누고 있었다. MTV, 비아콤, 워너브라더스 같은 기업들을 두루 거치며 화려한 경력을 쌓아온 밥은 내 주변의 그 어떤 사람보다도 브랜드 구축 및 미디어 기업에 정통한 사람이었다. 나는 최고의 브랜드는 모두에게 사랑받는 브랜드라고 주장하면서, 꾸준히 영향력을 행사하며 사랑받는 브랜드로 디즈니, 나이키, 코카콜라 등을 언급했다. 반면 밥은 필요한 기업이 되는 것도 좋은 일이라고 주장하면서, 예를 들어 인터넷 접속을 가능케 하는 케이블 회사들처럼 소비자에게 필요한 서비스를 제공해주는 기업은 고객에 대한 엄청난 양의 정보를 축적할 수 있다고 말했다. 밥은 AOL의 유용성이 점차 증대되어가는 것은 좋은 일이라고 주장했다. 필요한 존재가 되는 것은 좋은 일이라는 의미였다. 하지만 내 의견은 달랐다. 나는 당시 AOL이 사랑받는 기업이라 믿었고, 그저 필요한 기업이 되는 것보다는 사랑받는 기업이 되는 편이 훨씬 낫다고 생각했다. 전기가 필요하다고 해서 전력 회사를 사랑하는 사람은 없지 않는가?

그날 저녁, 우리는 모두 포지타노에 있는 식당으로 저녁을 먹으러 갔다. 일행이 자리를 잡는 동안 식당 매니저가 다가오더니 우리에게 어디 출신이냐고 물었다. 린과 나는 워싱턴에서 왔다고 대답했다. 그는 또 우리가 무슨 일을 하는지 물어보았고, 나는 아메리카 온라인에서 일한다고 말해주었다. 그런데 갑자기 그의 표정이 바뀌더니 얼른 카운터 뒤 쓰레기통에서 신문 한 부를 끄집어냈다.

'AOL E Morte'라는 헤드라인이 눈에 들어왔다. 'AOL은 죽었다'는 뜻이었다. 열아홉 시간 동안 아메리카 온라인을 먹통으로 만든 서비스 중단 사태가 멀고 먼 이탈리아의 포지타노에서까지 헤드라인을 장식하고 있었던 것이다.

나는 식당에서 급히 스티브 케이스에게 전화를 걸어 무슨 일인지 알아보았다. 최악의 사태였다. 스티브도 AOL의 다른 누구도 무슨 일인지 파악하지 못하고 있었다. 여전히 서비스는 불가능한 상태였는데, 아무도 정확한 이유를 몰랐다. 케이스는 본사에서 해결할 수 있는 문제일 테니 내게 일정대로 휴가를 즐기라고 말했다. 하지만 나는 불안에 떨며 식탁으로 돌아왔다. 내가 자리에 앉자 밥이 말했다.

"이게 아마 아까 나한테 했던 질문의 답인 것 같군요. AOL의 서비스 중단 사태가 여기 이탈리아에서까지 뉴스가 될 정도라면, AOL은 이미 필요한 기업이 된 겁니다."

그의 말이 옳았다. 그리고 나는 그게 정말 마음에 걸렸다. 우리는 사랑받는 기업에서 필요한 기업이 되어버렸다. 주가와 기업이 차지하는 비중이라는 관점에서 본다면 그런대로 좋은 소식일 것이다. 하지만 AOL이 행복한 기업인지 아닌지의 관점에서 본다면 그다지 좋은 소식이 아니었다.

필요한 브랜드는 같은 요구를 충족시키는 다른 브랜드에 의해 언제든지 대체될 수 있다. 하지만 사랑받는 브랜드는 훨씬 오랫동안 시장 지배력을 유지할 수 있다.

1996년 가을, 밥 피트먼이 AOL 네트워크 사장으로 AOL에 합류하면서,

나는 AOL 스튜디오의 신임 사장으로 자리를 옮겼다. 이제 AOL은 회원들에게 제공할 콘텐츠와 서비스의 제작 그 자체가 하나의 사업이 될 정도로 규모가 엄청나게 커져 있었다. AOL의 가장 급속한 성장기에 거의 3년 이상 사업을 지휘한 뒤, 나는 서비스 운영에서 물러나 콘텐츠 담당 최고 경영자로 스티브 케이스 밑에서 일하게 되었다.

나는 1996년부터 1999년까지 그 자리에 있다가 1999년에 AOL 웹 프로퍼티즈 사장으로 임명되어 넷스케이프, 무비폰, 맵퀘스트, 디지털 시티즈, 윈앰프 등의 브랜드와 서비스를 관리했다. 그리고 1996년부터 2001년까지 기존 업무인 AOL 온라인 서비스 운영에서 손을 떼고, 온라인 매체를 활성화킬 만한 서비스 개발을 전반적으로 관리하고 있었다. 내가 AOL 사업 중 사람들의 사랑을 받을 만한 사업 부문을 맡아 운영했다면, 밥 피트먼은 사람들이 필요로 할 만한 사업 부문을 맡았다고 말할 수도 있을 것이다. 밥 피트먼은 마케팅의 대가였고 똑똑한 사업가였으며 하나의 사업체로서 AOL의 수준을 한 단계 높이는 데 적임이었다. AOL에서 나는 종종 이렇게 말하곤 했다.

"오늘은 앞으로 펼쳐질 인터넷 역사상 가장 보잘것없는 날일 것입니다."

내 말은 아마도 내일은 온라인 사용자가 더 늘어나 있을 거라는 의미였다. 접속 속도는 더욱 빨라질 것이고 전송 용량도 증가할 것이다. 접근 가능한 콘텐츠도 더 많아질 것이다. 더 큰 온라인 커뮤니티도 등장할 것이다. 더 많은 투자와 혁신으로 기능도 향상될 것이다. 내 말은 지금의 현실에도 적용된다. '오늘'은 앞으로 펼쳐질 인터넷 역사상 가장 보잘것없는 날이 될 것이다.

컴퓨터 칩의 저장 용량은 18개월마다 2배로 증가하고, 가격은 반으로 떨어진다는 무어의 법칙(Moore's Law) 그대로 나는 매일 매일 온라인으로 할 수 있는 일이 더욱 늘어나고, 궁극적으로는 뉴 미디어가 전통적인 미디어보다 우위에 서고, 온라인 서비스 요금은 점점 더 낮아져서 결국 삶에 가장 중요한 수많은 서비스들이 사실상 무료가 되는 수준에 이를 거라고 생각했다.

나는 레드게이트 시절부터 '새로운 규칙, 새로운 미디어'의 존재를 이해하고 있었다. 첫 번째 새로운 규칙은 더 많은 사람을 온라인에 접속시킬 수 있다면 그 미디어 또한 더 빨리 성장한다는 것이었다. 스티브 케이스가 나를 영입하던 순간부터 나는 AOL을 미디어 회사로 간주했다. 스티브도 내 생각이 옳다고 생각했기 때문에 적극 지지해주었고, 이 생각은 AOL의 비즈니스 모델에 굉장한 영향을 미쳤다.

전통적으로 가입자를 기반으로 운영되는 미디어 회사는 두 개의 수익 창출 수단이 있다. 그들은 가입자로부터 구독료를 받는 한편 가입자, 즉 독자를 대상으로 광고도 판매할 수 있다. 오래지 않아 AOL도 그렇게 되었다.

AOL은 최초의 온라인 광고 플랫폼을 설치해 가입자 수익에 이은 제2의 수익 창출 수단으로 삼았다. 물론 궁극적으로 가입자 사업을 최고도로 부양하는 것은 정액 요금제였지만, AOL이 광고 매체가 되자 기업의 마케팅 담당자와 광고 대행사들은 온라인 매체를 장차 출판과 라디오, 텔레비전을 대체할 수 있는 초보 단계의 강력한 매체로 인식하게 되었다. 그렇게 되자 끝까지 팔짱 끼고 있던 금융계의 회의주의자들도 마침내 패배를 인정했고, 곧이어 모든 사람이 AOL의 주식을 사기 위해 달려들었다.

주식이 한 번, 두 번, 어느덧 일곱 번까지 분할되었다. 만약 AOL이 레드게이트를 인수할 때 주식을 받았던 투자자와 직원들이 그 주식을 그대로 보유하고 있다 주가가 정점에 이르렀을 때 매각했다면 모두 합해 거의 90억 달러에 이르는 잭팟을 터뜨렸을 것이다. 하지만 그런 일은 없었다. 모든 주식을 그대로 보유하고 있다가 최고가에서 매각한 사람은 아무도 없었다. 나도 중간에 주식을 매각했지만(상당 부분은 워싱턴 캐피털스와 워싱턴 미스틱스, 워싱턴 위저즈 등 스포츠 팀의 지분을 확보하느라 팔아치웠다), 그럼에도 여전히 〈포브스〉가 선정한 미국 최고 부호 400인 안에 포함되어 있었다. 앨버트 아인슈타인이 한때 우주에서 가장 강력한 힘은 '복리(複利)'라고 말한 적이 있다던데, 주식 분할의 힘에 비하면 사실 복리도 새 발의 피 수준이라고 할 수 있다.

AOL과 뒤이은 넷스케이프 커뮤니케이션즈의 기업 공개는 거의 경이로울 정도로 성공적이었고, 주식 시장에 '닷컴' 시대를 촉발했다. 이후로도 AOL의 주가 상승은 극도로 치달아 넷스케이프를 즉시 인수할 수 있을 정도가 되었다. 1997년이 되자 AOL은 미국에서 가장 성공적인 사업체로 보였다. 하지만 그게 꼭 좋은 것만은 아니었다.

AOL은 엄청난 성공을 지속했지만 그와 동시에 기업 본래의 비전을 잃어버리기 시작했다. '미국을 온라인으로 연결시키고⋯ 전화나 텔레비전처럼 사람들의 일상생활 중심에 있으면서도 그보다 훨씬 더 가치 있는 글로벌 매체를 구축'하겠다는 소명에서 출발한 AOL은 정말 거대한 기업이 되었다. 불행히도 AOL처럼 큰 성공을 거두게 되면 좀 더 숭고한 소명에서 눈을 돌리게 되는 경우가 생기기도 한다.

장기적인 성장보다 단기간의 주가에 집중하기 시작하면서 우리는 몇 번의 좋은 사업 기회를 놓쳤다.

AOL이 성장을 거듭하는 동안 회사가 너무 바쁘게 돌아가다 보니 회사 내 젊은 미혼 직원들이 'Love At AOL'이라는 데이트 서비스를 만들게 되었다. 이 서비스를 통해 원한다면 네트워크 운영 부서의 젊은 여성 직원이 토요일 밤에 젊은 남성 프로그래머와 영화를 보러가는 일이 가능해졌다. 하지만 이 서비스는 더 큰 잠재력을 갖고 있었다. 'Love At AOL'이 AOL 자체에서, 즉 AOL 직원뿐만 아니라 AOL 회원들을 위해서도 데이트 서비스를 시작하자 즉시 뜨거운 반응이 터져 나왔다. 하지만 얼마 지나지 않아 매치 닷컴이라는 또 다른 온라인 데이트 서비스 회사가 AOL의 데이트 서비스를 독점하고 싶어 했다. 물론 'Love At AOL'이 선점한 권리에 대해서는 기꺼이 값을 치를 용의가 있었다. 우리는 매치 닷컴으로부터 큰 금액을 채워 넣은 수표를 받고 AOL의 데이트 채널을 넘기는 데 동의했을 뿐만 아니라, 사실상 카테고리 전체를 팔아버렸다. 'Love At AOL'은 매치 닷컴의 서비스로 편입되었다. 수년 후 AOL이 하향 곡선을 그리기 시작하자 우리는 AOL의 마법을 되살릴 전략을 짜기 시작했다. 긴긴 시간 이어지던 회의 도중에 누군가 그럴듯한 생각을 해냈다. 당시 매치 닷컴은 AOL을 이용해 자신들의 서비스에 트래픽을 유도하며 엄청난 성공을 거두고 있었다.

"도대체 왜 우리가 'Love At AOL' 프랜차이즈를 포기했을까요? 다시 우리의 자체 서비스를 구축하면 어떨까요?"

물론 그 이유는 매치 닷컴이 우리에게 엄청난 금액의 수표를 써주었기 때문이다. 그 당시 우리는 그 수익을 챙김으로써 또 한 분기의 고수익을 달성할 수 있었다. 지금도 그리고 앞으로도 AOL의 데이트 서비스 카테고리는 매치 닷컴의 몫이었다. 아무리 우리가 'Love At AOL'을 부활시키고 싶어도 그럴 수 있는 능력을 날려버린 꼴이었다. 어느 순간, 그저 한 분기의 수익을 달성하기 위해 카테고리 자체를 팔아버렸기 때문이었다.

1990년대 후반이 되자, 우리는 임무 완수가 아니라 분기 수익 달성에 더 치중하기 시작했다. 나는 오래전부터 하루하루를 발전적으로 축적하다 보면 한 분기의 실적도 좋아진다는 신조를 갖고 있었다. 하지만 분기 실적을 그 자체로 신처럼 떠받드는 게 아니라 그저 성공을 측정하는 척도로만 삼는 것이 중요하다는 사실도 알고 있었다. 재무적인 목표를 달성하는 것 외에도, 나는 항상 나의 임무가 100만 명의 회원을 즐겁게 하는 거라고 생각했다. 그 100만 명의 회원이 행복과 만족 속에서 1000만 명으로, 다시 2000만 명으로 증가했다. 하지만 기업이 너무 성공을 거둬 거대 기업이 되자, 우리는 급등한 주가를 정당화하라는 재무적 기대에 부응하느라 2000만의 회원이 아니라 월스트리트에 있는 15명의 재무 분석가를 만족시키는 데 급급하게 되었다. 더 이상 우리 회원을 행복하게 만들려고 노력하지 않았다. 우리는 재무 분석가들을 행복하게 만드는 쪽으로 돌아섰고, 그런 구조 안에서는 한 분기의 수익을 위해 미래의 성공이 예상되는 카테고리 전체를 팔아버리는 것도 어렵지 않았다.

사람은 불완전한 존재라 길을 잃을 수 있다. 누구든 옳은 길을 벗어날 수 있다. 회사도 마찬가지다.

고객과 회원, 직원들에게 충실히 봉사하는 동안 AOL은 행복한 기업이었다. 그리고 옳은 일을 했다. 역동적이고 혁신적으로 성장하면서 진정한 가치를 창조했다. 하지만 정도를 벗어나 단기적인 수익 증대라는 가짜 신을 숭배하게 된 순간 우리는 길을 잃었다.

주식을 공개한 기업에서는 올바른 방법으로 올바른 일을 하는 것과 월가의 요구에 부응하는 것 사이에서 끊임없는 싸움이 벌어진다. 경영자의 리더십과 비전을 항상 재무 관리자들의 기대와 조화시켜야 한다. 그리고 때로는 경영진과 관리자가 힘겹게 달성하려 애쓰는 그럴듯한 경영 목표가 알고 보면 잘못된 목표인 경우도 많다. 'Love At AOL'의 매각은 단기적 이득이 우리의 눈을 가리는 바람에 AOL과 온라인 매체 구축을 위한 옳은 길도 보지 못하고, 장기적으로 최대의 이익이 될 만한 기회조차 놓쳐버린 불행한 사건의 한 사례일 뿐이다.

아마존이 지금 같은 막강한 온라인 소매업자가 되기 전, AOL은 아마존의 가장 중요한 협력 업체가 될 기회가 있었다. 아마존 창립자 제프 베조스는 AOL이 50만 달러를 투자하면 아마존이 AOL 도서 소매 분야의 독점 사업자가 되겠다고 제안했었다. AOL로서는 아마존을 통해 AOL 회원들에게 판매되는 서적의 수익을 공유하고, 아마존의 지분 20퍼센트에 해당하는 스톡옵션도 받을 수 있는 조건이었다. 동시에 같은 분기에 반즈 앤 노블즈에서 도서 카테고리에서 AOL의 독점 협력 업체가 되는 조건으로 매년 1400만 달러를 지불하겠다고 제안했다. 물론 이익 공유나 지분 보유는 기대할 수 없었다. 우리에게 한쪽은 1400만 달러짜리 광고 수익으로 보였던 반면, 다른 쪽은 50만 달러짜리 투자로 보였다. 결국 반즈 앤 노블즈가 승리자가 되었고, AOL은 2009년 가을 시가 총액 400억 달러에 달하는 놀라운 기업이 된 아마존의 주식 20퍼센트를 소유할 기회를 날려버렸다.

몇 년 전, 나는 한쪽 팔만 단련한 사람, 즉 삶의 한 영역에만 과도하게 몰두하는 사람은 균형을 잃을 수 있다는 것을 깨달은 적이 있었다. AOL에서도 같은 현상이 벌어지고 있었다.

재무적 성과가 좋으면 즉시 AOL의 주가가 높아졌다. 주가가 높아지자 나를 포함한 AOL의 임직원들은 부자가 되었다. 어느 시점에 이르자 〈포브스〉가 선정한 미국 최고 부호 400인 목록에 AOL의 경영진이 6명이나 포함되어 있었다.

AOL이 보여준 상승 탄력은 인터넷 산업 전체에 영향을 미쳤다. 월가는 수많은 인터넷 기업을 공개하기 시작했고, 그런 기업들은 너나 할 것 없이 AOL과의 거래를 통해 활력을 얻고 싶어 했다. 결국 AOL은 회사 내부에 투자 은행 비슷한 조직을 설치해 많은 신생 기업의 공개를 도와주고 거기서 이득을 뽑아내기 시작했다. AOL의 사용자 규모와 온라인 시장에 대한 지배력 때문에 신생 기업들은 막대한 금액을 지불하고서라도 AOL과 계약을 맺어 자사 서비스로 트래픽을 유도하려 했다. 그런 다음 기업 공개를 통해 AOL에 지불한 금액의 몇 배에 달하는 이익을 챙기는 식이었다. 한동안은 이런 방법이 재무적으로 모두에게 그럴듯해 보였다. 하지만 그때뿐이었.

우리는 그런 거래를 통해 광고 수익을 얻었을 뿐 아니라 신주 인수권 확보를 통해 새롭게 공개되는 기업의 성공도 공유할 수 있었다. 하지만 그런 거래는 매우 기만적인 경제 수법에 근거하고 있었다. 회사가 일단 벤처 투자를 받으면 순식간에 AOL과 거래를 체결하고 바로 기업을 공개하는 식이었다. 닷컴 버블이 잔뜩 부풀어 올랐을 때는 이 방식도 잘 굴러갔다. 하지만 버블이 붕괴되자 상황이 좋지 않았다. 그럼에도 그 모든 기업이 AOL과 거래를 하기 위해 경쟁을 벌이고 있었기 때문에, 거기서 AOL의 세 번째 수익 흐름이라고 할 만한 것을 창출할 수 있었다.

우리의 첫 번째 수익 흐름은 훌륭하고 납득할 만하며 예측 가능한, 소비자에 기반을 둔 지속적인 가입자 사업이었다. 우리는 사람들에게 즐거움을 주는 훌륭한 서비스를 운용하고 발전시킴으로써 가입자 사업을 구축하고 유지했다. 우리는 말 그대로 미국을 온라인에 접속시켰고, 미국인이 서로 소통하고 인간관계를 맺고, 더 빠르고 저렴하게 효율적으로 인터넷을 활용하게끔 도움을 주었다. 때로는 일이 엉망이 되기도 했다. 하루 종일 서비스가 먹통이 되거나, 신중하지 못한 마케팅 전략 때문에 AOL이 고객을 속이려 한다는 인상을 준 적도 있었다. 하지만 우리는 재빨리 제자리로 돌아오곤 했다.

우리의 두 번째 수익 흐름은 중요한 미디어 기업이라는 위치에서 비롯되었다. AOL의 광고 사업은 대단히 획기적인 방식을 사용했고, 온라인 광고 경제를 창출하는 데 일익을 담당했다. 훗날 우리의 시장 지배력이 약해지면서, 어떻게든 우리 서비스에 광고를 올리도록 광고주들을 설득해야 하는 입장이 되었을 때는 이것이 거의 재앙에 가까운 장애가 되었지만 말이다. 하지만 상승기 동안은 AOL 특유의 광고 플랫폼과 디스플레이 광고 크기 등 때문에 광고업자와 마케팅 담당자들은 AOL을 위한 광고와 다른 인터넷 사이트를 위한 광고를 따로 제작하기도 했다.

세 번째 수익 흐름은 기업 개발 거래에 기반을 두었다. 이것은 터보 엔진이라도 단 듯한 AOL의 재무 실적 보고에 큰 보탬이 되었다. 하지만 나중에

밝혀졌듯이, 어느 시점인가부터 그런 거래는 사업의 기본 원칙에 충실하지 못했다. 그리고 미국 증권거래위원회에 의하면, 어느 시점('닷컴 시대'가 '닷 폭탄 시대'가 되어버린)인가부터 그중 몇몇 거래는 회계 원칙에도 부합하지 않았던 것으로 밝혀졌다.

닷컴 버블의 붕괴와 더불어 또 다른 문제가 닥쳐왔다. 전화와 케이블 회사들은 AOL이 뉴 미디어의 1차전에서 승리를 거둔 이유가 전화 회사의 기반 시설을 빌린 다음 거기에 AOL 상표를 붙인 소프트웨어와 AOL의 고객 기술을 결합해 다시 소비자에게 판매했기 때문이라는 사실을 알아차렸다. 다이얼 업 모뎀 시대에 우리는 전화 및 케이블 회사의 네트워크를 활용해 미국인을 온라인에 접속시켰다. AOL이 통신 산업 분야의 유일한 초대형 고객으로 통신 회사에 엄청난 사용료를 지불하고 있긴 했지만, 진짜 가치 있는 몫은 그들이 아닌 우리 AOL의 차지였다. 다가오는 새천년과 더불어 광대역의 시대가 밝아오는 상황에서 그들도 그런 일이 재발하는 것은 결코 허용하지 않을 터였다.

AOL의 사업은 팽창을 지속했다. 한순간 가입자 수가 2500만 명에 도달하더니, 다음 순간 2800만 명이 되었다. 마케팅 부서가 지쳐 헐떡거리는 소리가 들려왔다. AOL은 사람들에게 새로운 서비스를 판매하기 위해 약간 교활한 술수를 부리기도 했다. AOL에서 탈퇴하기 위해 애쓰는 사람들의 고통에 찬 목소리가 방방곡곡에 메아리쳤다. AOL을 탈퇴하기가 너무나 어렵다고 하소연하는 사람들의 이야기를 어디서든 들을 수 있었다. 세련된 기업가들의 모임에서조차 자신의 열세 살 된 딸아이가 엉뚱한 링크를 클릭해 본인은 물론 부모도 모르는 사이에 어떤 서비스에 가입되었다는 이야기가 나올 정도였다. 광대역이 전파되기 시작하면서 긴장감이 고조되었지만, AOL은 계속 성장했다. 예전과 같은 성장 속도는 유지하기 어려웠지만 유럽과 브라질에서 서비스를 출범하며 가입자 수는 지속적인 증가를 기록했다. 그럴수록 주가도 상승세를 타 21세기를 앞두고 한 번 그리고 다시 한 번 주식 분할이 이루어졌다.

 모든 것이 무너져 내리기 전, 일단 정점을 찍어야 했다. 물론 그 정점은 2000년 1월 발표되고 마침내 1년 후 승인을 거쳐 완성된 타임워너 인수였다. AOL이 '대등한 M&A'를 통해 타임워너를 인수한다는 발표는 내게 전혀 행복한 소식이 아니었다. 이후로 한동안은 나에게 AOL 업무 외에 또 다른 행복의 원천이 있다는 사실이 너무도 다행스럽게 느껴졌다.

7장
인간애와 자선,
행복을 위한 새로운 길

   AOL에 합류한 1994년과 AOL-타임워너의 합병이 발표된 새천년 벽두 사이에 나는 크게 성장했다. 한 여자의 남편이자 아이들의 아버지로서 일에만 과도하게 몰두해서는 행복을 얻을 수 없다는 사실을 배웠다. 아무리 내가 전 세계적 현상이 되어버린 기업의 중심에서 막중한 책임을 맡고 있다 해도 말이다.

   1990년대와 21세기의 처음 몇 년을 지나면서 내가 발견한 행복에 관한 가장 큰 깨달음은 사람이 행복을 발견하는 데 인간애가 상당한 역할을 한다는 사실이었다. 인간애를 통해 나는 자선 활동에 참여하게 되었고, 그러다 보니 관심을 갖고 참여하는 공동체의 숫자가 늘어났다. 또 타인에 대한 인간애는 내가 가진 것을 감사하게끔 여기게 해주었다. 그런 감사의 태도가 어려움에 빠진 순간에는 나를 지탱해주었고, 일이 잘 풀리는 순간에는 나를 겸손하게 만들어주었다. 인간애를 통해 나는 수많은 사람과 관계를 맺고 다양한 활동에 참여하면서 진정한 행복을 느꼈다. 나는 인간애가 행복을 구성하는 다양한 요소 사이에서 연결 역할을 한다는 사실을 알게 되었다. 혼자였다면 자칫 넘어질 수도 있었을 시기에 나는 마음속의 인간애를 북돋워 다른 사람들의 삶에 더욱 깊이 관여하면서 끊임없는 행복을 공급받을 수 있었다. 게다가 나는 그런 과정을 통해 오늘날까지 나를 지탱하고 만족시켜주는 새로운 사업 기회도 발견할 수 있었다.

아직은 사업가로서 부족한 점도 많지만, 나는 자선 활동에 참여하는 게 얼마나 중요한지 잘 알고 있다. 우리가 성장한 미국 사회는 성공해 돈을 번 사람은 자기보다 불행한 사람을 위해 자선을 베풀 의무가 있다는 사실을 당연하게 받아들이는 관대한 다민족 사회이다.

내가 깨달은 바에 의하면, 자선 활동을 지원하기 위해 재단을 설립해놓고 그저 고액의 수표 한 장을 써 보내는 행동은 아무래도 성의가 부족한 방법이다. 자선 행사장 입장권을 구입하거나 친구가 특별히 관심을 기울이는 자선 활동을 지원하기 위해 수표를 써주는 등의 행동만으로는 충분한 만족감을 얻을 수 없다. 하나의 소명에 직접 연결되지 못하기 때문이다. 자선 활동의 구체적인 결과나 성공을 얻어내지 못한다면 직접 자선 활동을 경험한 것이라고 할 수 없다.

나는 오랫동안 여러 가지 자선 활동에 깊이 관여한 결과 인간애의 표출을 통해 어떻게 행복에 도달할 수 있는지 점차 알게 되었다. 자선 활동이라는 대의를 위해 헌신하는 이들과 함께 일하다 보면 그들이 대개 행복한 사람이라는 사실을 알 수 있다. 팀을 구성해서 일을 하든 한 마음을 가진 사람들이 각자 자기 몫을 하든 상관없이, 또한 맡은 임무가 얼마나 힘든 일이든(노숙자에게 식사를 제공하는 일이든, 마약 중독자를 돕는 일이든) 상관없이 자선 행위는 본질적으로 한층 숭고한 소명에 의해 추진력을 얻는다. 자선 활동은 행복을 향한 새로운 길을 제시해 준다. 하지만 나중에 살펴보겠지만, 이런저런 대의에 헌신하는 공동체를 자신의 공동체 네트워크에 추가하다 보면 행복을 성취할 수 있음은 물론이고 평범한 직장과 일상생활을 통해서는 결코 만나지 못했을 수많은 사람과 성공적인 관계를 맺을 가능성도 높아진다.

행복을 향한 나의 여정은 특별히 후프 드림즈와 베스트 버디즈라는 두 개의 자선 단체를 지원하면서 의미 있는 단계를 거쳤다. 이 두 단체의 활동에 참여하면서 나의 인생과 행복에 새로운 차원이 추가되었다. 지속적이고 충만한 행복감을 얻기 위해 사회 환원이 얼마나 필수적인지 알게 된 것도 이 두 단체를 통해서였다.

1994년 발표된 다큐멘터리 영화 〈후프 드림즈〉는 즉각적인 반향을 불러일으켰다. 시카고를 배경으로, 시내 빈민가를 벗어나 NBA라는 화려한 세계에서 성공하기를 꿈꾸는 아프리카계 미국인 소년 2명의 이야기를 다룬 영화였다. 영화가 개봉되고 2년 후 워싱턴 D. C. 소재 H. D. 윌슨 고등학교 교사인 수지 케이가 후프 드림즈 장학 기금을 설립하고, 워싱턴 D. C. 지역의 아프리카계 미국 젊은이들의 대학 장학금을 모금하기 위한 하루짜리 3대 3 농구 토너먼트를 개최했다. 수지의 꿈은 단순히 기금을 마련하는 데 그치지 않았다. 그녀는 젊은 흑인 남성의 성공을 방해하는 가장 큰 장애물 중 하나는 그들이 워싱턴 빈민가에서 대학으로 도약할 수 있도록 동기를 부여하는 등 비재정적 지원을 제공할 수 있는 역할 모델과 멘토의 부재라고 생각했다. 재정적으로 지원하는 것은 어렵지 않았다. 하지만 수지와 함께 그녀의 목표에 대해 이야기를 나누는 뒤, 나는 수표책을 집어 들기 전에 우선 재단의 프로그램이 실제로 어떻게 운영되는지 경험해보고 싶다고 말했다.

그렇게 해서 나는 당시 고등학교 2학년이던 마이클 헨드릭슨이라는 젊은이와 짝이 되었다. 마이클은 성적이 좋지는 않았지만 결석이 단 한 번도 없는 학생이었다. 나는 마이클의 그런 태도를 '나는 반드시 내 인생의 결과를 책임지고 싶어요. 힘은 들지만 앞으로 성공하기 위해 기꺼이 열심히 살아갈 겁니다.'라는 의미로 받아들였다. 마이클은 아버지가 누구인지도 몰랐고, 형제 2명은 감옥에 들어가 있었으며, 누이 2명은 미혼모였다. 본인이 하기에 따라 좋은 길로도 나쁜 길로도 얼마든지 풀려 나갈 수 있는 전형적인 젊은이였다. 나는 브루클린에서 보낸 어린 시절을 떠올렸다. 거기선 앞으로 대학생이 될지 아니면 어느 날 약국을 털다가 총에 맞는 양아치가 될지의 차이가 동네 형들이 술에 취해 마리화나를 피워대는 공원 벤치를 재빨리 벗어나 청소년 센터까지 100걸음쯤 더 걸어갈 수 있는지 여부에 달려 있었다.

그래서 나는 마이클에게 노트북 컴퓨터를 한 대 사준 다음, AOL 계정을 열어주고는 앞으로 나와 함께 할 일이 있다고 말했다. 나는 일단은 작은 일부터 시작할 거라고 말하며, 무엇보다 매일 아침 꼭 성취하고 싶은 일의 목록을 작성해야 한다고 강조했다. 나는 그에게 매일 아침마다 자신이 그날 하루 이루고 싶은 일의 목록을 작성해서 나에게 이메일로 보내고, 하루를 마감하면서는 아침에 세운 그 목표를 얼마나 달성했는지 점검해서 또 이메일로 알려달라고 요청했다. 만약 목표에 도달하지 못한 경우에는 그 이유를 설명해야 했다. 이는 마이클에게 자신이 성취하고 싶은 일을 마음속에 그리고, 목표를 적어보고, 자신의 성공 실적을 추적해볼 수 있는 방법을 알려주기 위한 시도였다.

우리는 이 일을 하루도 빼먹지 않았다. 아무리 바빠도 우리는 늘 연락을 유지했다. 나는 적어도 일주일에 한 번씩은 꼭 마이클을 만났고, 결국엔 그의 SAT 시험 준비를 도와줄 가정교사까지 구해주었다. 마이클은 버지니아주에 있는 유서 깊은 흑인 대학인 햄튼 대학교에 꼭 가고 싶다고 각오를 다졌다. 하지만 성적은 우수한 반면 SAT 점수가 너무 낮아 햄튼 대학교에 지원한 마이클은 대기자 명단에 들고 말았다.

나는 정말 마음이 아팠다. 그때쯤 마이클에 관해 많은 것을 알게 된 나는 자신의 꿈을 이루기 위해 열심히 노력하는 그의 강한 의지를 매우 높이 평가하고 있었다. 그래서 나는 햄튼 대학교 총장에게 전화를 걸었다. 통화가 안 돼서 다섯 번이나 메모를 남겼는데도 총장은 답신이 없었다. 어느 날 아침 8시경에 전화를 걸자 다행히 총장이 직접 전화를 받았다. 나는 거짓말 안 보태고 정말 한 시간 동안 마이클에 대해 이야기했다. 마침내 총장은 마이클을 햄튼 대학교의 서머스쿨에서 수업을 듣게 한 다음 평균 C학점 이상을 받으면 가을 학기에 신입생으로 등록할 수 있게 해주겠다고 말했다.

나는 마이클의 서머스쿨 등록금을 대주었고, 마이클은 필요한 성적보다 더 좋은 성적을 거두었다. 전 과목 B학점을 받았던 것이다. 마이클은 신입생 때 약간 고전을 했지만 학년이 올라갈수록 학업 성적이 좋아지더니 졸업할 무렵에는 우등생 명단에 들어갔다. 내 인생에서 가장 자랑스러운 순간 중 하나였고 정말 행복한 경험이었다.

지금 마이클은 후프 드림즈 장학 기금을 위해 자원봉사를 하고 있다. 그는 버라이즌 커뮤니케이션즈에서 이사급 관리자 자리까지 갔다가 최근 회사의 급격한 인력 감축으로 인해 해고된 상태다. 마이클과 나는 매주 이메일을 주고받으며 그의 경력 개발을 위해 다음엔 어떤 일을 해야 할지 계속 논의 중이다. 함께 워싱턴 캐피털스의 아이스하키 경기와 워싱턴 미스틱스의 여자 농구 경기를 보러 가기도 한다. 나는 마이클의 대리부(父) 같은 존재가 되었다. 그의 어머니가 돌아가셨을 때도 함께 있었고, 처음으로 자기 아파트를 구할 때도 도움을 주었다. 나를 자기 인생에 받아들여 마이클이 혜택을 본 부분도 있지만, 마이클 덕분에 내 인생도 훨씬 풍요로워졌다. 시간이 갈수록 나의 재단은 후프 드림즈 장학 기금 사업에 더욱 깊이 관여하게 되었다. 슬프게도 작금의 좋지 않은 경제 상황 탓에 후프 드림즈는 기부자 기반을 확장하는 데 어려움을 겪으면서 설립 13년 만에 처음으로 조직이 축소되기 시작했다. 후프 드림즈에 대한 나의 시간적, 금전적 도움은 내 인생 최고의 투자였으며 후프 드림즈는 그 보답으로 나에게 엄청난 이득을 안겨주었다. 나를 행복하게 만들어준 것이다.

나는 베스트 버디즈라는 또 다른 조직에도 몸담고 있다. 베스트 버디즈의 설립자 앤서니 슈라이버는 나와 조지타운 대학교에서 함께 수학한 후

30년 이상 친한 친구로 지내고 있는 현 캘리포니아 주지사 부인 마리아 슈라이버의 남동생이다. 슈라이버 가문은 내가 아는 어떤 가문보다 어려운 사람들에게 많은 도움을 준 훌륭한 집안이다. 사전트 슈라이버는 평화봉사단 초대 단장을 역임했고, 고인이 된 유니스 케네디 슈라이버는 특별 올림픽(Special Olympics: 1968년 창설된 심신 장애자 국제 스포츠 대회-옮긴이)을 시작했다. 베스트 버디즈는 지적 장애인 한 명과 결연을 맺어 멘토이자 친구가 되는 프로그램이다.

베스트 버디즈의 사업 방식을 알게 되었을 때 나는 프로그램 자동화를 통해 e-버디즈를 만들어 온라인으로도 친구를 만날 수 있는 방법을 찾고 싶었다. 그러다가 나 자신이 빅 켄 홀든이라는 지적 장애인의 친구이자 멘토가 되었다.

빅 켄은 지금 40대 초반이 되었지만 나와 처음 만났을 때는 스물여덟 살 청년이었다. 빅 켄의 부모님은 켄이 컴퓨터를 사용해 이런 관계를 맺을 수 있을 거라고 전혀 기대하지 않았지만, 우리는 켄에게 매킨토시를 한 대 마련해주고 이런저런 지도 과정을 거쳐 컴퓨터로 매일 글을 쓸 수 있도록 했다. 12년이라는 세월 동안 나는 단 하루도 빼먹지 않고 켄에게 이메일을 썼다. 어디 멀리 여행을 가게 되어 컴퓨터 사용이 어려울 듯하면 며칠 치를 한꺼번에 미리 써놓고 나의 부재중에도 켄에게 메일이 전달되도록 했다.

한 번은 바닷가로 휴가를 갔다가 인터넷 연결이 불가능해진 적이 있었다. 분명 켄이 내 이메일을 기다리고 있을 터였다. 나는 선상에서 해변에 있던 내 비서에게 무전을 쳐 켄에게 보낼 메일 내용을 불러주고 이메일을 발송하도록 했다. 시간이 흐르면서 나는 켄의 가장 친한 친구가 되었다. 정말 그의 '베스트 버디'가 되었던 것이다. 그리고 켄 역시 나에게 정말 좋은 친구가 되었다. 나는 켄의 누이 켄드라하고도 친구가 되었다. 이전까지 지적 장애가 있는 사람과 친하게 지내본 경험이 없던 나는 내가 얼마나 그들의 능력을 낮게 평가하고 있었는지 절실히 깨달았다. 그 이후로 베스트 버디즈를 위해 1000만 달러 이상을 지원했다. 그들과 접촉하면서 지적 장애가 있는 사람들의 고립된 상황을 개선해야 한다는 좀 더 숭고한 소명을 깨닫게 되었기 때문이다. 지적 장애인들은 보다 넓은 공동체에 참여할 수 있어야 하며 자신들을 표현할 수단이 필요하다.

하지만 베스트 버디즈를 지원하기 위한 나의 모든 노력은 나에게 확실한 보상을 안겨주었다. 가장 바쁜 날에도 어렵게 시간을 짜내 빅 켄 홀든에게 이메일을 쓰는 일은 단순히 켄에게 친구 한 명을 마련해주는 데서 그치지 않았다. 나에게도 소중한 친구 한 명이 생기는 일이었다. 그리고 이 일 역시 나에게 큰 기쁨이 되었다.

AOL에서 근무하는 동안 내가 참여했던 자선 활동에 대해 이야기한 것은 나의 관대함을 드러내기 위함이 아니다. 내가 아는 행복한 사람은 대부분 기꺼이 자신들보다 불행한 사람의 인생으로 걸어 들어가 자기 능력만큼 도움을 주고, 자신들이 처해 있는 재정 형편과 별 상관없이 늘 관대하게 베풀고 싶어 하는 사람들이다. 앞에서 나의 일화를 소개한 것은 인간애를 발휘하여 사회에 환원을 하는 것과 행복한 삶의 관계를 밝히기 위해서이다. 또한 내가 지나치게 일과 AOL의 성장에 몰두하고 있던 때조차 자선 활동이 나를 얼마나 행복하게 해 주었는지 설명하기 위해서이기도 하다. 그 행복감 덕택에 업무적으로 상황이 좋지 않을 때도 나는 잘 버텨낼 수 있었다. 인간애를 드러내고 자신이 가진 것에 감사하며 어려운 처지에 있는 사람들의 삶을 지원하는 행위는(그저 수표 한 장 써 보내는 것이 아니라 행동으로 직접 참여함으로써) 나라는 인간을 더욱 행복하게 만들어주었다.

내가 비행기에 앉아 만약 살려만 주신다면 더 나은 사람이 되어 내 재능을 선한 일에 쓰겠다고 하느님께 약속했던 일은 살아남아 비행기에서 걸어 내려오기 위한 간절한 거래였다. AOL의 성장을 통해 축적된 내 부의 일부를 사회에 환원하는 것은 극한 상황에서 맺었던 약속을 지키는 방법 중 하나였다. 당시에는 후프 드림즈 장학 기금이나 베스트 버디즈, 그 밖의 다른 여러 자선 사업에 참여함으로써 내 인생이 그토록 풍요로워질 거라고는 전혀 생각지 못했다. 역시 그런 활동이 나에게 더 큰 행복의 문을 열어줄 거라고도 생각 못했다. 내 인생에 어떤 일들이 닥쳐와도 나를 단단히 지탱해줄 그런 행복 말이다.

8장
목표를 위해
모든 기회를 포착하라

나를 워싱턴 캐피털스 구단주의 길로 직접 인도한 것은 내 101가지 인생 목록이었다. 1999년 한 지역 언론사 기자가 나에 대한 글을 쓰며 참고로 내 인생 목록에서 몇 가지 항목을 발췌해 함께 소개한 적이 있었다. 그 중에는 언젠가 스포츠 팀을 소유하고 싶다는 목표도 포함되어 있었다. 현 캐피털스 단장으로, 당시에도 단장 자리에 있던 딕 패트릭은 구단주이던 에이브 폴린의 위임을 받아 구단을 매입할 대상을 물색 중이었다. 그가 나에게 전화를 걸어왔다.

에이브는 매우 뛰어난 인물로서 워싱턴 위저즈 및 워싱턴 캐피털스를 창단해 운영해왔으며, 1990년대 중반에는 엄청난 자금을 쏟아 부어 워싱턴 D.C. 시내에 새로운 원형 경기장을 건설했다.

폴린은 자신이 사랑하는 도시 워싱턴 D. C.에 더 좋을 거라는 이유만으로, 자신이 소유한 스포츠 팀들을 메릴랜드 주 랜도버에서 워싱턴 D. C. 중심부로 이전했다. 그는 시민에 대한 봉사 정신을 발휘해 순전히 자기 자금으로 이 일을 완수했다. 이는 지자체의 지원, 즉 시민의 세금에 의존하여 새로운 경기장을 지으려 하는 스포츠 팀 구단주들이 점점 많아지는 현실에서 매우 보기 드문 행동이었다. 사실 에이브는 지금 버라이즌 센터라고 불리는 경기장을 건설함으로써 마틴 루터 킹 박사의 암살 사건에 이어 발생한 1968년의 폭동으로 크게 훼손된 워싱턴 북서쪽 7번가를 따라 늘어서 있는 상업 센터를 복원하는 데도 큰 도움을 주었다. 워싱턴 시내 복구에 기울인 에이브의 노력 덕택에 음식점과 야간 업소들이 폭발적으로 증가했지만, 경기장 건설에 드는 비용은 만만치가 않았다. 그래서 에이브는 자신이 소유한 북미하키리그(NHL) 소속 워싱턴 캐피털스를 매각하기로 결정했는데, 마침 딕 패트릭이 내 인생 목록에 '프로 스포츠 팀 소유' 항목이 있다는 기사를 읽고 재빨리 나에게 연락을 취했던 것이다.

AOL의 내 사무실로 찾아온 딕은 매우 지적인 방법으로 매입을 권했다. 요점만 말하면, 누군가가 자신이 현재 거주하는 지역의 스포츠 팀을 매입할 확률은 매우 낮다는 주장이었다. 딕은 워싱턴을 예로 들면서, 폴린 씨가 NBA 농구 팀(워싱턴 위저즈)을 35년, 워싱턴 캐피털스를 25년 동안이나 소유하고 있다고 말했다. 또한 북미프로미식축구리그(NFL) 소속 워싱턴 레드스킨스는 당시 잭 켄트 쿠크의 소유였고, 그 이전에는 절대 팀을 내놓지 않을 것 같았던 전설적인 에드워드 베넷 윌리엄스의 소유였다고 설명해주었다. 워싱턴 소속 메이저 리그 야구 팀은 아직 존재하지 않던 시절이었다.

덕의 메시지는 매우 간단했다. 나는 내 인생 목표 중 하나가 프로 스포츠 팀을 소유하는 것이라고 분명히 밝혔다. 그리고 지금 워싱턴 캐피털스가 매물로 나와 있었다. 내가 캐피털스를 매입하지 않으면 분명 다른 누군가가 매입할 테고, 만약 그렇게 되면 새 구단주는 상당히 오랫동안 구단을 내놓지 않을 터였다. 덕은 만약 내가 진지하게 스포츠 팀 구단주가 되고 싶은 거라면, 지금이 바로 그 기회라고 충고했다.

나는 그의 말을 잘 생각해보았다. 내 사무실 창문을 통해 내다보이는 AOL 캠퍼스는 활기찬 분위기였다. CC3이라는 이름의 대형 사무실 건물에서 CC1이라는 건물 쪽으로 많은 사람이 쏟아져 나오고, 하루 열네 시간씩 일하는 엔지니어들이 잠시 휴식을 취하며 건물 사이 잔디밭에서 플라스틱 원반던지기 게임을 즐기는 모습도 보였다. 주차장도 자동차로 꽉 차 있었다. 나는 동시에 다양한 일을 처리할 수 있는 대역폭이 굉장히 높은 경영자이긴 했지만, 지금은 AOL이 막 성공 가도로 들어서 급속도로 질주하는 시기였다. 나는 막중한 책임을 맡고 있었다. 사실 주가가 기하급수적으로 치솟고 있다는 사실은 나에게 스포츠 팀을 하나 매입할 정도로 자금이 풍부해졌다는 의미였지만, 주가가 오르는 이유는 전 직원이 AOL 서비스의 발전을 위해 온 힘을 집중하고 있었기 때문이다. 마침내 나는 말했다.

"관심 없습니다. 스포츠를 좋아하기는 합니다. 하키도 정말 좋아하고, 캐피털스는 특히 제가 사랑하는 팀이죠. 정기권을 끊어놓고 경기를 보러 다니거든요. 하지만 지금은 AOL 업무만으로도 정신이 없습니다. 이미 결혼도 했고 애들도 아직 어리죠. 구단주가 되면 굉장히 챙길 일도 많고 자금도 많이 필요할 겁니다. 그러니 제안은 감사합니다만, 이번엔 그냥 넘어가야 될 것 같습니다."

딕은 예의바른 사람이라 나에게 시간 내줘서 고맙다고 깍듯이 인사를 했다. 그리고 사무실을 떠나면서 이렇게 덧붙였다.

"혹시 마음 바뀌시면, 전화 부탁드립니다."

그게 끝이었다. 나는 그날 나머지 시간 동안 열심히 일을 하고 린이 기다리고 있는 집으로 돌아갔다. 내가 그날 있었던 일을 이야기하자 린은 별 반응을 보이지 않았다. 하지만 나중에 둘이 함께 침대에 누워 있을 때 린이 말했다.

"당신이 나이 들어 인생 목록의 항목 중 99개를 이루고 이제 딱 두 개만 더 성취하면 되는 상황이라고 생각해봐요. 하지만 기회가 있을 때 당신이 그 스포츠 팀을 사지 않는 바람에 챔피언 자리에도 오르지 못했고, 결국 당신 목록의 100번째와 101번째 항목을 결코 이룰 수 없게 된다면, 지금 캐피털스를 사지 않은 걸 후회하지 않을까요? 한 번 잘 생각해보세요."

나는 린의 말을 듣고 큰 충격을 받았다. 나는 목록을 만든 다음, 꾸준히 그 목표를 이루기 위해 열심히 노력하면서 기회가 생길 때마다 행동으로 옮겨왔다. 목록은 내가 비교적 어렸을 때 작성한 것이고, 모든 항목이 나에게 동일한 만족을 안겨주는 것이 아니라는 사실은 이미 깨달은 터였다. 페라리를 소유하는 일은 결혼해서 자식을 낳는 것만큼 성취감이 크지 못했다. 사실 페라리 소유로는 전혀 성취감을 느끼지 못해서 금방 차를 팔아버렸다. 그나마 좋았던 점은 페라리를 팔아 얻은 이익으로 훨씬 저렴한 메르세데스-벤츠를 산 다음 남은 돈으로 태풍 카타리나가 휩쓸고 지나간 뉴올리언스에 해비타트(Habitat: 무주택 서민의 주거 문제 해결을 목적으로 1976년 미국에서 창설된 국제적인 민간 기독교 운동 단체-옮긴이) 주택을 두 채 지었던 일이다. 그건 정말 큰 행복을 안겨주었다! 하지만 내가 목록을 작성한 데는 이유가 있었다. 목록 작성을 통해 진짜로 나에게 행복과 성취감을 제공해줄 거라 믿어지는 목표와 소망들을 찾아낼 수 있었던 것이다. 나의 소망 중 40번 목표는 스포츠 팀을 소유하는 것, 41번은 그 팀으로 챔피언이 되어보는 것이었다. 그런데 워싱턴 D. C.에서 스포츠 팀을 하나 인수할 기회가 찾아온 지금 이 순간, 내가 거절을 해버린 것이다.

누군가 다른 사람이 그 팀을 사버릴지도 모른다는 생각이 들었다. 아마 내 나이 또래의 나와 매우 비슷한 사람일 것이다. 일단 사고 나면 평생 되팔 생각은 안 할 테고, 그렇게 되면 나는 영원히 기회를 놓치고 말 것이다. 다른 도시의 스포츠 팀을 하나 인수한 다음, 매번 그 도시까지 오가면서 경기를 관람할 생각도 해보았다. 나는 혼자 이렇게 중얼거렸다.

"내 구단이 경기하는 걸 보기 위해 펜실베이니아 주 필라델피아나 노스캐롤라이나 주 샬럿까지 통근을 해야 한단 말인가?"

나는 만약 하느님께서 나를 무사히 비행기에서 내리게만 해주신다면 앞으로 후회 없는 삶을 살겠다고 맹세했었다. 그러고 나서 성취하고 싶은 일들의 목록을 만들었고, 앞으로 그걸 꾸준히 이뤄나가다가 마침내 죽음의 순간이 왔을 때 모든 것을 이뤘다고 생각하며 행복하게 죽고 싶었다. 그래서 하루 더 생각할 시간을 가지며 AOL 주식을 얼마나 팔아야 할지, 구단을 유지하려면 얼마나 자금이 필요할지, 이 기회를 날려버리면 앞으로 얼마나 후회를 하게 될지 등을 다 따져본 후에 딕에게 전화를 걸어 협상을 시작했다.

이런 이야기들을 잔뜩 늘어놓고 나서, 많은 돈이 특별한 행복의 기회를 제공한다는 사실을 부정하지는 못할 것 같다. 하지만 내가 조사하고 관찰한 바에 따르면, 돈을 많이 가진 사람이 행복할 확률은 사회 과학자들의 말처럼 돈이 별로 없어도 행복하게 살아갈 확률과 거의 비슷하다. 부자가 아닌 사람들도 충분히 부자들만큼 행복할 수 있다. 그리고 하워드 휴즈나 마이클 잭슨의 고달픈 삶이 보여주듯 오히려 부자가 아닌 사람들이 더 행복할 가능성도 있다.

하지만 스포츠 팀 하나를 소유할 수 있다는 건 분명 멋진 일이다. 나는 수억 달러 가치가 있는 AOL 주식을 처분해 워싱턴 캐피털스를 인수할 위치에 있었다. 사실 훗날 AOL의 주가가 8달러까지 폭락하게 되자 나는 캐피털스를 공짜로 얻은 것이나 다름없다고 농담을 하곤 했다. 타임워너와의 합병 전 아직 시장에서 높은 평가를 받고 있던 AOL 주식을 팔아 실체가 있는 유형 자산을 매입한 셈이 되었기 때문이다. 현재 우리 가족의 금융 자산 중 가장 큰 비중을 차지하는 부분이 바로 스포츠 팀과 관련된 주식이다.

이 일화에는 당시 내가 캐피털스 팀을 인수할 만큼 충분한 재산이 있었다는 사실 그리고 스포츠 팀 구단주가 된다는 건 정말 재밌는 일이라는 사실 외에도, 은행 계좌에 들어 있는 돈의 금액에 상관없이 누구에게나 보편적으로 적용할 수 있는 중요한 교훈 하나가 있다. 목표 설정은 당신에게 성취감과 행복을 안겨주는 것이 과연 무엇인지 파악하기 위한 중요한 방법이라는 점이다. 일단 목표를 정하고 나면 그 목표를 진지하게 받아들여야 한다. 프랑스 국민도 아니면서 프랑스 대통령이 되겠다는 목표를 세워선 안 된다. 마찬가지 맥락에서 만약 4000미터짜리 산봉우리에 오르겠다는 목표를 세웠다면, 일단 등산화를 마련하고 체력 관리에 들어가야 한다.

후회 없는 삶을 살기 위해서는 목표를 세우는 것과 그 목표를 달성하기 위해 가능한 모든 기회를 포착하는 것 둘 다 중요하다. 나에게는 101가지 목록 중 40번째 항목, 즉 스포츠 팀을 소유한다는 목표를 성취할 수 있는 기회가 다가왔다. 나는 그 기회를 날려버리지 않았다. NHL 소속 워싱턴 캐피털스의 구단주가 된 일이 나에게 한없는 행복의 원천이 되었음은 의문의 여지가 없다.

하지만 생각할 점이 한 가지 더 있다. 내가 워싱턴 캐피털스를 인수한 것은 1999년이었는데, 당시 대부분의 사람은 객관적으로 나를 매우 성공한 인터넷 경영자라고 생각했을 것이다. 그로부터 10년이 흐른 지금, 나는 아마 AOL의 성립에 일조한 경영인, 혹은 뉴 미디어의 규칙을 정립한 선구자라기보다는 스포츠 팀의 구단주로 더 유명할 것이다. 현재로서는 캐피털스가 비록 아직 스탠리컵(Stanley Cup: 북아메리카에서 프로아이스하키 리그의 플레이오프 우승 팀에게 수여하는 트로피 이름이자 챔피언 결정전 명칭-옮긴이)을 차지하진 못했지만 그래도 AOL보다는 훨씬 성공적인 조직이며, 나의 가장 성공적인 사업은 캐피털스 구단 운영이라고 말하는 사람이 많을 것이다.

101가지 인생 목록을 꼭 성취하고자 하는 열정과 아내 린의 충고가 결합된 덕분에 나는 워싱턴 캐피털스를 매입했다. 레드게이트의 소유권을 넘기는 대가로 엄청난 AOL 주식을 받았듯이 나는 AOL 주식을 매각해 전도유망한 자산을 손에 넣었다. 그 거래로 나는 매우 행복해졌다. 주민들에게 즐거움과 재정적 혜택을 모두 제공하며 워싱턴의 매우 중요한 스포츠 팀으로 자리 잡은 워싱턴 캐피털스 인수는 나에게 기쁨을 안겨주었을 뿐만 아니라 여러 가지 면에서 나를 더욱 성공적인 인물로 만들어주었다.

어린 시절 나는 아이스하키 팀인 뉴욕 레인저스 팬이었다. 나는 아버지를 따라 뉴욕 매디슨 스퀘어 가든에서 열리는 레인저스 경기에도 가 보았고, 밤이면 내 침대 위 베개 옆에다 트랜지스터라디오를 올려놓고 경기 중계를 듣기도 했다.

우리 가족이 매사추세츠 주 로웰로 이사했을 무렵, 보스턴 브루인즈는 바비 오르의 활약으로 승리를 거듭하던 전성기의 막바지에 접어들고 있었다. 매사추세츠 주 주민으로서 브루인즈의 팬이 되지 않을 도리가 없었.

워싱턴의 조지타운 대학에 입학했을 때는 워싱턴 캐피털스가 막 창단된 상태였다. 5달러만 있으면 캐피탈 센터까지 버스 요금에 입장료는 물론이고, 핫도그에 소다수까지 제공되었다. 대학 시절의 보잘것없는 용돈으로도 충분히 감당할 만한 저렴한 수준이었고, 그래서 나는 캐피털스 게임을 자주 보러 다녔다. 린과 함께 워싱턴으로 이사했을 때 내가 처음 한 일 중 하나는 바로 정기 입장권 네 장을 구입하는 것이었다.

5년쯤 전에 우리는 캐피털스 팀의 라커룸을 새로 꾸몄다. 새 카펫과 가구를 들여놓고 기록보관소에서 옛 사진을 많이 찾아내 확대한 후 액자에 담아 벽에 걸어놓았다. 나는 라커룸을 지나가다 벽에 걸린 사진 중 하나를 자세히 들여다보았다. 에이브 폴린과 딕 패트릭 그리고 당시 캐피털스 팀 주장이었던 데일 헌터가 경기장 얼음판 위에서 1998년 동부 컨퍼런스 챔피언십 깃발을 들고 서 있는 장면이었다. 내 눈길을 끈 것은 사진 속 관중석 다섯 번째 열에 앉아 그 장면을 바라보고 있는 아들 잭과 나의 모습이었다. 그 당시 내가 무슨 생각을 하고 있었는지도 분명히 기억났다. 바로 '나도 저렇게 해봤으면 좋겠다.'였다.

1998년 캐피털스가 딱 한 번 스탠리컵 결승에 진출해 디트로이트에서 가장 중요한 경기를 하기로 되어 있던 날 밤, 나는 하필 AOL 업무 때문에 로스앤젤레스에 가 있었다. 회의가 끝난 후 덜레스행 오후 2시 비행기를 타고 돌아가야 했는데, 그렇게 되면 캐피털스 경기를 놓치게 될 터였다. 나는 부랴부랴 야간 비행기 티켓을 예약하고 호텔 투숙 기간을 연장한 다음 룸서비스를 주문했다. 그리고 캐피털스가 전 챔피언 팀을 상대로 꼭 이겨야만 하는 경기에서 안타깝게 패배하고 마는 장면을 실망스럽게 지켜보았다. 다음 날 직장에 돌아갔을 때 몸은 매우 피곤했지만, 만약 일 때문에 경기를 보지 못했다면 더 피곤하고 실망스러웠을 것이다.

그러니 캐피털스 인수는 나에게 아무 의미도 없는 피닉스 코요테즈나 여타 다른 구단을 매입하는 것과는 전혀 달랐다. 그리고 내가 젊은 시절 목록에 적어 넣어 성취했던 영양가 없는 목표('페라리 매입' 같은 것)와도 질적으로 달랐다. 그것은 내가 잘 알고 이미 사랑하고 있는 팀을 매입하는 것이었다. 처음 기회가 왔을 때는 거절했었지만 다행스럽게도 재고의 여지가 있었다. 나는 캐피털스 팀을 인수해 구단주가 되었을 때 정말이지 대단한 성취감을 맛보았으며, 그 이후로도 항상 같은 느낌이었다.

내가 에이브 폴린을 만났을 때, 그는 캐피털스 같은 스포츠 팀을 소유한다는 것은 대중의 신뢰를 받는 일이며, 하나의 도시를 단합시키는 데는 흥미진진한 경기와 승리의 기쁨을 주는 스포츠 팀만 한 것이 없다고 말했다.

또한 스포츠 팀의 소유주에 대한 개인적 자질 검증은 주요 정치가의 자질에 대한 검증만큼이나 철저하다고도 말해주었다.

　모든 면에서 그의 말은 완전히 옳았다. 아이스하키 시즌이 끝나고 다음 시즌까지는 아직 여러 달이 남아 있는 무더운 한여름에도, 캐피털스 팬들은 게시판에 글을 올리고 거짓말 안 보태고 하루에 100통쯤 나에게 이메일을 보낸다. 팬들은 한여름에도 시즌이 한창 진행 중일 때만큼이나 사랑하는 팀에 대해 열정적이다. 우리는 모두 하나의 거대한 공동체의 일원이며, 그 공동체에서 나의 역할을 생각해보면 내가 지고 있는 책임의 크기를 절감하게 된다.

　물론 캐피털스가 스탠리컵을 차지하면 좋겠지만 우리의 진짜 임무는 그것이 아니다. 플레이오프 진출도 기쁜 일이고 스탠리컵까지 획득한다면 정말 환상적인 일일 것이다. 하지만 우리 도시를 하나로 뭉치게 하는 것, 즉 영광스러운 한 시즌을 함께함으로써 우리 팬 모두가 일종의 불멸성을 성취하도록 돕는 것이야말로 보다 큰 임무이자, 보다 고귀한 소명이다. 그것이 바로 값으로 환산할 수 없는 성취인 것이다.

　내가 10대 시절을 브루클린에서 보내는 동안, 프로 야구 팀 뉴욕 메츠는 전혀 예상 밖의 선전으로 1969년 월드시리즈 우승을 거머쥐었고, 프로 미식축구 팀 뉴욕 제츠는 구단 역사상 처음이자 마지막으로 1969년 슈퍼볼 우승을 차지했다. 역시 같은 시기에 프로 농구 팀 뉴욕 닉스는 NBA(미국프로농구협회) 챔피언십을 따냈고, 프로 아이스하키 팀 뉴욕 레인저스는 스탠리컵 결승전에 두 번이나 진출했다. 1968년부터 1971년에 이르는 이 황홀한 시기에 나는 항상 아버지와 함께 관중석에서 경기를 관람하거나, 텔레비전을 보고 라디오를 들었다. 경기를 보고 있지 않을 때는 경기에 관한 이야기를 했다. 이웃의 모든 사람들도 마찬가지였다. 그 시간들은 나에게 즐거운 기억으로 남아 있다. 미국이라는 나라는 혼란에 빠져 있었고, 뉴욕시티는 재정적으로 만신창이가 되어가는 중이었으며, 사회는 정치와 베트남, 섹스와 마약, 로큰롤 등으로 부글부글 끓어오르고 있었다. 하지만 나에겐 그 시절이 기쁨의 상징이다. 왜? 무더운 여름날 상점 옆을 지나다 보면 사람들이 급히 빌려다 놓은 텔레비전 주위에 모여 서서 뉴욕 메츠 팀의 톰 시버와 제리 쿠즈먼의 투구를 시청하는 모습을 볼 수 있었다. 가을이 깊어가던 어느 일요일, 조 나마스가 뉴욕 제츠를 이끌고 포스트 시즌에 진출하던 순간에는 이웃의 모든 사람들이 활력에 넘쳤다. 그 시기는 내 기억 속에서 보석처럼 빛을 발하고 있다. 나는 가족과 친구 그리고 낯선 이들과 모두 함께했던 그 찬란한 기억을 결코 잊을 수 없으며, 40년이 지난 오늘날까지도 그 생각만 하면 행복해진다.

　스포츠 팀은 도시를 하나로 단합시킨다. 그렇게 생각하면 어느 정치가 보다도 중요한 역할을 하는 것이다. 성공적인 스포츠 팀만큼 행복을 창출해낼 수 있는 사업이 없다.

　불안과 책임감이라는 면에서, 스포츠 팀을 매입하는 일은 첫 아이를 낳는 일과 약간 비슷하다. 첫날부터 나는 팬들과의 깊은 유대 관계 속에서 모든 일을 제대로 처리하는 훌륭한 구단주가 되고 싶었다. 하지만 그 방법이 적혀 있는 〈구단주 첫걸음〉 같은 책은 없었다. 이 사업을 10년쯤 하고 보니 이제 나는 솔직히 어떤 프로 스포츠에서 우승을 차지하기란 사업 중에서도 가장 이루기 어려운 사업이라고 말할 수 있을 것 같다.

일단 경쟁 상대, 즉 당신과 같은 리그에 속한 다른 팀의 구단주들이 거의 29명에 달한다. 그것도 꼭 당신 같은 사람들로 말이다. 당신 나이 또래에 당신만큼 똑똑하고 능력 있는 사람들이다. 그렇지 않다면 스포츠 팀을 매입하지도 못했을 것이다. 모두들 당신만큼 교육 수준이 높고 인생에서 성공을 거둔 부자들이다. 어쩌면 더 부자일지도 모른다. 그리고 다들 정말로 경쟁심이 강한 사람들이다. 딱 당신만큼 말이다.

그걸 전형적인 사업과 비교해 생각해보자. 일반적인 사업에서는 시장에 상품을 내놓을 때 보통 중요한 경쟁 상대는 소수인 경우가 많다. 하지만 스포츠 리그에서는 당신과 똑같이 훌륭한 제품을 만들어내려고 애쓰는 사람이 당신 외에도 29명이나 있는 셈이다. 게다가 당신이 성공을 위해 필요로 하는 똑같은 자원, 즉 선수와 코치를 놓고 서로 경쟁을 벌인다.

챔피언이 되기 위해서는 최고의 선수와 코치들의 재능 외에도 약간의 마법이 필요하다. 사실 마법이란 사업 이야기를 하면서 흔히 인용되는 단어는 아니다.

설명을 하자면 이렇다. 오랜 시간 팀과 관련된 서류를 검토해본 결과 충분히 우승을 차지할 수 있을 걸로 보인다. 그런데 팀 성적이 별로 좋지가 않다. 이 상황에서 필요한 마법은 선수 개개인의 재능(물론 성공 방정식의 90퍼센트를 차지하는 것이 재능이라는 점에는 의심의 여지가 없지만)이 아니다. 바로 하나의 개인으로 모래알처럼 따로 놀 수 있는 선수들을 어떻게 조화시키는가 하는 문제이다. 스포츠 팀은 지극히 인간 중심적인 사업이다. 구단주가 어떤 식으로 팀원들과 의사소통을 하면서 팀의 문화와 체계, 조직적인 자긍심 그리고 선수들의 성공 기반 등을 만들어주는가가 팀의 성공에 가장 중요한 요소이다. 관련된 요소들을 이해하기는 쉽다. 또한 이론상으로 그 요소들, 즉 제대로 된 코치와 선수들을 구하는 것도 쉽다. 하지만 그 모든 것이 한데 어우러져 작동하게 만드는 데는 뭔가 마법의 소스 같은 것이 필요하다. 그리고 그건 정말 찾아내기가 쉽지 않다.

그러고 나면 또 '평범한' 사업에서는 절대 접할 수 없는 온갖 골치 아픈 문제들이 몰려온다. AOL에서 근무하는 동안 인사 담당 임원이 내 사무실로 들어와 이렇게 말한 적은 한 번도 없었다.

"자리에 앉아서 제 말씀 좀 들어주십시오. 수석 HTML 프로그래머가 이번 시즌엔 일을 못할 것 같습니다. 신제품 출시가 2주일밖에 안 남은 상황인 건 알고 있습니다. 하지만 한쪽 팔에 심각한 손목 터널 증후군이 생겼답니다. 넷스케이프의 수석 프로그래머를 불러 올 생각입니다."

우리 팀의 제너럴 매니저 조지 맥피가 내 사무실로 찾아와서 다음과 같은 요지의 말을 한 것이 도대체 몇 번인지 셀 수조차 없을 정도이다.

"골키퍼의 무릎 부상이 심각합니다. 앞으로 8주간 결장해야 할 것 같습니다."

아무리 똑똑하고 능력 있는 구단주라 할지라도 이 상황에서는 취할 수 있는 조치가 전혀 없다. 예비로 마련해둔 계획이 있거나, 벤치에 대기 중인 훌륭한 선수가 있다면 도움이 되겠지만 말이다.

야로미르 야그르를 영입했을 당시, 그는 리그에서 가장 몸값이 높고 많은 사람들에게 최고라고 손꼽히는 선수였다. 하지만 플레이오프 개막 전날 누군가가 스틱으로 그의 손목을 부숴놓았다. 우리는 그 사실을 누구에게도 말할 수 없었다. 야로미르는 부러진 손목에 붕대를 감은 채 플레이오프에 나가, 모든 면에서 우리 팀만큼이나 거칠고 실력 좋은 상대 팀을 만나 싸워야 했다. 당연히 대중은 "야로미르는 형편없다. 플레이오프라 긴장했는지 전혀 실력 발휘를 못했다." 같은 반응을 쏟아냈다. 사실 야로미르는 스틱을 들고 있기도 힘든 상황이었고, 빙상에 나선 것만도 대단한 용기였는데 말이다.

이 모든 곤란 외에도 승패에 개입하는 제3의 요인이 또 있다. 바로 심판진이다. 물론 다들 매우 뛰어난 편이지만 심판도 사람이다 보니 결점이 전혀 없을 수는 없다. 캐피털스는 지난 몇 시즌 플레이오프 시리즈에서 연장전을 치르며 인원 부족으로 두 번이나 패했다. 왜 인원이 부족했을까? 심판이 휘슬을 불었기 때문이다. 정말 반칙을 선언할 만한 상황이었을까? 사실 그건 별로 중요한 게 아니다. 시간이 흐르다 보면 심판의 판정은 상대 팀뿐 아니라 자기 팀에게도 유리하게 작용할 수 있기 때문이다. 하지만 심판은 어쨌든 자기 뜻대로 통제가 불가능한 제삼의 요소임엔 틀림없다.

순전히 운에 따라 경기가 잘 풀릴 수도, 잘 풀리지 않을 수도 있다. 하지만 정말이지 팀 전체가 마법의 소스에라도 흠뻑 취해 있는 것 같은 운 좋은 해가 아니라면 대개는 경기가 잘 안 풀리는 듯하다. 퍽은 크로스바를 맞고, 2대1로 앞서기는커녕 계속 동점만 유지한다. 그러다 상대 팀이 점수를 내고 승리를 차지한다.

요점은 스포츠 팀을 한 개 소유하는 일은 굉장한 책임을 요구하는 데다 설령 즐거움을 창조할 수 있는 기회를 갖는다 해도 여러 가지 요인들로 인해 정말 쉽지 않은 사업이라는 것이다. 보통 일반적인 사업에서는 경쟁자 숫자가 훨씬 제한적이다. 매 시합마다 경기를 좌지우지하는 심판이라는 제3의 인물도 없다.

처음 구단주가 되었을 때 나는 어떻게든 스탠리컵을 차지하고 싶었고, 그 때문에 리그 최고의 스타 야로미르 야그르를 영입했다. 그의 영입으로 팀의 급료 총액이 재정적으로 적당한 수준을 훌쩍 넘어버렸다. 그리고 진짜 심각한 문제는 내가 돈을 쓰면 쓸수록 성적은 더 나빠진다는 점이었다.

나는 야로미르를 좋아하고 존경한다. 그리고 그가 정말 잘되었으면 좋겠다. 하지만 뛰어난 재능에도 불구하고 야로미르는 워싱턴 캐피털스 팀의 일원이 되고 싶어 하지 않았다. 그는 다만 피츠버그 펭귄즈를 떠나고 싶어서 우리 팀에 들어왔을 뿐이었다. 대단히 재능 있는 선수였지만 사실 아주 골칫거리가 되어버렸다. 야로미르와 함께 출전하는 다른 선수들은 그냥 야로미르에게 퍽을 넘겨주고 지켜보기만 했다. 도무지 경기를 하려 들지 않았다. 결속력이 강한 팀 구성이라는 관점에서 보면 야그르의 영입은 완전한 재앙 수준이었다. 팀은 경기를 제대로 하지 못했고, 라커룸은 분열되었으며, 팬들은 정말 행복하지 못했다. 한 해 동안 우리는 무려 3500만 달러의 손실을 입었다. 엄청난 금액이었다! 이즈음 그동안의 NHL 사업 모델은 구단의 붕괴를 초래한다는 것이 분명해지면서, 결국 구단들은 선수와의 노동 분쟁으로 인해 구장 폐쇄까지 고려하게 되었다. 그렇게 되면 아마 한 시즌 내내 전혀 경기가 열리지 않을 터였다.

구장 폐쇄가 가시화되면서, 나는 우리가 처한 상황을 정확히 바라보았다. 실수를 바로잡아야 할 때였다. 사태를 정상화하기 위해 필요한 변화를 시도해볼 수 있는 기회였다. 만약 방향을 제대로 잡는다면 행복한 팀을 만들어나갈 수 있을 것이다. 만약 우리가 보다 행복한 팀[마퀴 플레이어(marquee player: 팀 연봉 총액상한제의 제한을 받지 않는 선수)와 나머지 선수들 사이의 부조화가 그토록 심하지 않고, 보다 결속력이 높은 팀]을 만들 수만 있다면, 좀 더 성공적인 팀이 될 수 있을 것이라는 확신이 들었다.

상장 기업에서 일하는 사람들의 불평 중 하나는 도무지 장기적인 관점을 갖고 옳은 일을 하기 어렵다는 점이다. 재무 분석가가 EBITDA(이자 비용과 법인세, 감가상각비를 공제하기 이전의 이익-옮긴이)를 110억 달러라고 예상하면, 제길, 그 정도 수익을 내야 하는 것이다. 그러다 보면 장기적인 R&D 프로젝트에 투자하기는 어려워진다.

2004-2005 시즌에 구장 폐쇄를 피할 수 없게 되자, 나는 캐피털스가 팀의 성격을 쇄신할 기회가 왔다고 판단했다. 한 팀이 선수들에게 지급할 수 있는 연봉 총액의 한계를 의미하는 샐러리캡의 도입이 확실시되었기 때문에, 우리는 샐러리캡을 새로 도입한 스포츠 리그의 팀들이 어떻게 그 새 규칙에 적응했는지 철저히 조사했다. 새로운 현실에서 성공적으로 운용할 새로운 계획을 짜야만 했다.

성공을 거둔 다른 리그의 팀들에 관한 데이터를 분석해보니 우리의 접근 방식은 확실히 잘못되어 있었다. 워싱턴 캐피털스는 너무 비용이 많이 드는 팀이었다. 조용히 눈을 감고 '내가 과연 이 팀을 이끌고 스탠리컵을 획득하고, 워싱턴이라는 도시의 단합을 이끌어내며, 주민들에게 즐거움과 행복을 안겨줄 수 있을까?'라고 자문해보았을 때, 대답은 '아니다'였다. 이런 결론에 도달하기가 쉽지는 않았다. 우리 팀은 이미 수차례 플레이오프에 진출하는 데 성공했기 때문이다. 다만 플레이오프 1차전을 통과할 수 없다는 게 문제였다.

그래서 우리는 팀을 완전히 새로 구성하기로 계획을 세웠다. 우리는 보유한 선수 중 시장에서 몸값이 높은, 즉 전성기를 누리고 있는 선수들을 모조리 트레이드했다. 드래프트에 참가해 떠오르는 유망주들을 영입하기 위해서였다. 우리는 몸값 높은 선수를 트레이드해 다시 몸값 높은 선수를 영입하지 않았다. 모든 트레이드는 '드래프트 및 유망주 영입'을 염두에 두고 이루어졌다. 우리는 그 말을 주문처럼 외우고 다녔다.

워싱턴 캐피털스는 수년 동안 플레이오프에 진출했기 때문에, 계속해서 드래프트 1라운드에서 15번째 혹은 그 이상의 순서를 배정받았다. NHL은 드래프트 제도를 채택한 대부분의 다른 스포츠 리그와 마찬가지로, 성적이 나쁠수록 드래프트 순서가 빨라진다. 우리 팀은 유리한 드래프트 순서를 배정받기엔 성적이 너무 좋은 편이었다. 수년 동안 계속 열 몇 번째로 드래프트 픽을 하면서 '톱 파이브'에 드는 선수를 드래프트하지 못하면, 팀은 금방 이류로 전락하고 만다. 단 한 명의 유망주를 벤치에 들임으로써 팀의 발전에 불을 붙일 수 있는 기회를 잃게 되는 것이다. 똑똑한 팀들은 단 1-2년 만에도 드래프트 우선순위를 활용해 변신할 수 있다.

우리는 드래프트와 유망주 트레이드를 통해 선발한 선수를 중심으로 팀의 미래를 새롭게 구축하기로 했다. 그런 선수들을 우리 방식대로 훈련할 작정이었다. 이런 일이 가능할 수 있는 이유는 우리가 영입할 선수들이 젊었기 때문이다. 따라서 그들의 행동 방침 및 그들에 대한 우리의 기대치를 분명히 규정할 수 있을 터였다. 세상 사람들에게 우리의 행동은 스탠리컵의 꿈을 뒤로 미루는 것으로 보였을 것이다. 하지만 역설적으로 들릴지 몰라도, 우리는 그런 전략을 통해 좀 더 짧은 시간 내에 승리의 고지에 도달할 가능성을 높일 수 있다고 믿었다. 물론 언론은 가혹할 테고, 팬들은 분노할 것이며 사업, 즉 티켓 판매는 줄어들겠지만 우리가 직면한 심판에 대해 현실적인 계획을 세워 대처함으로써, 우리는 실제로 하나의 팀으로서 행복과 성공을 쟁취하고자 하는 계획을 가속화할 수 있다고 확신했다.

그래서 우리는 야그르와 피터 본드라, 로버트 랭 등을 트레이드했다. 우리 팬들은 극도의 실망을 표했다. 나는 최대한 솔직한 방식으로 우리의 전략과 그러한 결정을 내리게 된 사고 과정을 팬들에게 전달했다. 나는 좋은 팀이 되기 위해 일단은 조금 부족한 팀이 되어야만 했다고 분명하게 말했다. 물론 힘들게 일해서 번 돈을 지불하고 시즌 정기 입장권을 구입한 팬들이 듣고 싶은 말은 아니었을 것이다. 하지만 그건 옳은 일이었고, 나는 우리가 하고 있는 일에 대해 진실을 이야기했다.

우리는 2003-2004시즌을 리그 꼴찌에서 세 번째 성적으로 마무리 지었다. 그전 두 해 동안 남동부 지구 1위로 플레이오프에 진출했었는데 말이다. 하지만 마치 스포츠 팀의 성패에서 운이 차지하는 역할을 증명이라도 하듯 2004년 말이 되자 '퍽'이 우리 앞날을 바꿔놓았다. 꼴찌에서 세 번째라는 순위 덕분에 드래프트에서 첫 번째 추첨 순서를 배정받은 것이다. 그리고 그해에 바로 알렉스 오베츠킨이 드래프트에 등장했다.

성적이 나쁜 게 다행인 해였다. 우리가 픽한 오베츠킨은 세계에서 가장 재능 있는 하키 선수였을 뿐 아니라 행복한 사람이기도 했다. 알렉스는 그저 죽어라 경기만 하는 선수가 아니다. 그는 만면에 미소를 머금고 경기에 임한다. 자신이 사랑하는 스포츠에서 선수로 뛸 수 있다는 순수한 기쁨

감사를 표하는 것이다. 그는 뛰어난 선수일 뿐 아니라 훌륭한 인간이기도 하다. 인격적으로도 나무랄 데 없는 선수이다 보니, 그가 버는 돈이나 그의 재능, 그가 받는 대우 등에 대해 시기하는 사람도 없다. 그는 다른 선수들과 잘 융화하면서도 아이스링크에 오르면 주변 선수들의 경기 기술마저 향상시킨다. 다른 선수들도 그저 알렉스에게 퍽을 밀어주고 지켜보기만 하지 않는다. 모든 것을 알렉스에게 맡겨놓고 경기를 대충 하지도 않는다. 그들은 심장이 터질 정도로 열심히 경기에 임한다. 알렉스가 요구하는 것이 바로 그것이기 때문이다.

알렉스 오베츠킨는 우리 팀의 분위기를 바꿔놓았다. 4년이 지난 현재까지 아직 스탠리컵을 차지하지는 못했지만, 올해 우리 팀은 결국 챔피언 자리까지 올라간 강팀 피츠버그 펭귄즈를 상대로 2차전(동부 컨퍼런스 준결승)에서 일곱 번째 게임까지 치르고 안타깝게 패했다. 전 경기 매진이었다. 지금은 시즌 정기 입장권을 구매하기 위해 대기자 목록까지 있는 상태다. 경기장을 나서는 관중들의 얼굴에는 함박웃음이 가득하다. 우리는 행복한 팀, 행복한 구단, 행복한 사업을 만들어냈고, 이는 다시 팬들을 위해서도, 티켓 판매를 위해서도, 워싱턴이라는 도시 전체를 위해서도 행복한 일이 되었다. 겸손하게 말하자면 아직도 갈 길이 멀다고 할 수 있다. 하지만 앞으로 더욱 훌륭한 모습을 보여줄 수 있다는 사실만큼은 확신할 수 있다.

워싱턴 캐피털스의 구단주가 되는 일은 단순히 하나의 사업체를 소유하는 것이 아니다. 에이브 폴린의 말처럼 그것은 대중의 신뢰를 받는 것이다. 또한 그 일은 내가 팬들과 끊임없는 의사소통을 통해 투명한 경영을 하기 위해 분투하는 동안, 자기표현의 통로를 제공해주기도 했다. 우리 팀이 야로미어 야그르나 피터 본드라 같은 선수들을 트레이드했을 때, 나는 '정말 당신 같은 멍청이는 처음이오.'로 시작되는 메일을 포함해 팬들이 보낸 모든 메일에 답장을 썼다. 그보다 훨씬 지독한 메일도 많았다.

왕 연구소에서부터 AOL에 이르기까지 이메일 사용을 적극 도입한 기업들의 발전을 돕다 보면, 조직의 위계질서가 수평적이 되고 직원이나 팬이 CEO나 구단주에게 메일을 보내면서 늘 답장을 기대한다는 사실을 알게 된다. 무슨 일을 하고 있든, 얼마나 바쁘든 상관없이 나는 캐피털스의 팬들이 보낸 모든 이메일에 답장을 하려고 애쓴다. 양이 너무 많다 싶을 때는 내 블로그 '테드의 선택'을 통해 팬들의 관심사에 답변을 하려고 노력한다.

문을 활짝 열어두고 누구든 연락할 수 있게 해놓아도 곤란한 일은 찾아온다. 그리고 야그르 트레이드 직후에는 그 여파로 긴장이 매우 고조되기도 했다. 2004년 1월 어느 일요일 오후, 우리 팀은 필라델피아 플라이어즈를 상대로 경기를 벌였다. 바로 한 주 전에 야그르를 트레이드한 상황이었다. 폭설이 심하게 내리고 있었기 때문에 나는 경기를 관람하지 않기로 결정했다. 버지니아 주에서부터 제설 작업이 안 된 도로를 운전해 가야 할 것 같았기 때문이다. 하지만 그때 아들 잭이 말했다.

"아빠, 게임에 꼭 가고 싶어요."

인생을 살면서 10대 아들과 일요일 오후를 함께 보낼 수 있는 건 흔한 기회가 아니었기 때문에, 우리는 함께 차에 올라탔다. 하지만 반도 못 가서 차가 도로 한쪽으로 약간 미끄러지며 사고가 나버렸다. 가벼운 접촉 사고였고 아무 문제 없이 해결되었지만, 뭔가 기분이 찜찜했다. 작은 교통사고한 건으로 시작해 하루가 엉망이 될 것 같은 그런 느낌이었다.

나는 그냥 집으로 돌아가자고 생각했다. 하지만 이미 반 정도 왔고 자동차도 큰 문제가 없어 보였기 때문에 그다지 유쾌하지 않은 길을 계속 가기로 했다.

경기장의 구단주 본부석에 들어서자마자 한 젊은 남자가 워싱턴 캐피털스의 성적과 AOL의 경영 실적을 비교하는 피켓을 들고 서 있는 모습이 눈에 들어왔다. 당시 AOL은 지난 수년간 맺어온 광고 거래와 관련해 미국 증권거래위원회와 법무부의 지속적인 조사를 받고 있었고, 그때쯤엔 이미 주식시장에서 AOL이라는 이름이 사라지고 그저 타임워너라는 이름만 남은 기업체의 주가가 합병 전의 고점 대비 약 15퍼센트 수준으로 폭락한 시점이었다. 그리고 캐피털스는 유명한 일류 선수를 전부 트레이드하고 나서 도무지 성공의 전망이 보이지 않던 때였다. 나는 되도록 그 피켓과 그걸 들고 내 쪽을 향해 고함을 질러대는 젊은 남자를 무시하려고 애를 썼으나, 아이스링크에서는 캐피털스가 참담한 경기를 치르고 있었다. 어느 모로 보나 우리 팀과, 팬 그리고 나 자신, 그 누구 하나 절대 행복하다고 표현할 수 없는 순간이었다. 우리는 막 장기적인 전략을 품고 팀을 해체하기 시작한 시점이었으나, 정기 입장권을 소지한 관객 입장에서는 아무리 이론상으로는 장기적으로 좋은 전략이라는 데 동의한다 해도 갑자기 경영진이 팀의 최고 선수들을 트레이드하기 시작하는 게 기분 좋을 리 없었다. 게다가 눈보라를 뚫고 힘들게 경기장까지 찾아왔더니 응원하는 팀이 최대 라이벌에게 맥없이 무너지고 있는 상황이라면 아마 기분도 바닥을 치고 있었을 것이다. 하지만 정신없는 한 주를 보내고, 별일 아니긴 해도 자동차 사고까지 겪고 막 도착한 나도 기분이 썩 좋은 것만은 아니었다.

캐피털스가 경기에 지고 있는 동안, 그날 휴가 중이던 내 운전기사 스티븐에게서 전화가 걸려왔다. 지극히 헌신적인 기사였던 스티븐은 눈길을 뚫고 경기장까지 와서 나와 아들을 태우고 버지니아의 집까지 모시겠다고 제안했다. 오는 길에 약간 미끄러지기는 했지만 나는 혼자서도 집까지 무사히 도착할 수 있을 것 같았다. 휴대폰에 대고 스티븐에게 말했다.

"뭐, 별일 있겠소?"

나는 SUV가 아니라 세단을 몰고 왔기 때문에 밖으로 나가서 눈이 얼마나 오는지 직접 살펴봐야겠다고 생각했다. 나는 구단주 본부석을 나와 도로 상태가 어떤지 보기 위해 출입구 로비를 가로질러 걸어갔다. 한 부인이 나를 불러 세우더니 자기 딸과 함께 사진을 좀 찍어줄 수 있겠냐고 했다. 우리가 사진 촬영을 막 끝내고 있을 때쯤, '캐피탈즈도 패배, AOL도 패배, 둘 사이는 무슨 관계일까?' 대충 이런 말이 쓰인 피켓을 들고 있던 젊은 남자가 마침 집으로 돌아가기 위해 경기장 밖으로 나왔다가 하필이면 내 바로 옆을 지나가게 되었다.

서로 언성을 높일 만한 전형적인 상황이었다. 그는 나에게 너무 지나친 욕설을 퍼부었다. 나는 그가 나한테 침을 뱉었다고 생각했다. 순간, 어이없을 정도로 바보 같은 반응을 보이고 말았다. 나는 그의 멱살을 움켜쥔 채 위로 들어 올렸다. 둘 사이에 심한 말들이 오갔다. 그에게 상처를 입힌 건 아니지만 어쨌든 내가 한 행동은 잘못이었다. 그 젊은이는 열렬한 캐피털스 팬으로서, 그날은 머릿속이 온통 분노와 실망을 가득 차 있었을 뿐이다. 나는 성인으로서 좀 더 진중했어야 했다. 게다가 나는 팀의 관리자였고,

NHL 규정상 팀 관리자와 팬은 적절한 관계를 유지해야 했다.

나는 그를 내려놓고 다시 본부석으로 돌아왔다. 정말이지 되는 일이 없는 날이었다. 그날 밤 집에 돌아와 신문을 보니 〈워싱턴 포스트〉에서 그날 내가 벌인 사건을 거의 도배하다시피 했다. CNN 화면 밑의 자막 뉴스에는 '팬 친화적인 NHL 구단주, 팬과 몸싸움' 같은 구절들이 흐르기도 했다.

나는 대응 방법에 대한 많은 충고를 받았다. 대부분이 내가 처할 수 있는 법적인 문제나 NHL의 반응 등과 관련이 있는 충고들이었다. 하지만 나는 내가 잘못했다는 것을 알고 있었기 때문에 그 젊은이의 이름과 전화번호를 알아낸 다음, 수화기를 들고 전화를 걸었다. 그가 전화를 받자 나는 이렇게 말했다.

"사과하고 싶어서 전화 드렸습니다. 어쩌다 일이 그렇게 되었는지는 중요하지 않습니다. 제가 먼저 멱살을 잡았고, 그런 건 정말 있을 수도 없는 일이었습니다. 그러니 제발 제 사과를 받아주시기 바랍니다."

젊은이의 반응은 이랬다.

"전화 주서서 정말 반갑습니다. 전 캐피털스 열혈 팬이거든요. 지난번 일은 저도 정말 죄송합니다."

대화를 나누던 중 내가 말했다.

"가족들과 함께 경기를 보러 오시면 어떨까요? 제가 본부석으로 모시겠습니다."

젊은이는 내 제의를 받아들였고, 얼마 지나지 않아 그는 가족들을 데리고 본부석에서 경기를 관람했다. 사건은 그렇게 마무리되었다.

나는 NHL로부터 10만 달러의 벌금을 선고받고 일주일간 경기장 출장을 금지당했다. 이 사건은 몸값 높은 베테랑 선수들이 모여 있는 값비싼 우리 팀을, 지속적인 드래프트 참여를 통해 영입한 보다 젊고 가능성 있는 미래의 스타들이 모인 팀으로 전환하려는 전략을 놓고 벌어진 캐피털스 팀과 팬들 사이의 갈등을 구체적으로 보여준 사례이다.

이 낯 뜨거운 순간 나는 아무리 우리가 팀 재건을 시작했다 하더라도, 하나의 브랜드로서 팬들에서 사랑받는 존재(필요한 존재가 아니라)가 되기 위한 핵심은 바로 투명성과 정직이라는 점을 깨달았다. 우리는 성취하려는 목표에 대해 끊임없이 광범위하고 솔직하게 의사소통을 했다. 처음에 팬들은 우리가 스타급 선수들을 트레이드하고 나면 당연히 경기에 질 거라고 단정했다. 하지만 우리가 다시 승리를 거두기 시작하자 팬들은 비로소 그동안 내가 계속 이야기해온 것이 진실이었음을 깨닫기 시작했다. 현실을 직시하고 팀을 재건함으로써 우리 팀이 보다 오랜 기간 지속될 보다 위대한 성공을 준비하게 될 것이라는 점 말이다. 내가 이 글을 쓰고 있는 지금, 캐피털스는 NHL 동부 컨퍼런스 1위를 달리고 있으며, 설문조사 결과 리그 내의 모든 팀 중에서 팬 만족도가 가장 높은 팀으로 밝혀졌다.

캐피털스 구단주로서 나는 행복에 대한 나의 주장을 비즈니스 환경에서 테스트했다. 우리 팀은 나름의 심판에 직면해 계획을 하나 세웠다. 우리는 매 단계마다 우리가 하는 일을 팬들에게 지속적으로 알려줌으로써 팬들을 우리의 파트너로 대접했다. 팬들과의 접촉을 제한해야 한다고 충고하는 사람들도 있었지만, 나는 완전히 반대 방향으로 나아갔다. 나는 오히려 팬들과의 접촉을 늘렸다. 나는 말했다.

"다시는 지난번 같은 사건이 팬들이 캐피털스 공동체에 참여하는 데 방해가 되지 않도록 하겠습니다."

나는 팬들과 함께 대화를 나누고 그들의 의견을 수용하는 시간이 가장 행복하다.

우리는 알렉스 오베츠킨, 니클라스 백스트럼, 마이크 그린을 드래프트 했다. 시간이 갈수록 우리는 꼭 우리를 스탠리컵 챔피언 결정전으로 이끌 어줄 수 있을 것 같은 팀을 구성해나갔다. 그리고 나는 또한 우리가 행복한 팀과 행복한 워싱턴 캐피털스 공동체를 건설했다고 생각한다. 우리는 응원해준 팬들에게 매우 감사하고 있으며 내 생각에는 그 감사를 잘 표현하고 있는 것 같다. 우리는 캐피털스를 포용하고 그토록 많은 사랑을 보내준 워싱턴 공동체에게 보답하고 있다. 우리에게는 더 숭고한 소명이 있다. 챔피언 결정전 진출을 통해 불멸성을 획득하는 것 말이다.

우승 팀을 중심으로 도시가 똘똘 뭉쳐 그 과정을 함께한 모든 사람이 불멸성을 획득하는 그 마법의 순간에 도달하려면 아직도 갈 길이 멀다. 하지만 불행이 모두를 지배하던 2004년 1월의 눈 덮인 추운 밤에 비하면 훨씬 더 그 순간에 가까이 와 있다.

많은 사람이 '내 인생에서 가장 행복한 순간'이라는 말을 별 생각 없이 대충 사용한다. 나로 말하자면 행복한 순간은 마치 슬라이드 쇼처럼 10여 개의 기억과 장면의 연쇄로 보인다. 린과 내가 결혼하던 순간과 재크와 엘이 태어나던 순간 등 좀 더 행복한 순간이었는지 아닌지 순위를 매기고 싶지는 않다. 나는 이렇게 말하고 싶다. 2008-2009 정규 시즌 마지막 날, 캐피털스가 사실상 별로 의미는 없는 경기(우리 팀은 이미 남동부 지구 1위로 이스턴 컨퍼런스에서 2번 시드를 배정받고 스탠리컵 플레이오프 진출이 확정된 상태였기 때문이다)를 승리로 이끌어가는 동안, 경기장 전광판에 본부석에 앉아 있는 내 얼굴이 비쳤다. 나는 일어서서 팬들에게 손을 흔들며 워싱턴 캐피털스의 이번 시즌을 정말 기억에 남을 만한 멋진 시간으로 만들어준데 대해 감사를 전했다. 우리 모두에게 행복한 시즌이었다. 거기 서 있는 동안 내 귀에 야유 소리는 전혀 들리지 않았다. 경기장을 가득 메운 캐피털스 팬들이 우리 팀과 나를 박수와 환호성으로 응원하는 소리만 들렸다. 5년 전 팀과 구단주가 팬들과 전혀 연대를 맺지 못하던 시절의 사고는 이미 오래전에 잊은 듯했다. 그날 저녁 버라이즌 센터에 들어찬 1만 8000명의 관중은 행복했다. 그리고 나도 진정 행복했다.

우리가 캐피털스를 스탠리컵에 도전하는 능력 있는 팀으로 바꿔놓았고, 그 결과 모두가 행복해질 수 있는 가능성을 높였다는 데는 의문의 여지가 없었다. 나는 활짝 웃으며 서 있었다. 결코 잊을 수 없는 순간이었다.

9장
행복한 사람이 되기 위해 노력하고 노력하라

내가 행복했던 이유는 하루하루를 그간의 경험과 관찰을 통해 인생의 성공과 성취에 기여할 거라 확신하는 행복의 원칙에 따라 살아가고 있었기 때문이다. 행복을 찾는 과정에서 나는 그 주제에 관해 구할 수 있는 모든 자료를 읽고 행복한 사람들을 적극적으로 관찰하면서 열심히 배웠다. 그러다 보니 매일 살면서 닥쳐오는 이런저런 어려운 일들로 실망하거나 흐트러지지 않았다. 당신도 만약 나처럼 당신의 하루 행동이 행복이라는 목표에 어떤 영향을 미치는지 계속 집중하면서 인생을 살아가기로 결심한다면, 당신이 원하는 바에 도달할 확률이 훨씬 높아질 것이다.

2006년 초여름, 나는 인생의 다양한 요소들에 의해 점점 더 행복하고 성취감 넘치는 나날을 보내고 있었다. 바로 전 해 크리스마스에 가족들과 휴가를 보내는 동안 나는 아이리스 장이라는 작가의 안타까운 사망 기사를 읽었다. 중국계 미국 여성인 아이리스는 일본이 중국을 침략했던 1930년대 말의 역사적 사건을 기록한 책을 썼다. 그녀의 작품《역사는 힘 있는 자가 쓰는가-난징의 강간, 그 진실의 기록(The Rape of Nanking)》은 제2차 세계대전 당시 아시아를 무대로 벌어졌던 알려지지 않은 대량 학살에 관한 이야기로서 출판과 동시에 굉장한 찬사를 받았다. 하지만 아이리스는 산후 우울증을 앓다 비극적인 자살로 생을 마감했다. 내가 제작한 영화〈난징〉에 대해서는 2부에서 더 이야기하기로 하고, 지금은 2006년 여름 내가 단호한 결심을 하고 그 프로젝트에 돌입했다는 사실만 밝혀두기로 하자. 아카데미상 수상은 내 인생 목록의 101가지 목표 중에서 아직 실현하지 못한 항목이었다. 아카데미상을 받기 위해서는 실제로 영화를 만들어야 한다. 그 과정에서 나는 또 크나큰 행복을 느끼고 있었다.

나는 뉴욕으로 가서 타임워너의 CEO 제프 뷰크스를 만나, 연말 즈음 AOL의 경영 일선에서 물러나고 싶다고 말했다. 제프는 깜짝 놀랐지만 내 의견을 받아주었다. 나는 다른 사람들 몇 명에게도 내 계획을 말했고, 우리는 조용히 나의 은퇴가 임박했다는 내용의 언론 발표문을 작성했다. 나는 내 임무를 마친 기분이 들었다. 나는 AOL의 이런 변화 과정을 모두 지켜보았다. 〈난징〉 제작은 마무리되는 중이었고, 이미 2007년 선댄스 영화제에 진출해 소수의 수준 높은 독립 영화를 위해 로버트 레드포드가 주최하는 주요 공개 행사에서 소개되기로 예정되어 있었다. 워싱턴 캐피털스는 2006-2007 시즌을 대비해 준비에 한창이었고, 아직은 우리가 스탠리컵 결승전 진출에 필요한 수준에 도달하지 못했다는 걸 절감하면서도 목표는 높게 잡았다. 나는 행복했다. 무엇 하나 빠질 것 없는 완전한 행복이었다. 9월 14일, 나는 AOL의 오디언스 부문 사장으로서 직접적인 책임은 내려놓을 테지만, 경영 일선에서 물러나더라도 명예 부회장으로 남아 내가 세웠고 심판에 직면한 이후 그 재건을 도왔던 회사와 끈끈한 관계를 유지하겠다고 발표했다.

〈난징〉은 선댄스 영화제에서 다큐멘터리 부문 심사위원대상 후보에 올랐다. 선댄스에서는 편집상을 받았고, 훗날 피버디상과 에미상을 수상했다. 캐피털스는 경기 시즌에 들어갔고 나는 구단주로서 책임질 일이 많았다. 또 여러 개의 신규 기술 벤처 기업에 투자도 한 상태였다. 스티브 케이스와 함께 잠재력이 높다고 판단한 사업과 비영리 목적의 프로젝트에도 참여하고 있었다.

AOL이 성장과 쇠퇴, 다시 성장의 과정을 거치며 지나온 지난 13년의 세월과 더불어 내 인생의 한 시기도 막을 내렸다. 나는 이익 창출과 보다 숭고한 소명 달성이라는 '이중 결산표'를 가진 사업을 설립, 발전시키겠다는 생각을 품고 새로운 인생을 향해 걸어갔다. 〈난징〉은 극장 배급을 준비하고 있었지만, 이미 일반 대중에게 공개되기 전부터 아이리스 장이 쓴 《역사는 힘 있는 자가 쓰는가-난징의 강간, 그 진실의 기록》을 통해 사람들의 이목을 집중시키고 있었다. 아마도 내가 그 영화에 투자한 비용은 회수가 불가능할 테고, 여러 가지 면에서 나의 영화 제작은 일종의 인간애를 발휘한 행동으로 볼 수 있었다. 나는 나 같은 '영화박애주의자(filmanthropists: 영화로 인류에 봉사하는 사람이라는 뜻으로 쓰이는 신조어-옮긴이)'가 악을 밝혀내고 불의에 주목하는 더 많은 영화에 자금을 지원함으로써 사회에 긍정적인 영향을 미칠 수 있는 방법에 관해 생각하기 시작했다.

2007년 겨울 AOL을 떠나면서 어떤 면에서는 슬픔을 느끼기도 했지만, 또 다른 면에서는 행복을 향한 나의 여정이 완성되었다는 느낌이 강하게 들었었다. 여러분이 지금 이 책을 읽으면서 행복의 원칙과 관련해 내가 깨달은 교훈을 함께 나누고, 행복을 향한 당신 자신의 여정을 시작한다면 나의 행복은 더욱 커질 것이다. 나는 내가 현재 관여하고 있는 사업에 대한 이야기들을 통해서, 그 사업들이 모든 기업에 얼마나 똑같이 적용될 수 있는 행복 창출의 모델에 기초하고 있는지 들려줄 생각이다. 또한 당신이 좀 더 행복한 사람이 되기 위해 의식적으로 노력한다면, 행복한 사람뿐 아니라 좀 더 성공적인 사람이 될 가능성도 높아질 수 있다는 점을 보여주고 싶다.

이 책 1부에서 행복을 향한 나의 여정을 이야기 했으니, 2부에서는 여러분 인생의 행복과 성공 가능성을 높이는 방법을 이야기할 생각이다.

최소한 그건 잘할 수 있을 것 같다. 이미 알고 있겠지만 나는 26년쯤 전에 타고 있던 비행기가 겨우겨우 추락을 면하면서 인생의 두 번째 기회를 부여받았고, 만약 다시 살 기회를 주신다면 다른 사람을 돕기 위해 노력하며 살겠다고 하느님께 기도했었다. 그때 이후로 여러 해 동안 나는 좋은 일들을 해왔다. 하지만 그동안 내가 해온 어떤 일보다도 이 책을 통해 이루고 싶은 목표가 내게는 더 중요하다. 여러분을 행복을 향한 여정으로 인도하는 일 말이다.

2부
행복을
향한
여러분의 여정

Happiness Lesson 0

행복에 관한 나의 지식은 어디서 왔을까?

행복을 찾아 떠나는 내 손에는 인생 목표가 적힌 목록 한 장이 들려 있었다. 지도는 없었다. 본능적으로 알고 있는 것도 있었으나 고생을 하면서 배워야 하는 것도 있었다. 요기 베라(Yogi Berra: 미국 뉴욕 양키스의 전설적인 포수-옮긴이)가 이런 말을 한 적이 있다.

"그냥 보기만 해도 많은 것을 파악할 수 있다."

늘 그렇듯 요기의 말은 옳았다. 행복을 추구하기 시작한 이후 나는 만나는 사람을 평가해보고, 시간을 들여 친구와 동료들을 몇 가지 범주로 분류해보았다. 개중에는 행복해 보이는 사람도 있고 행복해 보이지 않는 사람도 있는데, 나는 항상 후자보다는 전자와 함께 지내는 걸 더 좋아한다. 행복한 친구들과 지내면서 나는 도대체 무엇이 그들을 행복하게 만드는지 알아내려고 노력했다.

내가 아는 행복한 사람은 공통점이 많다. 그들은 친구 및 가족과 생산적이고 긍정적인 관계를 유지한다. 진실하고 정직하다. 자신들의 보다 숭고한 소명, 즉 인생의 목표가 무엇인지 알고 있는 듯하다. 내가 아는 행복한 사람들은 위대한 성취를 이뤄낸 경우에도 겸손함을 잃지 않는다. 그들은 벌어들인 돈의 액수로 성공을 평가하는 게 아니라 얼마나 많은 돈을 사회에 환원할 수 있는가 여부로 성공을 평가하는 경우가 많다. 관심을 갖는 공동체를 위해 적극적으로 활동한다. 이기적으로 자기 자신만 생각하는 게 아니라 다른 사람에 대해 관심과 애정을 기울인다.

행복한 사람들의 공통적인 성향을 발견하고 나니 내가 행복해지기 위해 무엇이 필요한지 보다 쉽게 깨닫게 되었다. 내 나름대로 분석을 시작했을 때, 과학적 연구 조사의 힘을 빌리지 않아도 행복은 돈으로 살 수 없다는 사실을 분명히 알 수 있었다. 무엇보다도 수백만 달러의 재산을 소유한 젊은이였던 나 자신부터 타고 있던 비행기가 활주로 위를 빙빙 돌며 불시착을 준비할 때 스스로를 행복하지 못하다고 느꼈으니 말이다. 실제 상황에서 나 스스로 일종의 사회 과학 실험에 참여한 것이나 마찬가지였다. 나는 뭐든 빨리 배우는 사람이라 금방 상황을 깨달았다. 내가 돈으로 구입한 거라곤 이런저런 물건들과 사고 비행기의 탑승권 한 장뿐이었다.

물론 세상에는 돈으로 행복을 살 수 없다는, 어찌 보면 상투적인 말이 진실임을 증명해주는 과학적으로 입증된 연구 결과가 많다. 그리고 내가 행복을 추구하기 시작한 초창기부터 나는 그런 사례들을 찾아내 내 것으로 삼아왔다. 로테르담의 에라스무스 대학교 교수인 뤼트 베인호번 박사는 세계 행복 데이터베이스(World Database of Happiness) 안에 200개국 이상에서 실시된 1000건 이상의 연구를 목록으로 작성했다. 그는 행복의 어떤 한계 수준에 도달하기 위해서는 충족돼야 하는 최소 기준이 있음을 발견했다. 사람은 음식과 보금자리 그리고 추운 날씨에 체온을 유지할 충분한 의복이 필요하다. 절대적인 가난 때문에 생존을 위해 처절하게 싸워야 하는 사람이 '행복'할 가능성은 거의 없다.

하지만 일단 기본적 필요가 충족되고 나면 돈과 행복 사이에는 아무 상관관계가 없는 것으로 밝혀졌다. 아니면 흔히 하는 말로 "10만 달러를 번다고 5만 달러를 벌 때보다 2배로 행복해지는 것은 아니다." 사실상 베인호번 박사가 최근 발표한 국가 행복 순위를 보면 지구상에서 가장 부유한 나라 중 하나인 미국이 세계에서 17번째로 행복한 나라라는 결과가 나왔다. 콜롬비아, 과테말라, 멕시코 등 확실히 미국보다 풍족하지 않은 나라들이 훨씬 더 '행복'했다.

어떤 면에서 나는 이 사실을 조지타운 대학교에 갓 입학해 정말 부유한 가정 출신 급우들을 처음 만나면서 이미 깨닫고 있었다. 부유한 급우들이라고 꼭 나보다 더 행복한 것은 아니었으며, 사실 그중 몇 명은 누가 봐도 비참한 모습이었다. 지금까지도 이혼과 약물 의존, 알코올 중독 등은 노동자 계급 친구들보다 부유한 친구들 사이에 더 많이 퍼져 있다.

행복은 수천 년 동안 '연구' 대상이었다. 사회과학이 등장하기 전까지 행복에 관한 탐구는 종교적 예언자들 및 철학자들의 영역이었다. 서양 전통에서도 그랬고 동양 전통에서 유입된 지혜도 마찬가지였다. 하지만 여기서 한 트럭 분량은 족히 나갈 과학적 연구 결과를 전달하거나 내 전문 분야를 넘어서 나의 그리스계 조상들인 소크라테스, 아리스토텔레스, 플라톤 등이 2500년 전에 가르쳤을 법한 내용을 논의할 의도는 전혀 없다. 나는 달라이 라마가 아니다. 물론 그분의 작품을 읽고 깊은 감동을 받은 적도 있으며, 특히 달라이 라마와 미국인 정신과 의사가 나눈 대화를 기초로 한 작품인 《달라이 라마의 행복론》과 《행복론: 직장편》은 여러분도 꼭 한 번 읽어보라고 권해주고 싶지만 말이다. 아마존 데이터베이스에 '행복'이라는 검색어를 입력해보면 관련 항목이 42만 개나 표시될 것이다. 나는 그중 많은 책을 읽었지만(아마 개인적으로 아마존 '행복' 카테고리의 가장 큰 고객으로서 아마존을 행복한 회사로 만드는 데 한몫했을 것이다), 그렇다고 여기서 다른 사람이 이미 써놓은 이야기를 반복하거나 사업가답게 학자와 전문가의 연구 결과를 요약해서 제공할 생각은 전혀 없다.

내가 이 책에서 할 일은 내가 안다고 생각하는 것 그리고 내가 그걸 안다고 생각하는 이유를 밝히는 것이다. 나는 행복을 추구하는 과정에서 어떻게 내 신념을 형성하게 되었는지를 분명히 보여주기 위해서 내 인생 경험을 상당히 많이 이야기했다. 이제부터는 행복을 찾아가는 나의 여정을 상세히 밝히는 쪽에서 행복을 찾아가는 여러분의 여정에 도움이 될 수 있는 실용적인 정보를 제공하는 쪽으로 넘어갈 생각이다.

나는 대부분의 사람에게 행복을 향한 길은 모종의 심판과 함께 시작된다고 생각한다. 무언가에 의해 인생이 송두리째 뒤흔들리고 나서 자신과 자신이 그동안 살아온 삶을 평가해보게 되고, 거기서부터 행복을 찾기 위해 긍정적인 변화의 노력을 하게 되는 것이다.

일단 행복해지기로 마음을 먹었으면 여러분의 행복이 무엇인지 명확히 파악한 후 계획을 짜야 한다. 계획을 짜기 위한 최고의 방법은 여러분이 성취하고 싶은 목표의 목록을 작성하는 것이다. 목록이야말로 여러분이 열망하는 행복을 성취하기 위한 적극적인 행동의 구체적인 첫 걸음이다.

25년이 넘는 세월 동안 나는 적극적이고 의식적으로 행복을 추구해왔다. 그 과정에서 내가 배운 것들은 학계에 발표된 연구 결과와 나의 개인적 경험 그리고 친구와 동료들을 관찰하면서 얻은 결론이 대충 비슷한 비율로 종합되어 있다. 처음엔 주로 혼자서 답을 찾았지만, 나중에는 사회과학자 및 다른 학자들의 연구 결과와 타인들의 경험도 나의 신념을 충분히 뒷받침해주고 있다는 사실을 알게 되었다.

보노는 전 세계적인 록 스타이자 사회 운동가이며, 단순히 유행가를 히트시켜 돈을 많이 벌겠다는 목표보다는 훨씬 차원 높은 소명을 가진 매우 열성적인 사람이다. 내가 알기로 보노는 행복한 사람이다. 역시 이번에도 속으로 이런 반응을 보이는 사람이 있을 것이다.

'당연히 보노는 행복하겠지. 엄청난 재산을 소유한 록 스타인데. 그 정도 재산을 가진 록 스타라면 누군들 행복하지 않겠는가?'

글쎄, 꼭 그렇지만은 않다. 커트 코베인과 마이클 잭슨, 재니스 조플린은 다른 말을 하고 싶을 것이다. 아직 살아 있다면 말이다. 여러 해 동안 보노와 알고 지내면서 나는 그 역시 다른 행복한 사람들과 공통된 특징을 구현하고 있기 때문에 행복한 삶을 살고 있다는 확신이 들었다.

보노가 음악계에서 발군의 '스타'로서 독보적인 존재로 그토록 장수할 수 있었던 것은 단순히 그가 훌륭한 목소리를 가진 가수이고, U2가 대단한 밴드이기 때문만은 아니다. 바로 보노가 적극적으로 행복을 추구해나가는 행복한 사람이기 때문이다.

내 생각에는 보노에게 그토록 큰 성공을 안겨준 마법은 상당 부분 그가 자신의 행복과 성취를 위해 노력하는 과정에서 그렇지 않았을 경우보다 U2가 훨씬 더 광범위한 청중을 확보하게 되었다는 점인 듯하다. 〈내가 찾고 있는 걸 아직 발견하지 못했어요, I Still Haven't Found What I'm Looking For〉라는 노래 속에는 보노 역시 아직 하나의 과정에 있다는 사실이 내포되어 있다. 나는 그가 끊임없이 뭔가를 추구하고 있다는 사실 자체가 그의 훌륭한 목소리나 작곡 능력보다 더욱 그를 매력 있는 인물로 만들어준다고 생각한다. 그가 굳이 더 위대한 뭔가를 찾고 있다는 암시를 하지 않더라도 말이다.

몇 년 전 나는 유스에이즈(YouthAIDS: 전 세계 청소년을 대상으로 에이즈 퇴치 교육을 실시하는 단체-옮긴이) 연례행사의 회장으로 그리고 보노는 우리 행사의 수상자로 자리를 함께한 적이 있었다. 그가 자신을 아프리카 후원에 그토록 적극적으로 참여하게 만든 원동력 중 하나로 꼽은 것은 U2가 세계에서 가장 성공적인 밴드가 되었다는 자각 그리고 자신이 세계에서 가장 성공적인 밴드의 일원이 되는 것 외에 인생을 통해 할 수 있는 뭔가 다른 일을 찾고 싶다(찾아야만 한다)는 자각이었다. 아프리카에 갔을 때 그의 인간애는 큰 자극을 받았다. 인생이 바뀌는 순간이었다. 아마 심판이라고 불러도 좋을 것이다. 보노는 유명세가 저주일 수도 있지만 매우 강력한 도구가 될 수도 있음을 깨달았다고 한다. 유명세를 불안해하는 대신 그걸 이용해 긍정적인 변화를 이끌어낼 수도 있을 터였다.

그래서 보노는 무엇보다도 아프리카의 에이즈 퇴치를 위해 노력하기 시작했다. 보노가 유스에이즈의 수상자가 된 것은 바로 그런 이유 때문이었다. 아프리카 여행은 그가 과도한 국제 채무, 질병, 일자리 부재 등 아프리카 대륙이 직면한 갖가지 어려움을 완화하기 위해 노력하는 데 자극제가 되었다. 그래서 보노는 아프리카의 채무 면제를 전 세계에 홍보함으로써 아프리카 빈국들이 서구 선진국 금융 기관에 지고 있는 엄청난 부채를 탕감해주는 운동에 앞장서고 있다. 또한 아프리카와의 무역 증대 그리고 전 세계 부유한 국가들의 원조를 호소하는 데도 열심이다. 보노가 열렬히 지지하는 정책을 전부 다 지지하지 않는 사람이라 하더라도 딱 2분만 함께 대화를 나눠보면 그가 정말 소명을 발견하고 진정성을 갖고 그 일에 임하고 있다는 것을 부인하지 못할 것이다. 나는 보노가 아프리카를 지지하는 일에서 자신이 찾고 있던 것을 발견했다고 생각한다.

보노는 행복한 사람들이 공통적으로 실천하고 있는 원칙을 모아놓은 내 목록에서 상당히 높은 점수를 얻고 있다. 10년 넘게 보노는 DATA(Debt, AIDS, Trade, Africa: 아프리카의 에이즈, 기근 문제 등을 개선하기 위해 보노가 설립한 비영리 국제단체-옮긴이)와 ONE 캠페인, RED(보노 등의 제안으로 애플, 스타벅스, 갭 등의 유명 기업들이 'PRODUCT RED' 로고를 부착한 상품 판매를 통해 아프리카의 에이즈와 결핵, 말라리아 퇴치를 위한 기금을 마련하는 캠페인-옮긴이) 등을 통해 아프리카 사람들의 삶을 개선하고자 쉬지 않고 노력해왔다. 그는 다양한 공동체의 회원으로 활동하면서 예전에 로큰롤 협회 회원들과 맺었던 관계만큼이나 각국 대통령, 구호 활동가 및 사회 운동가들과 긴밀한 관계를 맺고 있다. 그는 U2를 위해 작곡한 노래를 통해서뿐만 아니라 수많은 연설과 자신의 대의를 위해 열정적인 활동하고 있는 모임 등을 통해 자신을 표현한다. 그는 유명 인사라는 자신의 현재 위치에 감사하면서도, 높은 수준의 인간애를 품고 있기 때문에 자신의 시간 및 자신의 이름과 명성에서 얻을 수 있는 이익을 보다 숭고한 소명을 위해 사용할 수 있는 것이다.

나는 AOL과 선댄스 영화제, Live8, 유스에이즈 행사장 등에서 보노를 만났다. 그는 항상 긍정적이고 낙관적인 태도로 두 눈을 반짝인다. 그는 우리가 제작한 영화 〈Kicking It: 노숙자들의 월드컵에 대한 다큐멘터리〉에 자신의 노래 〈이름 없는 거리에서, Where the Streets Have No Names〉의 무료 사용을 허락해주었다. 나는 그를 만나면 아직도 그 일에 대해 감사를 표한다.

보노를 보면 나는 이 책에서 요구하는 행복과 성공의 모델을 완벽하게 구현하고 있는 사람이라는 생각이 든다. 보노가 정말 행복한 사람이라는 사실에는 한 점 의심도 품을 수 없다. 그와 함께 있으면 나는 우리가 하나의 동일한 목적을 공유한 행복한 사람들이라는 사실을 알 수 있다. 무엇보다도 나는 보노와 U2는 행복하기 때문에 그렇지 않은 경우보다 훨씬 더 성공적인 삶을 살고 있다고 믿는다. 그들은 결론적으로 U2라고 알려진 '기업' 집단과 보노라는 '브랜드'로 '이중 결산표'를 작성하고 있는 것이다. 보노는 그냥 인기 차트에 올라갈 레코드를 제작하느라 노력하는 것이 아니다. 그는 자신의 행복 그리고 공연장에서 직접, 혹은 헤드폰을 통해 간접적으로 U2의 음악을 듣는 사람들의 행복을 만들어내기 위해 일하고 있는 것이다. 또한 지구상에서 가장 불행한 대륙의 고통을 경감시키려는 노력을 포함하는 좀 더 숭고한 소명이 있기 때문에, 그가 하는 일은 고귀함을 획득한다. 나는 바로 이 점이 보노를 단순한 또 한 명의 슈퍼스타일 때보다 그를 더욱 행복한 사람으로 만들어준다고 생각한다. 또한 이 고귀함은 U2의 음반이 판매량 증가에 그들의 훌륭한 음악만큼이나 큰 역할을 하고 있다고 생각한다.

나는 최근에 여러 해 동안 함께 일하며 알고 지내온 내 친한 친구 한 명이 알코올 중독 치료 중이라는 소식을 듣고 깜짝 놀랐다. 행복을 향한 여정에 대한 나의 생각을 서로 나누던 중 그 친구는 열심히 고개를 끄덕이며 이렇게 말했다.

"자네가 설명하는 건 미국알코올중독방지회와 거기서 실시하는 12단계 프로그램의 전제와 거의 정확히 일치하는군."

나는 깜짝 놀랐다. 내 친구가 알코올 중독이라는 사실을 몰랐다는 것도 놀라운 일이었지만, 내가 알코올중독방지회에 대해 거의 아는 바가 없다는 사실도 놀라웠다. 이제는 그 단체에 대해 조금 알게 되었는데-물론 전문가 수준은 아니지만-어쨌든 내가 보기에 알코올중독방지회와 그 단체가 알코올 중독자들의 회복을 돕는 방법은 나의 행복 추구 모델과 정확히 일치한다.

알코올 중독자는 (비유적으로든 문자 그대로든) 시궁창에서 잠들어 있는 자신을 발견하게 된다. 술은 그를 밑바닥에 처박는다. 알코올 중독 때문에 그의 인생은 산산조각이 난다. 아마도 아내는 떠나버렸고, 직장도 잃었을 것이며, 안 좋은 일만 일어나는 위험한 상황에 처해 있을 것이다. 그러다 어느 날 정말로 인생이 바닥을 치고 나면 현실을 깨닫기 시작한다. 심판에 직면하는 것이다.

미국알코올중독방지회에서 개발한 12단계 프로그램 중에는 알코올 중독자가 자신의 실패에 대해 '두려움을 버리고 도덕적 검토 목록을 작성'하는 단계가 포함되어 있다. 회복 단계를 거치면서 알코올 중독자는 자신의 음주로 인해 상처를 주었던 그리고 반드시 그 보상을 해야 할 사람들의 목록을 작성해야 한다. 일단 심판에 직면한 다음, 목록 작성이 이어지는 것이다.

알코올중독방지회는 무엇보다 중독을 치료하고 싶은 사람들의 공동체다. 이 공동체에 가입하는 것은 중독자들이 중독에서 벗어나 건전한 생활을 유지하는 데 필수적이다. 관심사가 같은 사람들의 공동체에 가입하는 것은 행복해지는 데도 핵심적인 요소이다. 또한 중독이라는 질환을 극복하는 데 도움이 되기 때문에 한층 성공적인 삶을 사는 데도 필수적이다.

알코올중독방지회 모임에서 중독자들은 자신을 표현하고 각자의 감정과 두려움을 함께 나누는 방법을 배운다. 그들은 알코올 중독자 친구들의 공동체 내에서 자신을 표현하는 행동이 자신들의 감정을 정리하는 데 도움이 된다는 걸 배운다. 혼자서는 절대 불가능한 일이다. 모두 서로의 이야기를 진지하게 들어준다. 무슨 말이든 할 수 있으며, 그런 식으로 스스로를 표현하다 보면 가장 과묵한 사람조차 자기표현의 통로 및 타인과의 의사소통 방법을 발견할 수 있다.

알코올 중독자들은 술에 취하지 않고 하루를 보낼 수 있다는 사실에 매우 감사한다. 그들은 술 취하지 않을 수 있는 기회와 그런 기회를 갖도록 도와주는 공동체에도 고마워한다. 그들은 음주를 벗어난 삶이 얼마나 감사한 것인지, 다시 술을 입에 대는 것보다 가족 및 친구들과 좋은 관계를 맺고 일자리를 유지하는 것이 얼마나 더 중요한 것인지를 배운다.

중독 증상이 호전되면서 그들은 자신을 도와준 공동체를 위해 헌신한다. 알코올중독방지회에서 알코올 중독을 치료받은 사람들은 다른 사람의 치료를 돕는 데 적극적이다. 프로그램 봉사자 중에는 생판 모르는 낯선 사람을 도저히 참을 수 없는 (하지만 반드시 참아내야 하는) 음주에서 구해내기 위해 글자 그대로 새벽 2시에 집을 나서는 사람도 있다.

알코올중독방지회에서 중독을 치료한 사람들은 금주를 견뎌내지 못하고 다시 술을 마셔버리는 사람에 대해 깊은 동정심을 느낀다. 그들을 의지박약이라고 비판하는 대신 알코올중독방지회 공동체에 기꺼이 다시 받아들인다. 무엇보다 중요한 점은 다른 사람을 돕다 보면 알코올 중독에서 벗어나고자 하는 그들 각자의 의지도 강해진다는 것이다.

마지막으로 덧붙이자면 알코올중독방지회 회원들에게는 한층 숭고한 소명이 있다. 자신이 매일매일 술에 취하지 않고 버텨내야 할 뿐 아니라, 다른 사람이 술을 끊을 수 있도록 도와야 하는 것이다.

나는 25년 넘게 행복의 원칙에 대해 계속 생각해오면서도, 내가 개발한 모델이 알코올중독방지회에서 사용하는 회복 과정과 그렇게 유사하게 맞아 떨어지는지 전혀 몰랐다. 내가 세운 원칙이 역사상 가장 성공적인 자기계발 프로그램이라고 불리는 모델과 동일한 원칙에 기반을 두고 있음이 입증된 것이다. 심판이 성찰로 이어지고, 그것이 다시 행복의 길을 따라가야겠다는 결심으로 이어진다. 한마음을 가진 사람들이 모인 공동체에 참여하다 보면 사람은 자신에게서 벗어나 사회를 보게 된다. 자기표현의 통로가 생기면 성취감을 느낀다. 다른 사람에 대한 인간애와 매일 일상에서

접하는 사소한 일에 대한 감사는 사람을 현실적으로 만들어주고, 실패한 사람을 절망에 처박히지 않게 그리고 성공한 사람을 교만해지지 않게 해준다. 진정한 성취감은 자기가 가진 것을 다른 사람에게 나눠주는 데서 찾을 수 있다. 행복을 찾아가는 길은 좀 더 숭고한 소명으로 연결된다.

체계적으로 행복을 추구하면 더욱 큰 성공에 도달할 가능성이 높아진다는 말에 의심이 든다면, 알코올중독방지회가 그 답을 해줄 수 있을 것이다. 지금 우리 사회의 성공한 사람들 중에는 만약 절망의 순간에 알코올중독방지회에 가입하지 않았더라면 결코 지금의 자리에 도달하지 못했을 사람이 많기 때문이다. 성공을 향한 그들의 여정은 모종의 심판과 함께 시작되었다.

최근 몇 년에 걸쳐 행복에 전염성이 있다는 사실이 밝혀졌다. 20년 동안 4700명 이상의 사람을 대상으로 수행한 연구 결과는 행복한 사람 주변에 있는 사람이 행복해질 가능성이 높다는 사실을 보여주었다. 나는 이번 장을 시작하면서 내가 친구들을 행복한 사람과 그렇지 않은 사람으로 분류하고 되도록 행복한 친구들과 시간을 보내려고 한다고 말했다. 이는 과학적으로 입증된 사실일뿐더러, 행복한 사람들로 구성된 공동체와 관계를 맺는 것이 자신의 행복을 증가시키는 방법이라는 개념도 과학적 뒷받침을 받고 있다. 신경과학자들은 최근 인간이 본래 생리학적으로 철저히 이기심에 의해 움직이는 존재라는 가설을 뒤집었다. 대신에 〈포브스〉에 따르면, 시카고 대학교의 신경과학자 존 T. 캐시오포의 연구는 인간은 "본질적으로 이기적이 아니거나, 적어도 자신의 건강 및 유전자의 영속적인 보존을 위해 이기적이면 안 되는 존재"임을 보여주고 있다. 만약 행복과 자기실현이 어느 정도는 서로 관심사가 일치하는 공동체 내의 다른 인간과 교류하는 데서 비롯된다고 믿는 사람이라면, 이 말을 당연하게 받아들일 것이다. 〈포브스〉에 실린 이 기사의 제목은 그런 의미에서 완벽한 것이었다.

'외로워서 죽을 수도 있습니다.'

최근의 연구 결과 중에는 나이가 들수록 인생에서 좀 더 숭고한 목표가 있는 사람이 더 오래 산다는 것도 있다. 당연한 말이다. 러시 알츠하이머 센터의 퍼트리샤 보일 박사는 1200명 이상의 노인을 대상으로 한 연구에서 인생에서 의미를 찾으려고 의식적으로 노력하는 사람이 그런 목적의식이 없는 사람보다 연구 기간 동안 절반의 사망률을 보였다고 발표했다. 좀 더 노골적으로 말해볼까? 인생을 목적의식 없이 사는 사람은 그렇지 않은 사람보다 사망 확률이 2배나 높았다!

많은 사람들은 자신이 참여하고 있는 공동체 안에서 목적을 끌어낸다. 댄 부어트너는 대단히 흥미로운 책 《블루 존》에서 전 세계에서 사람들이 가장 만족스런 삶을 살며 장수를 누리는 사회를 연구했다. 부에트너는 공동체 건설에 열심히 참여하는 생활 태도가 장수에 기여한다고 생각한다.

다양한 연구 결과에 의하면, 미국에서 가장 행복한 사람은 언제나 복음주의 기독교인들이었다. 충분히 이해할 만한 결과이다. 복음주의 신교도에게 '거듭난다'는 의미는 모종의 심판에 직면한 후 예수 그리스도를 자신의 구원자로 받아들이기로 결심했다는 뜻이다. 매주 교회에 나가는 행동은 숭고한 소명을 지지하는 공동체에 참여하겠다는 의지의 표현이다. 복음주의 기독교인은 교회에 나가지 않는 사람들보다 자신의 돈과 시간을 후하게 베푸는 편이고 자원봉사 참여율도 높다. 수많은 평범한 사람이 망치를 들고 형편이 어려운 사람을 위해 집을 짓는 일에 참여하는 해비타트 운동도 조지아 주의 한 복음주의 교회에서 처음 시작되었다.

요즘같이 소비 지향적인 문화에서 물건을 구매하는 것만으로는 경험을 얻는 것과 동일한 정도의 행복을 얻을 수 없다는 걸 우리는 알고 있다. 즉, 행복해지기 위해서는 가족과 함께 해변으로 휴가 행을 떠나는 편이 새 시계나 자동차, 아이팟을 구매하는 것보다 훨씬 나은 투자라는 뜻이다. 물론 새 시계나 자동차, 아이팟은 누구나 갖고 싶은 물건이고, 그걸 소유하면 행복할 것이다. 그리고 새 시계를 손목에 차거나 새 차를 운전하고, 아이팟으로 U2의 음악을 듣는 순간마다 행복을 느낄 것이다. 하지만 콜로라도 대학교의 리프 밴 볼든 교수와 코넬 대학교의 토머스 길로비치 교수가 2003년에 발표한 〈행동할 것인가, 소유할 것인가? 그것이 문제로다〉라는 중요한 연구에 의하면, 사람들이 새로운 소유물에 익숙해지는 속도는 굉장히 빠르다. 따라서 행복감을 느끼기 위해 사람들은 또 다른 것, 더 새로운 소유물을 필요로 한다. 이와 대조적으로, U2의 콘서트를 보러 가거나 워싱턴 캐피털스가 스탠리컵 우승을 차지할 때 목이 터져라 함성을 질러대는 등 사회적 상호작용에서 얻어지는 즐거움은 훨씬 더 오래 지속된다. '사진으로 남기고 싶은 순간' 자체가 새 사진기를 구매하는 것보다 훨씬 더 큰 행복을 안겨준다는 뜻이다. 아무리 새 사진기를 사고 싶어 했고, 그걸 사용할 때마다 행복해진다 하더라도 말이다.

브리티시컬럼비아 대학교의 심리학자 엘리자베스 던이 2008년 실시한 연구에 따르면, 자기 자신을 위해 돈을 쓰는 것은 다른 사람을 위해 돈을 쓰는 것보다 훨씬 덜 행복했다. 한 회사의 직원들을 상대로 수행한 연구에서 연말 보너스를 자선 활동에 기부한 사람이 같은 돈을 자기만족을 위한 물건 구매에 전부 사용한 사람보다 더 많이 행복했다. 또 다른 연구에서는 연구자들이 일단의 사람들에게 5~20달러 사이의 돈을 주면서 하루 동안 그 돈을 마음대로 사용하라고 지시했다. 다른 한 무리의 사람들에게는 역시 같은 돈을 주면서 그 돈을 타인을 위해 사용하라고 말했다. 하루가 끝날 무렵 누가 더 행복했는지 짐작할 수 있지 않을까?

또 다른 최신 연구나 이제 막 아마존의 '행복' 카테고리에 42만 번째 바로 다음으로 추가되었을 항목 등 사례는 얼마든지 더 제시할 수 있다. 하지만 모두 지루한 반복일 뿐이다. 그러니 이제 다른 방법으로 접근해보자. 1980년대 이후로 나는 행복이라는 주제와 관련해 내가 입수할 수 있는 자료는 모두 읽어봤다. 하지만 내 신념에 배치되는 결과가 나온 연구는 단 한 건도 보지 못했다. 내가 읽은 어떤 자료에도 자기표현의 통로를 찾는 대신 병 속에 틀어박혀 뚜껑을 꼭 닫고 사는 게 낫다는 의견은 없었.

인간애를 발휘하기보다는 냉혈 인간처럼 구는 게 낫다든가, 사회에 환원을 하기보다는 가진 걸 몽땅 꾸려가지고 다니면서 자선을 거절하는 게 낫다는 등의 과학적 연구 결과는 읽어본 적도 없다.

나는 매일 나의 신념을 무너뜨릴 만한 연구 혹은 행동의 예를 열심히 찾아본다. 하지만 그럴수록 내 신념은 다른 사람들의 연구와 내 개인적인 관찰을 통해 더욱 강화될 뿐이다.

이 책을 시작하면서 나는 사회과학자가 아니라고 밝힌 바 있고, 그건 이

제 누가 봐도 자명해졌을 것이다. 하지만 이 책을 쓰는 과정에서 나는 직접 뭔가 연구를 시행해 내 신념을 실제로 실험해보고 싶었다. 내 연구를 도와준 설문 조사 전문가는 통계적으로 유효한 연구 조사와 달리 응답자의 자발적인 참여를 전제로 하는 것이기 때문에, 우리가 얻어낸 결과는 미국여론조사협회의 검열을 통과하지 못할 거라고 주의를 주었다. 그 경고를 수용하기로 하고, 우리는 함께 설문지를 작성해 '행복 설문지'라는 제목으로 온라인상에 올려놓았다.

우리는 설문지를 내가 이사회 의장으로 있는 회사 클리어스프링 테크놀로지가 개발한 위젯에 담은 다음, 내 블로그 '테드의 선택(Ted's Take)'이나 워싱턴 캐피털스 웹사이트를 방문한 사람은 누구든 보고 퍼갈 수 있도록 해두었다. 우리가 만든 위젯은 200개 이상의 웹사이트로 퍼져나갔고, 200만 명 이상의 사람들에게 공개되었다. 행복 설문지의 전체 항목에 응답한 3500명 이상의 사람 중에 절반 이상이 자신들을 '항상 혹은 거의 대부분' 행복하다고 생각했다. '항상 혹은 거의 대부분' 행복한 그 절반이 바로 우리의 관심을 끄는 통계 집단이었다. 조사 결과 내가 이 책에서 주장하고 있는 행복의 공통 원칙이 자신을 '항상 혹은 거의 대부분' 행복하다고 생각하는 1500명의 사람들에게서도 역시 나타났다.

행복하다고 응답한 사람 중 90퍼센트가 인생의 중요한 목표를 작성할 수 있었다. 거의 60퍼센트의 사람이 모종의 심판에 직면한 경험이 있었다. 행복하다고 응답한 거의 모든 사람이 자신이 활동 중인 공동체의 이름을 하나 정도 댈 수 있었다. 그중 75퍼센트는 공동체 이름을 3개 이상 댈 수 있었다. 60퍼센트 이상이 자기표현을 위한 통로를 3개 혹은 그 이상 꼽을 수 있었다. 여기엔 일기 쓰기, 악기 연주, 알코올중독방지회 모임 참가, 춤추기, 시 쓰기, 노래하기, 기도회 참가 등이 포함되었다. 응답자 10명 중 8명은 자신을 행복하게 만들어주는 것에 대해 정기적으로 생각해보는 시간을 갖는다고 말했다. 10명 중 7명 이상은 자선 활동에 자신의 돈과 시간을 기꺼이 제공하는 상위 50퍼센트에 들어간다고 응답했다. 그리고 행복하다고 응답한 사람 중 72.6퍼센트가 자신들이 '좀 더 숭고한 소명, 혹은 인생의 좀 더 차원 높은 목적'을 갖고 있다고 말했다.

이것이 온라인 설문 조사에서 나온 결과라는 건 나도 유념하고 있다. 만약 여러분도 설문 조사에 참여하고 싶다면 비즈니스오브해피니스닷컴(www.BusinessOfHappiness.com)을 방문해보길 바란다. 여러분의 응답과 여러분보다 먼저 설문에 참여했던 행복한 통계 집단의 응답을 비교해봐도 좋을 것이다.

우리의 설문 조사에 '과학적' 유효성이 부족하다는 사실은 인정한다. 그래도 내가 행복에 대해 안다고 믿는 것이 세상 사람들의 실제 경험에 의해 뒷받침된다는 강력한 증거임에는 틀림없다. 나는 설문지를 만들어 올리고 그에 대한 응답을 읽으며 매우 멋진 시간을 보냈다. 행복 설문지에 응답해준 사람들로 이루어진 일종의 공동체에 참여하는 것은 매우 행복한 일이었다.

Happiness Lesson 1

지금 당장
인생 목록을 작성하라

내가 직면했던 심판이 여러분의 심판을 대신할 수 있으면 기쁠 것 같다. 다시 말해서 여러분이 직접 사고 비행기를 타고 비상 착륙을 하는 대신, 그저 이 책을 읽는 것만으로도 여러분의 인생과 목표를 재평가 해보고 여러분 자신의 행복을 향한 여정을 시작할 수 있으면 좋겠다는 뜻이다.

여러분의 행복 추구 여정에 필요한 장비는 전혀 없다. 하지만 일단 여러분에게 행복과 성취를 가져다줄 거라고 믿는 것들을 마음속에 그려보아야 한다. 그렇게 행복을 그려보는 과정에서 목표에 도달하기 위해 무엇이 필요한지 적어보는 것이 도움이 될 것이다. 여러분이 적어놓은 메모는 아마도 곧바로 하나의 목록이 될 것이다.

인생 목록(내가 인생에서 성취하고 싶은 목표)을 작성했다고 내가 바로 행복해진 것은 아니다. 그리고 그 목록의 성취 자체만으로 행복해진 것도 아니다. 하지만 목록을 작성한 다음, 그 목표를 달성하기 위해 끈기 있고 성실하게 노력하는 과정만큼은 나의 행복 추구에 필수적인 요소였다고 생각한다. 또한 나의 목록 속에 개인적 성장이 있어야만 (성취 가능한 목표를 포함시킴으로써) 내가 더욱 입체적이고 정말로 성공적인 사람이 된다는 사실도 잘 알고 있다.

인생 목록 작성은 행복에 대한 매우 사업적인 접근 방식이다. 당시에는 행복해질 수 있는 방법을 몰랐기 때문에 그렇게 했지만, 지나고 보니 행복을 향한 여정의 출발로 아주 적당한 방법이었던 같다. 행복을 마치 벤처 사업을 일으키는 것이나 경력을 관리하는 것처럼 성취해나가려면 확실한 목적과 조직적인 기술이 필요하다. 그러다 보면 실행 가능성이 훨씬 높아진다. 만약 여러분이 행복의 의미를 진심으로 숙고하고 거기 도달하기 위해 필요한 일과 그 구성 요소 등을 종이에 적어봤다면, 여러분은 이미 행복을 향한 여정을 시작한 것이다. 그렇게 행복을 추구하는 과정에서 여러분이 성공에 도달하게 된다면 그건 결코 우연한 횡재가 아니다.

물론 성취와는 아무런 상관 없이 그저 편안히 누워 있는 게 행복이라고 생각하는 사람도 있다. 어떤 사람들이 그리는 행복은 하루 종일 그물 침대에 누워 프루스트의 작품이나 만화책을 읽는 일일 수도 있다는 뜻이다. 그런 사람들은 아마 그물 침대를 하나 설치하고 동네 도서관에 가서 프루스트 작품을 빌려오는 걸로 충분할 것이다. 만화책은 빌려올 수 없겠지만 말이다. 그러면 행복해질 것이다. 하지만 그렇게 단순한 목표라도 일단은 배불리 먹은 다음, 그물 침대를 묶을 나무 두 그루가 있어야 한다. 결국 여러분이 꿈꾸는 행복을 성취하기 위해서는 먼저 뭔가 실질적인 계획이 필요하다는 결론에 도달하게 된다.

일단 목록을 작성하라. 지금 당장.

물론 행복한 사람이 전부 인생 목록을 작성하는 것은 아니다. 행복 설문을 통해서 우리는 행복한 사람 10명 중 4명 정도만 실제로 목록을 작성해본 경험이 있다는 사실을 알게 되었다. 하지만 적어도 마음속에 목록을 작성해두고 있다는 응답자는 그 두 배에 달했다. 이는 내가 행복한 친구들을 관찰하며 얻은 결과와도 일치한다. 전부 다는 아니라 해도 대부분의 행복한 친구들은 인생에서 성취하고 싶은 일들의 목록을 정해놓고 있었다. 그들의 목록은 대개 머릿속에 들어 있었다. 만약 그들에게 인생의 목표가 무엇인지, 그 목표를 어떻게 성취해나가고 있는지 물어본다면, 그들은 지체 없이 대답할 수 있을 것이다. 나처럼 실제로 목록을 작성해본 친구는 거의 없었지만 말이다.

나는 청중에게 연설할 기회가 있을 때마다 모두에게 인생의 목표를 목록으로 작성해보라고 제안한다. 그러면 나중에 참석자에게서 이메일을 받거나 다른 행사장에서 참석자 중 한 명을 다시 마주치게 될 때, 목표를 목록으로 작성하니까 행복을 향한 여정을 시작하는 데 많은 도움이 되더라는 말을 듣곤 했다. 사람들은 목록 작성이 자신에게 정말 중요할 일을 분류해내는 데 도움이 되었다고 말한다. 또 배우자와 함께 목록을 작성하면서 어디에 살고 싶은지, 은퇴 후의 삶의 계획은 무엇인지, 돈을 열심히 모으는 게 정말 타지마할을 보러 인도 여행을 하는 것보다 중요한 일인지, 인생의 가장 중요한 목표가 아이들이기 때문에 가족에게 모든 주의를 집중해야만 하는지 등에 대해 진지한 논의를 할 수 있는 계기가 되었다고 말한다.

인생 목록 작성은 여러분의 의식적인 욕망과 욕구를 분명히 밝히는 데 중요하다. 그뿐 아니라 여러분의 무의식적인 욕망과 욕구를 자극해 여러분이 달리고 있다고 확신하는 고속도로를 벗어나 샛길을 탐험해볼 기회를 제공할 수도 있다.

내가 '스포츠 팀 소유(농구나 하키, 혹은 풋볼)'를 목록에 넣을 당시에는 그게 나에게 얼마나 중요한 목표인지 전혀 확신이 없었다. 스포츠를 좋아하기는 했지만 그런 열망을 품는다는 게 '페라리 소유'처럼 재미있는 장난 같았다. 하지만 결국 그 목표는 그 이상의 결과를 가져다주었다. 그로부터 15년 후, 딕 패트릭이 나에게 워싱턴 캐피털스를 매입하고 싶은지 물었을 때, 아내 린이 이번 기회를 놓치면 내가 세운 목표 중 하나를 성취하지 못하게 되는 거라고 일깨워주기 전에는 그 제안을 거절했었다는 이야기는 앞에서 이미 했다. 아내의 말이 옳았다. 워싱턴 캐피털스 구단주가 됨으로써 나는 기쁨을 누렸을 뿐 아니라 스포츠 팀 구단주가 되어 투자자로서 그리고 기업가로서 나의 가장 큰 사업적 모험을 감행할 수 있었다. 팀을 인수하기 위해 AOL 주식이 폭락하기 1년 전 매우 적절한 타이밍에 주식을 팔게 되었다는 사실은 스포츠 팀을 소유하겠다는 나의 목표 성취에 더욱 큰 의미를 남겼다.

인생 목록을 작성하던 당시 내가 목표를 성취할 가능성은 전형적인 스물여덟 살 청년이 목표를 성취할 가능성보다 아마도 훨씬 높았을 것이다. 나는 이미 많은 돈을 벌어놓은 상태였다. 스포츠 팀을 소유한다는 것도 황

당할 정도로 이루기 어려운 목표는 아니었다. 하지만 기회만 오면 스포츠 팀 구단주로서 성취감을 얻고 싶다는 비전을 가지고 있었기에, 마침내 기회가 찾아왔을 때 목표를 이룰 수 있었던 것이다.

그건 내가 나의 인생 목록에 워싱턴 캐피털스나 다른 프로 스포츠 팀에서 '뛰고' 싶다고 적는 것과는 달랐다. 그런 것은 정말이지 유명한 제임스 서버(James Thurber: 미국의 유명한 작가이자 만화가-옮긴이) 이야기에 등장하는 인물로, 영웅주의와 도전하는 인생을 환상적으로 보여주는 월터 미티 (Walter Mitty: 지극히 평범한 삶을 살면서 그것이 흥분과 모험으로 가득하다고 터무니없는 공상을 하는 사람-옮긴이)의 세상에서나 가능한 일이다. 스포츠 팀을 소유한다는 것은 웅대한 포부이긴 하지만 완전히 현실과 동떨어진 환상은 아니었다.

오스카상 수상이라는 목표(88번 목표: '그래미상/오스카상/토니상/에미상 수상')는 영화 학교 근처에도 가본 적이 없는 젊은이에게는 '미티'스러운 꿈이었다. 그 목표는 나의 첫 영화 〈난징〉과 두 번째 영화 〈Kicking It〉이 선댄스 영화제에 출품되어 수상을 한 현시점에서 보아도 여전히 가장 가망 없어 보이는 목표인 게 사실이다. 〈난징〉은 심지어 오스카 후보작을 결정하는 영화아카데미(Motion Picture Academy)가 선정한 다큐멘터리 부문 수상 후보작 15편 안에 들기도 했다. 〈난징〉이 개봉될 무렵, 나는 이미 에미상을 수상한 팀의 일원이었다. 2005년 AOL이 웹캐스팅한 'Live8' 콘서트가 온라인 방송 사상 최소로 에미상을 수상하게 되었던 것이다. 또한 〈난징〉으로 피바디상(Peabody Award)을 수상하기도 했으며, 2009년 9월에는 〈난징〉으로 두 번째 에미상을 수상했다. 하지만 치열한 경쟁 수준을 고려해볼 때 아직 내 인생 목록의 오스카상 수상 항목에 체크를 할 확률은 별로 높지 않다고 봐야 할 것이다.

2005년 아이리스 장의 비극적인 죽음에 관한 기사를 읽고 70년 전 난징에서 벌어진 사건에 대해 알게 되었을 때, 나는 즉시 그 이야기야말로 내가 영화로 만들고 싶은 주제라는 생각이 들었다. 〈난징〉 제작은 내 인생에 완전히 새로운 장을 열어주었다. 행복의 종소리가 사방에서 울려 퍼졌다. 영화 제작은 나 자신을 표현할 수 있는 기회였다. 나는 새로운 공동체에 관심을 갖고 참여하게 되었다. 그중에는 제2차 세계대전 동안 난징에서 벌어진 사건을 세상에 알려지지 않은 또 하나의 홀로코스트라고 받아들이는 중국계 미국인들의 공동체도 있었다. 그런 활동을 통해 나는 사회 환원의 기회를 갖게 되었고, 궁극적으로 한층 높은 목표를 향한 길로 들어서게 되었다. 게다가 새로운 벤처 사업을 향한 길도 열렸다.

짐작하겠지만 나는 〈난징〉 제작자로서의 경험을 통해 '영화박애주의, 즉 영화를 통한 사회 공헌'이라는 개념을 창안했다. 잘못된 것을 바로잡고 불의를 세상에 공개하는 영화를 만들어 다큐멘터리 영화의 힘으로 사람들의 적극적인 행동을 유도하자는 생각이었다. 〈난징〉은 다큐멘터리 영화의 기준으로는 성공작이었다. 선댄스에 출품되었다. 극장 배급도 이루어졌다. HBO에도 팔렸고, 중국 최대 텔레비전 네트워크에서 방송되기도 했다. 상도 여러 개 받았다. 하지만 무엇보다 중요한 것은 중국 이외의 나라에서는 그 작품을 본 사람이 거의 없고, 투자금을 거의 본전만 건진 수준이라는 점이었다.

스내그필름즈는 이런 경험에서 탄생한 기업이었다. 2008년 초 스티브 케이스와 진 케이스 그리고 AOL의 고위 간부 출신인 또 다른 친구 마일스 길번을 공동 투자자로 삼아, 나는 다큐멘터리 영화 자료실 온라인 사이트를 열었다. 사용자들은 스내그필름즈닷컴(SnagFilms.com)에 직접 접속하거나 비디오 플레이어가 담긴 위젯을 각자의 블로그, 웹사이트, 페이스 북 등에 스내그 넣는 방식으로 누구나 자료실을 무료로 이용할 수 있다.

우리의 첫 목표는 망가진 배급 시스템을 바로잡는 일이었다. 저렴한 디지털 장비 덕택에 훌륭한 다큐멘터리 영화가 점점 많이 제작되고 있었다. 하지만 그런 영화를 볼 수 있는 상영관은 점점 더 줄어들고 있는 상황에서 공급과 수요까지는 아니라 해도 배급 사이의 근본적인 불균형이 존재한다. 스내그필름즈는 수천 편의 영화를 전 세계의 온라인 사용자에게 원하기만 하면 무료로 공급하는 방식으로 문제를 해결하고자 한다. 우리는 각 영화의 제작자들과 광고 수익의 일부를 공유한다.

우리의 두 번째 목표는 '영화박애주의'를 실제로 구현하는 것이다. 상영된 영화가 마음에 드는 사람은 누구든 손쉽게 영화가 상영되는 위젯을 '스내그'해 자신의 소셜 네트워크 페이지나 블로그 등의 '가상 영화관'에서 공개할 수 있다. 영화를 보고 감동받은 사람은 누구든 '자신의 픽셀, 즉 자신의 웹사이트, 블로그, 소셜 네트워크 페이지 등을 통해 소유하고 있는 온라인 공간을 기부'할 수 있는 것이다. 또한 우리는 영화를 본 사람이 영화와 관련된 자선 단체에 쉽게 금전적 기부도 할 수 있게 장치해놓았다. 스내그필름즈의 성공을 판가름할 실적 기준 목록을 작성하면서 나는 이렇게 썼다.

'100만 개의 가상 영화관 개관, 10억 번의 페이지 뷰 발생, 1조 개의 온라인 픽셀 기부.'

아직은 그 목표에 도달하지 못했지만, 계속 발전하는 중이다.

뛰어난 재능을 가진 창립자이자 CEO 릭 앨런과 함께 우리는 2008년 7월 스내그필름즈를 출범했다. 이 책을 쓰고 있는 동안 스태그필름즈는 영화 자료실에 4,000편이 넘는 영화를 보유하고 있으며, 웹상에 2만 5000개가 넘는 '가상 영화관'을 유통시켜, 네트워크 전체를 통해 매달 2억 번 이상의 페이지 뷰를 기록하고 있다. 회사 출범 첫 해에 10억 번의 페이지 뷰를 기록한 것이다. 우리는 매달 수백만 분 분량의 무료 영화를 전송한다. 우리 웹사이트에 영화를 올린 모든 다큐멘터리 영화 제작자는 각자의 영화가 얻어낸 광고 수익에 따라 수표를 지급받는다. 우리는 주요 영화제와 더불어 내셔널 지오그래픽이나 PBS(미국의 공영 방송) 같은 대형 기업들의 다큐멘터리 자료실도 개방했다. 또한 기부자들을 수백 개의 자선 단체에 연결시켜주었다. 영화박애주의는 효과를 발휘하고 있다.

내가 이 이야기를 하는 데는 앞에서 캐피털스를 어떻게 인수하게 되었는지 언급한 것과 같은 이유가 있다. 내가 성공적인 온라인 사업을 시작한 것은 우연이 아니다. 그것은 다큐멘터리 필름의 새로운 유통 방식을 만들어내는 동시에 정말 재능 있는 영화 제작자들이 사람들에게 뭔가 행동을 취할 수 있도록 영감을 주는 일을 가능하게 만들었다. 만약 그런 '이중 결산표'를 얻어내는 모험적인 사업이 어디서 어떻게 시작되었는지 알고 싶다면, 만약 이렇게 환상적인 회사가 만들어지게 된 내력을 따라가보고 싶다면, 내가 비행기 사고를 당할 뻔하고 난 뒤 여전히 덜덜 떨면서 플로리다

주 베로 비치의 수영장에 앉아 있던 바로 그날로 돌아가야 한다. 왜냐하면 바로 거기서 내가 101가지 인생 목록을 작성하는 동안 88번 목표로 '그래미상/오스카상/토니상/에미상 수상'을 꿈꾸게 되면서 이 모든 일이 시작되었기 때문이다.

정말 잠시 동안이었지만, 나는 오스카상을 수상하는 내 모습을 그려보았다. 나한테는 인생 목록에 적어 넣을 만큼 충분히 현실적인 장면으로 느껴졌다. 그로부터 몇 년이 지난 후, 일본의 중국 침략 기간 동안 벌어졌던 사건을 다룬 영향력 있는 역사서를 출판하고 난 후 자살을 선택하고 만 젊은 엄마(아이리스 장)의 사망 기사를 읽으면서 영감이 떠올랐다. 나는 영화를 만들기로 결심했다. 왜냐하면 영화 제작이란 항상 내가 해야만 할 일로 남아 있었기 때문이다.

만약 여러분의 인생 목록에 아카데미상 수상을 적어 넣었다면 영화를 만들어야 하지 않겠는가? 그래서 나는 영화를 만들었다. 그런데 다큐멘터리 배급의 어려움을 알게 되었던 것이다. 다큐멘터리의 극장 배급은 쉽지 않다. 그렇다면 영화를 온라인에서 배급하면 되겠구나. 그리고 〈난징〉 같은 다큐멘터리 영화는 대개 돈벌이가 안 되는 반면에, 세상의 불의한 면을 진실하게 집중 조명할 수 있기 때문에 그런 영화를 만드는 것은 사회적으로도 유익한 일이었다. 누군가가 그런 영화를 보고 영감을 받는 사람이 있다면 행동으로 옮기는 일도 쉬워야 한다. '영화박애주의'는 온라인을 통해 쉽게 영화를 접한 다음, 그 영화를 다운받아 자신만의 극장을 열어 주변의 친구들에게 보여주고, 그 영화와 관련된 자선 단체의 기금을 모으는 데 도움이 될 수 있어야 한다.

그래서 스내그필름즈가 태어났고, 성공을 거두었다. 그 모든 것은 내가 25년 전 인생 목록에 하나의 항목을 추가하면서 시작되었다.

자, 어서 여러분만의 목록을 작성하라.

심판은 인생의 극적이고 부정적인 사건 뒤에 찾아올 수도 있고, 그저 여러분이 적극적이고 후회 없는 삶을 살아야겠다고 진지한 결심을 하는 데서 비롯될 수도 있다. 어떤 경우든 심판은 여러분의 마음을 집중시킬 것이다. 이스턴 에어라인 항공기 안에서 직면했던 심판을 나는 아마 그전부터 어떤 식으로든 원하고 있었던 것 같다. 비행기가 착륙했을 때 나는 솔직히 겁에 질려 있었다. 나는 생각했다.

'맞아, 나는 아주 무서운 일을 당했고, 내 자신에 대한 믿음도 바닥을 쳤어. 어제 어쩌지? 어떻게 하면 남은 인생을 깊은 성찰과 더불어 원하는 것을 하며 살 수 있을까?'

나는 평화롭고 행복하고 만족스러운 상태가 아니었다. 경계경보가 울린 순간, 내가 '나'라는 인간을 전혀 좋아하지 않았던 걸 보면 확실히 알 수 있었다. 나는 성공을 쟁취하고 인정을 얻기 위해 싸웠다. 그리고 마침내 원하던 것을 손에 넣었다. 그런데 갑자기 언젠가 죽을 수밖에 없는 유한성에 직면했고 살아남기 위해 하느님과 협상을 벌여야 했다. 나는 훨씬 덜 이기적인 삶을 살면서 행복을 향해 나아가겠다는 하느님과의 계약을 지켜야 한다고 생각했다. 내가 수영장에 앉아서 적은 목록은 일종의 재밌는 장난처럼, 아마도 나를 행복하게 만들 수 있는 것들로 점수판을 만들어보자는 보잘것없는 시도였을 것이다. 하지만 내 목록에는 의도적인 균형 감각이 개입되어 있었다. 조지타운 대학교에서 진정한 충만함에 도달하기 위해서는 인생에 균형이 필요하다는 예수회의 이상을 배웠기 때문이다.

나는 높은 이상과 큰 포부를 갖고 싶었다. 어느덧 25년의 세월이 흘러 훨씬 더 성숙해진 입장에서 목록을 작성하던 시절을 돌이켜보면 자랑스러운 만큼 부끄러운 부분도 많다. 목록의 많은 항목이 소유와 물질적인 것들로 채워져 있기 때문이다. 나는 성숙한 시각으로 욕구와 가치의 우선순위를 정할 능력이 없었다. 페라리 구입은 나의 행복에 기여하는 바가 없어서 재빨리 되팔아버렸다. 페라리는 가격표가 달려 있었다. 하지만 결혼해서 아이를 갖고 가족을 보살피는 일은 값을 매길 수 없는 일이었다.

당시 내 목표는 내가 정말 죽게 되었을 때 인생 목록의 101가지 항목에 모두 체크가 되어 있어야 한다는 것이었다. 그 과정에서 행복이 쌓여갈 거라고 생각했다. 나는 내 목록에 충실했고, 이 책 말미에 실린 부록에서 볼 수 있겠지만, 내가 성취한 항목마다 되어 있는 체크 표시가 암시하듯 이제 목표의 완성에 거의 가까워졌다. 참, 아직 우주여행은 떠나지 못했다. 하지만 누가 알겠는가? 리처드 브랜슨(2004년부터 민간 우선선 프로그램에 착수한 버진 그룹의 회장)이 우주여행 서비스를 제공할 예정인 데다 나는 아직 비교적 젊은 편이니까 말이다.

나는 체계적인 계획을 세워 포부를 달성하는 인생을 살아왔다. 여러분도 그래야 한다고 생각한다. 목록이 길 필요는 없다. 목록을 달성하는 시점에 여러분은 이미 여러분을 행복한 인생으로 인도해줄 항목의 절반 이상을 성취한 상태일지 모른다. 나는 목록을 작성할 때 결혼 전이었다. 여러분은 이미 결혼을 하고 아이가 있을 수도 있다. 그렇다면 여러분 목록의 가족 항목은 목록을 작성하기도 전에 이미 체크가 되어 있을 것이다.

  나도 처음 목록을 작성하던 시점에는 내가 성취하려는 목록이 그 자체가 목적이 아니라, 행복이라는 궁극적인 목표를 도달하기 위한 수단이라는 것을 제대로 이해하지 못하고 있었다. 인생의 목표를 작성할 때 여러분이 이미 성취한 것과 앞으로 성취해야 할 것을 모두 포함시켜라. 벌써 마라톤 경주를 해봤는가? 목록에 적고 옆에 체크 표시를 하라. 왜냐하면 마라톤 훈련을 하는 동안 확신컨대 그 기나긴 달리기 연습을 여러분 인생의 중요한 사건으로 추가하며, 영원히 간직할 소중한 추억으로 여겼을 테니 말이다.

  인생 목표가 적힌 목록을 가능한 한 여러 차원에서 검토해보라. 가족을 위해 이루고 싶은 꿈과 관련이 있는 목표를 적으라. 여러분의 경력을 여러분의 야망이 원하는 곳으로 인도해줄 만한 목표를 적으라. 여러분이 보고 싶은 곳, 읽고 싶은 책, 습득하고 싶은 기술 등 여러분 인생의 폭을 넓혀줄 만한 인생의 목표를 적으라. 기발한 생각도 덧붙여라. 인생은 항상 뭔가 별난 목표가 필요하니까 말이다. 누가 알겠는가? 그 목표를 다 이룰 수 있을지도 모른다.

  '행복 설문'에 대한 응답을 보면, 응답자 중 상당수가 자기 개선에 대한 강렬한 열망을 이야기한다. 살을 빼거나 담배를 끊고, 불행한 결혼생활을 청산하거나 더 나은 직업을 찾는 등 말이다.

  인생 목록 작성을 통해 여러분이 인생에서 원하는 것과 필요로 하는 것을 분명히 알 수 있을 것이다. 그런 목표를 성취한다고 해서 꼭 행복해지지 않을 수도 있다. 하지만 나를 비롯해 내가 아는 행복한 사람들은 모두 공통적으로 뭔가를 성취하기 위한 여행을 떠났고, 그 여행을 통해 직간접적으로 행복을 측정해봤고, 그렇지 않았을 경우보다 더욱 성공적인 사람이 되었다.

여러분의 목록을 작성하라. 나는 진심으로 돕고 싶다!

비즈니스오브해피니스닷컴(www.BusinessOfHappiness.com)을 방문해보길 바란다.

인생 목록을 작성할 때 주의할 점

1. 당신의 재능과 기회, 자원 등을 고려할 때 당신이 인생에서 성취하고 싶은 것들은 현실성이 있는가?
2. 각 항목의 성취가 당신을 얼마나 행복하게 만들까?
3. 당신의 목록은 당신 인생의 동반자가 자신의 인생에서 원하는 것과 일치하는가?
4. 목록의 항목을 전부 성취하지 못하면 후회를 할 정도로 각 항목에 강렬한 열망을 가지고 있는가?
5. 그 목표를 성취하는 데 정말로 진지한가, 아니면 그저 칵테일파티에서 수다나 떨 만한 소재일 뿐인가?

Happiness Lesson 2

다양한 공동체에 관심을 기울여라

내가 AOL에 입사했을 무렵 미국에서 가장 인기를 끌고 있던 텔레비전 쇼는 〈치어스〉였다. 보스턴에 위치한 '모든 사람이 여러분의 이름을 아는' 어떤 바에서 벌어지는 사건을 그린 시트콤이었다. 한 중요한 에피소드에서 4명의 손님이 각자 자기 생각에 깊이 빠진 채 다른 손님과 말 한마디 없이 앉아 있던 장면이 기억난다.

테드 댄슨이 연기한 샘 맬론은 아마도 미국인의 기억 속에 시대를 통틀어 가장 위대한 바텐더로 남아 있을 것이다. 이 에피소드에서 샘은 바에 앉아 있는 손님들이 서로를 외면한 채 고립되어 있는 것을 알아차리고는 텔레비전을 틀고 보스턴 레드 삭스의 야구 경기에 채널을 고정한다.

"제 생각에 올해는 정말 레드 삭스의 한 해가 될 것 같은데요, 놈?"

그는 손님 중 한 사람에게 묻는다.

"어떻게 생각하세요?"

놈이 이야기를 시작하자 그의 옆에 앉아 있던 남자가 놈의 말에 대해 자기 의견을 밝힌다. 그리고 나자 손님 4명 모두 자신들이 사랑하는 레드 삭스 팀에 대해 이야기를 나누기 시작한다. 하나의 공동체가 형성되고, 샘은 손님들에게 맥주를 한 잔씩 따라준다. 그리고 4명의 손님이 함께 노래를 부르는 장면에서, 중간 광고 화면으로 넘어간다.

〈치어스〉는 단순한 코미디 작품이지만 매우 중요한 점을 한 가지 시사하고 있다. 만약 여러분이 주변 사람들로부터 분리되어 혼자만의 생각에 빠져 있으면 행복을 누리기 어렵다는 점 말이다. 물론 가끔씩은 혼자만의 생각에 빠져 있는 것이 필요할 때도 있지만 그건 제대로 사는 게 아니다. 어떤 식으로든 주변 공동체와 연결되어 있어야 여러분의 행복 가능성이 더 커진다. 샘의 경우는 간단히 콘텐츠(레드 삭스의 야구 경기라는 텔레비전 방송)를 활용해 하나의 공동체를 만들어냈고, 그것이 바 안에 행복을 만들어내고 거래를 활성화시켰다.

손님 4명이 각자 자기 자리에서 맥주를 홀짝이는 바와 사람들이 함께 모여 앉아 노래를 부르는 바, 과연 어떤 바가 더 성공적이겠는가?

나는 1994년 AOL에 합류하고 나서, 모든 직원에게 우리는 자신을 샘 같은 바텐더라고 생각해야 한다고 말했다. 나는 여러 차례 연설을 하면서 샘과 레드 삭스 이야기를 했고, 우리가 할 일은 바로 샘이 자신의 바에서 했던 것처럼 여러 가지 공동체를 형성하는 것이라고 설명했다. 나는 이런 식으로 말했다. 우리는 콘텐츠를 통해 커뮤니티를 활성화한 다음 그것을 통해 다시 거래를 활성화해야 한다. 〈치어스〉의 바에서 바로 그런 일이 벌어졌던 것이다.

AOL이 그 정도 성공을 거둘 수 있었던 것은 커뮤니티 덕분이었다. AOL 자체가 하나의 거대한 공동체였고, 그 안에서는 그저 다른 사람의 스크린 네임만 찾으면 간단히 서로 대화를 나눌 수 있었다. 다른 도메인 네임 따위는 필요 없었다. '모든 사람이 여러분의 이름을 아는' 바로 그런 곳이었다. AOL 커뮤니티 내에는 관련성과 흥미, 필요 등에 따라 수천 개에 달하는 소규모 공동체가 세분되어 있었다.

그러고 나서 AOL은 AIM(아메리카온라인 인스턴트 메신저)을 통해 회원들이 다양한 공동체를 가족, 직장, 사교 모임 등 여러 그룹으로 분류할 수 있게 만들었다. 사소한 기능으로 보이지만, AOL이 사용자들로 하여금 각자 원하는 하위 공동체를 구축하게 만든 방법 속에는 마법이 숨어 있었다. 왜냐하면 그 기능을 통해 사람들은 자신이 참여하고 있는 다양한 공동체에 대한 생각을 정리하고 관리해나갈 기회를 가질 수 있었기 때문이다. '버디 리스트'를 관리하는 것은 자신이 활동하는 공동체를 적극적으로 관리한다는 의미였다. AIM은 사교적 및 사업적으로 모두 유용한 도구로 널리 확산되었고, AIM의 성공을 통해 AOL은 더욱 큰 '네트워크 효과'를 누리게 되었다. '네트워크 효과'란 다수의 사람이 하나의 네트워크에 참여하게 되면, 그곳에 사람이 많다는 이유만으로 다른 사람도 자연스럽게 그 네트워크에 가입하게 되는 효과다. 최고의 선순환이라고 할 수 있다. AIM 때문에 자기 회사의 커뮤니티가 축소된다고 여기는 마이크로소프트나 야후!의 직원은 그렇게 생각하지 않겠지만 말이다.

인터넷 초창기부터 공동체를 형성하고자 하는 인간의 타고난 본능은 웹상에서 가장 규모가 큰 사업체의 성공을 가능케 했다. 페이스북은 거대한 커뮤니티를 구축했다는 점에서 AOL의 자연스러운 계승자로 볼 수 있으며, 처음에 AOL이 개발했던 많은 도구를 기반으로 만들어졌다. 친구 찾기, 메신저, 이메일, 개인화(personalization: 웹 사이트에서 사용자 개인의 특성과 기호에 맞게 페이지 화면을 편집해 볼 수 있는 기능-옮긴이), 관심 있는 커뮤니티에 대한 적극적인 관리, 자기 정보를 제공하는 도구 등이 전부 그런 경우다. 대부분의 진정한 온라인 현상이라 불리는 것들은 적어도 일정 부분 커뮤니티라는 개념에서 추진력을 얻고 있다.

트위터는 사람들이 스스로를 표현하게 해준다. 또한 여러분이 누군가를 팔로하면서 하나의 커뮤니티를 결정해 참여하면, 그 커뮤니티의 다른 구성원들이 다시 여러분을 팔로한다는 개념에 근거를 두고 있다. 트위터가 자기표현의 수단인 동시에 적극적인 비즈니스 도구가 되고 있는 현실을 보면, 가장 현명한 기업은 이미 사업의 성공이 하나의 커뮤니티에 정보를 제공하고 사람들의 적극적인 참여를 유도하는 일에 좌우될 수 있다는 사실을 깨달았다고 볼 수 있다.

이베이는 단순히 상품이 경매되는 장소가 아니다. 처음부터 이베이에는 구매자와 판매자로 구성된 커뮤니티가 있었다. 커뮤니티 내에서 판매자가 받은 판매 등급은 판매자의 상품과 다른 누군가의 상품이 경쟁하는 상황에서 어느 쪽이 구매자의 선택을 받는지에 큰 영향을 미친다.

워싱턴 캐피털스 웹사이트는 단순한 홍보와 정보 전달의 수단이 아니라 활기찬 커뮤니티 허브 기능을 하고 있다. 사실 가장 성공적인 스포츠 사이트 중 상당수가 스포츠 팬은 가족 같은 관계를 맺고 있는 특정 커뮤니티의 일원이라는 생각을 중심으로 만들어졌다.

같은 현상이 가수와 밴드들에게서도 점차 나타나고 있다. 그들의 웹사이트나 마이스페이스 페이지는 수많은 팬들이 모이는 커뮤니티의 중심 역할을 한다. 팬클럽이라는 전통적인 개념이 온라인으로 옮겨왔으며, 밴드의 커뮤니티를 구성하는 회원들은 정보와 루머를 공유하고, 신곡을 가장 먼저 접하며, 밴드의 다음 공연 장소를 먼저 알게 되고, 때로는 티켓이 세일에 들어가는 시기를 미리 통지받는 등의 특별한 혜택도 누린다.

애플처럼 헌신적인 추종자를 거느린 제품들은 상품 및 가입된 서비스에 대한 새로운 소식과 정보를 분석하는 온라인 커뮤니티가 있다. 커뮤니티들은 새로운 제품에 대한 긍정적 혹은 부정적 평가를 내릴 수 있다. 또한 소비자가 새 제품을 본격적으로 사용할 때 직면할 수 있는 문제점에 대해 엄청난 기술적 정보를 제공하는 원천이 되기도 한다. 가장 현명한 기업은 이미 이것을 이해하고, 커뮤니티를 마케팅 및 고객과의 의사소통에 활용하고 있다.

소셜 네트워크를 활용하는 도구는 커뮤니티에서 상업적 효과를 이끌어 낼 수 있게 해 준다. 아마존이나 아이튠스(iTunes)가 '그들의 커뮤니티'에서 다른 사람들이 구매하는 책이나 음악을 추천하는 경우처럼 말이다. 사실 온라인 혁명의 가장 위대한 측면 중 하나는 커뮤니티의 추천이 음악이나 영화, 도서 등에 대한 입소문을 통해 인기를 불러일으키면서 전통적인 전문가들의 추천을 대신하게 된 방식이다. 수천 명의 사람에게 리빙소셜 닷컴(LivingSocial.com)은 무엇을 읽고 무엇을 들을까라는 문제에서 〈뉴욕 타임스〉 도서 리뷰나 〈롤링 스톤〉보다 훨씬 의미 있는 권위를 행사하고 있다. 다른 사람과 연결되고 싶다는 우리의 본질적인 욕구는 인터넷이 그토록 빨리 필수품이 된 중요한 이유 중 하나이다.

내가 AOL에서 보낸 마지막 해에 우리는 그동안 잃어버렸던 마법을 매우 성공적으로 되찾고, AOL을 인터넷 접속을 기반으로 하는 기업에서 사용자를 참여시키고 즐겁게 만드는 일을 기본으로 하는 기업으로 변신시켰다. 지금은 고인이 된 친구로 NBC 방송국 사장을 역임했던 브랜든 타티코프가 미국 드라마에는 항상 다음과 같은 3가지 행동이 있다고 말해준 적이 있다. 아이가 훌륭한 일을 해서 성공을 쟁취한다. 아이가 비틀거리다 쓰러진다. 아이가 회복해 다시 일어선다. AOL은 이 시퀀스를 완성하는 단계로 접어들었고, 다시 일어서는 중이었다.

AOL은 기업 강령을 시대에 맞게 변경할 시점에 와 있었다. 1990년대 초에 우리는 AOL의 임무를 '전화나 텔레비전처럼 사람들의 일상생활 중심에 있으면서도-그보다 훨씬 더 가치 있는 글로벌 매체를 구축하자'라고 정했었다. 자, 그 임무는 완수했다. 이제는 세 번째 행동, 즉 회복에 들어갈 차례였다. 그에 걸맞은 새로운 강령이 필요했다.

2006년, 존 버클리와 나는 마음을 함께하는 몇 명의 동료와 함께 AOL의 강령을 새로 만들었다. '세계에서 가장 크고 사람이 많은 커뮤니티를 제공하자.' 이 말에는 약간 과장도 섞여 있었지만, 그렇게 현실성 없는 이야기는 아니었다. 당시 AOL 네트워크는 미국 내에서만 매달 1억 1000만 명의 '순방문자' 수를 기록했고, 전 세계적으로는 '순방문자' 수가 2억 명에 달했다. 우리는 미국 내 순방문자 수가 구글보다 많았고, 야후!와 정확히 같은 수준이었다.(국외에서는 야후!의 사용자 수가 더 많았다.) 우리가 커뮤니티를 성공의 중심 요소로 본 것은 우연이 아니었다. 커뮤니티는 항상 AOL의 성공에서 중심 역할을 했다. 2007년 초 존 밀러를 비롯해 수많은 직원이 AOL을 떠나고 난 후 타임워너가 바로 그 점을 간과하는 바람에 회사를 위험에 빠뜨리고 말았다.

인터넷은 전 세계적 커뮤니티로서 수백만 개에 달하는 좀 더 작은 규모의 커뮤니티로 구성되어 있다. 관심사가 같은 사람들 사이에 커뮤니티라는 느낌을 키워주는 것이 바로 인터넷의 위대한 능력 중 하나이다. 개인들에게 커뮤니티 안에서 서로 연결될 수 있는 능력을 제공하는 것은 인류에 대한 인터넷의 중요한 기여 중 하나이다. 다양한 커뮤니티에 참여하는 일은 본능적으로 행복해지고자 하는 인간의 욕망과 관련이 있으며, 내가 아는 행복한 사람들의 공통된 원칙 또한 관심을 끄는 다양한 공동체에 참여하는 일이다. 나는 그 이유를 다음과 같이 생각한다.

어린아이는 세상에 태어나 하나의 공동체에 소속된다. 아마 그 첫 번째 공동체의 구성원은 엄마 아빠 2명밖에 없을 것이다. 지구상에 등장하는 첫 순간부터 우리는 자신이 소속된 공동체에서 생명을 유지하는 데 필요한 모든 것과 행복을 구하게 된다.

우리는 한 인간으로서 다른 사람과 관계를 맺게 되어 있다. 우리의 첫 번째 공동체는 직계 가족으로 이루어지지만, 거기에서 종종 일가친척으로 확대된다. 교회나 학교에 갈 무렵이면 이미 다양한 공동체에 발을 담근 상태이다. 가족은 집짓기의 기본 블록이다. 운이 좋은 사람은 어릴 때와 마찬가지로 성인이 된 다음에도 가족이 그런 역할을 해주기도 한다. 그 핵심적인 집짓기 블록을 시작으로 우리는 다른 것들을 쌓아올린다. 그리고 더 많은 집짓기 블록에 기초할수록, 행복하고 성공적인 사람으로 높이 올라갈 가능성이 더 커진다.

어린 시절과 학창 시절을 지나면서 우정을 쌓고, 스포츠 팀에 참가하고, 리틀 리그, 합창단, 스페인어 공부 모임, U2 팬클럽 등 다양한 관심사에 따라 여러 가지 활동에 참여한다. 대학에 들어가면 사교 모임과 수강하는 과목에 따라 형성되는 급우들, 공통 관심사에 따라 조직되는 동아리 등에 적절하게 참여하며 활동하는 방법을 배운다.

직장 생활이 시작되면 비즈니스 관계가 추가된다. 동시에 아직까지 인생의 여러 단계를 통해 알게 된 여러 친구들과도 관계를 유지하기 위해 노력한다. 누군가를 만나 사랑에 빠지면 갑작스럽게 연인의 가족부터 시작해 연인이 참여하고 있는 공동체에 합류하게 된다. 상대방 역시 마찬가지다. 자녀가 생기면 아이의 학교나 스포츠 행사 등에서 보내는 시간을 통해 아이 친구들의 부모와 접하게 되면서 갑자기 공동체가 아이의 공동체를 중심으로 형성된다.

나중에는 같은 관심사를 공유하는 사람들에게 끌린다. 좋아하는 팀이나 브랜드와 관련된 게시판에 글을 올리기도 한다. 아마 페이스북에 가입해 좀 더 큰 페이스북 커뮤니티 내부의 다양한 하위 커뮤니티에 참여할지도 모른다. 정기적으로 만나는 친구들과 카드놀이를 하고 스키를 타러 가고, 그냥 책을 읽기만 하는 게 아니라 도서 클럽에도 가입한다. 직업적으로도 회사 외부 사람 중 여러분이 하는 일에 뭔가 통찰력을 보여주는 사람과 긴밀한 관계를 유지하며 정기적으로 점심 식사를 함께한다. 의식을 치르듯 친구의 생일 파티를 열면서 친구 주변의 사교적인 네트워크에서 밀려나지 않도록 노력한다.

내가 아는 가장 행복하고 성공적인 사람들은 공통적으로 몇 개의 서로 다른 공동체에서 자기 역할을 해낼 능력이 있을 뿐 아니라 진심으로 그걸 즐긴다. 최고 중에서도 최고는 공동체를 서로 연결해주는 사람들이다. 데이터가 아니라 사람들을 서로 연결시켜주는 '가상 파일 서버'라 할 수 있는 사람들 말이다. 이 점을 고려하면, 한 사람의 행복 수준을 다른 사람과 비교해 측정하는 일은 각각의 사람이 참여하고 있는 공동체의 숫자를 단순히 곱하는 것보다 복잡한 일이라는 생각이 든다. 한 사람이 다른 사람보다 더 행복한지 여부를 제대로 조사하기 위해서는 하나 이상의 공동체에 얼마나 열성적으로 참여하는지, 한 공동체와 다른 공동체 사이를 얼마나 기민하게 이동하는지 그리고 각 공동체를 하나로 묶을 수 있는 융합 기술이 얼마나 뛰어난지 등을 모두 고려해야만 한다.

참여하는 공동체를 관리하는 것은 저절로 되는 게 아니다. 참여하고 있는 네트워크가 모두 독립적인 동시에 때로는 겹치기도 한다는 개념을 인식하고 있어야 한다. 여러 공동체 사이를 물 흐르듯 자연스럽게 옮겨 다니는 일이 다른 사람보다 훨씬 쉬운 사람들이 있다. 주의를 기울여 여러 공동체에 참여하다 보면 친구를 사귀고, 만족을 얻고, 당연히 성공을 이룰 가능성이 높아진다고 생각한다.

만약 여러분이 어떤 행사나 파티에 참석했는데, 거기서 아직까지 살아오면서 혹은 직장 생활을 하면서 만났던 그리고 여러 사교 모임에서 만났던 친구들을 보게 된다면 굉장히 즐거운 시간을 갖게 될 확률이 높아진다. 반면에 같은 행사에 참석했는데 아는 사람이 아무도 없다면, 물론 새로운 사람을 만나 좋은 시간을 가질 수도 있고 그렇지 못할 수도 있지만, 어쨌든 마음이 편안한 느낌은 덜 들 것이다. 내 생각에 그 행사장에서 가장 행복하고 성공적인 사람은 아마도 자신의 사교적인 네트워크가 가장 많이 겹치는 사람일 듯싶다. 그런 사람은 행사장 내에서 다양한 무리와 가장 잘 섞여들면서 각 무리의 사람들을 서로서로 소개해줄 수 있을 것이다. 나는 그런 일을 할 수 있는 사람이야말로 자신의 직업에서도 가장 성공적일뿐더러 가장 행복한 사람일거라고 생각한다.

나로 말하자면, 나의 공동체들은 일단 직계 가족과 친척들 그리고 뉴욕과 매사추세츠에서 함께 자란 친구들에서 시작된다. 함께 조지타운 대학을 다녔던 동기들도 있는데, 내가 여전히 대학 일에 적극적인 관계로 나한테는 중요한 공동체 중 하나이다. 그리고 내가 설립했거나 투자했던 신생기업의 이사회에 처음 소속되었을 때부터 시작된 비즈니스맨으로서의 삶도 있다. 또한 내가 소유한 스포츠 팀과 그 팀 내부 또는 외부의 온갖 관련자들, 투자자에서 은행가, 선수에서 스태프, 언론, 팬들에 이르기까지 많은 사람이 있다.

이런 식으로 생각하기 시작하면 자신이 소속된 모든 공동체를 포함하는 동심원을 그릴 수 있다. 만약 여러분이 매우 다양한 분야에 관심을 기울이는 타입이라면 자신이 그린 동심원을 보고 약간 놀랄 수도 있다.

나는 창조적인 일에도 종사하고 있어 영화를 만드는 사람들하고도 알고 지낸다. 또 자선 사업에도 참여하고 있으며 물심양면으로 지원하는 조직도 있다. 이런 식으로 계속 확대되는 관심사와 친구, 공동체가 있다. 하지만 잘해나가고 있다. 나는 그런 공동체에 관심을 기울이는 일이 얼마나 중요한지 분명히 인식하고 있으며 각 공동체와의 관계를 잘 관리하기 위해 노력하고 있다. 나도 내가 활동하는 공동체들의 동심원을 그려보았다. 그리고 당연히 더 많은 친구와 더 많은 동심원이 있을수록, 내가 더 행복하고 성공적인 사람이 된다고 믿는다.

한 번은 내가 아는 가장 성공적인 경영자에 대한 글을 한 편 써달라는 부탁을 받은 적이 있다. 나는 주저 없이 조지타운 대학교의 존 J. 드지오이아 총장을 꼽았다. 존의 탁월한 리더십 하에 조지타운 대학교의 모든 성공 지표가 상승했다. 학교 순위와 기부금 모금액이 모두 현저히 높아졌다. 조지타운 대학이라는 복잡한 조직의 리더로서 보여준 존의 가장 훌륭한 기술은 그가 다양한 공동체들과의 관계를 정립해나가는 방법이었다. 존이 속해 있는 수많은 세계를 생각해보라. 로마, 워싱턴 대교구, 예수회, 조지타운 대학교의 온갖 다른 종파, 거기다 학생, 교수, 직원, 학부모, 졸업생, 운동선수, 빅 이스트 컨퍼런스, 조지타운 주민, 워싱턴 D. C., 학자, 정치가, 기업, 스폰서, 기부자 등등을 말이다. 그뿐 아니라 존은 로스쿨, 경영 대학원, 의과 대학, 국제관계 대학원 등도 관리해야 한다. 학생, 학부, 졸업생, 학부모, 예수회 교단, 조지타운 주민, 워싱턴 D. C. 등과 시간을 보내고, 거기서부터 또 바깥쪽으로 회전하며 확대된다. 원 안에 원, 다시 그 안에 원이 들어 있는 셈이다. 잭은 조지타운 대학교 총장직을 너무 훌륭히 수행하고 있다. 정말 행복한 남자다. 그 이유는 존이 이와 같은 동심원 안에 몰입하는 걸 즐겁게 생각하기 때문이다.

지금쯤 짐작했겠지만, 나는 외향적인 사람이다. 그리고 세상에는 유난히 남보다 사교성이 좋은 사람이 있다는 것도 알고 있다. 그렇다고 해서 내성적인 사람, 혹은 선천적으로 수줍은 사람이 외향적인 사람보다 덜 행복할 운명을 타고났다는 얘기는 절대 아니다. 다양한 공동체에 기가 막히게 잘 적응하면서 한껏 행복을 누리는 내성적인 사람도 있다. 마찬가지로 오히려 불꽃처럼 외향적인 성격 탓에 공동체 내에서 환영받는 기술을 제대로 익히지 못해 원하는 행복을 성취하지 못하는 사람도 있다.

여러 가지 면에서 내 친구 스티브 케이스(AOL 창립자)는 내성적인 사람이다. 언론에서는 스티브를 '냉담한' 사람으로 묘사하거나, 조금 잘 봐주면 '수줍은' 사람으로 묘사하곤 했다. 수줍음을 타든 말든 스티브는 지난 50년간 등장한 가장 성공적인 기업가 중 한 명이다. AOL이 대중 시장에서 하나의 현상이 될 정도로 성공을 거둔 것은 스티브의 비전과 추진력 덕분이었다. AOL의 성공에는 여러 가지 이유가 있었지만, 무엇보다 결정적인 요인은 내가 AOL에 합류하기 이전부터 스티브가 이미 인간은 좀 더 넓은 공동체에 참여하고자 하는 욕구가 있음을 간파하고 있었다는 점이다. AOL을 이른바 인터넷 정보 제공자(ISP)라는 다른 기업들과 차별화했던 것은 바로 AOL이 운영하던 다양한 온라인 커뮤니티들이었다.

언론은 스티브를 냉담하다고 평할지 몰라도 내가 지난 16년간 알고 지내온 바에 의하며 그는 행복한 사람이다. AOL의 회장이자 CEO로서 스티브는 AOL이라는 공동체와 깊고도 진실한 관계를 맺었다. 낯선 고객들과 이메일을 주고받고, 새로운 가입자들에게 환영 메일을 보내고, 공동체를 유지해주는 여러 가지 다른 활동에 참여했다.

나는 최근에 스티브에게 그가 참여하고 있는 여러 공동체의 목록을 작성해달라고 요청했다. 스티브가 작성해준 목록을 살펴보면 그가 왜 행복한 사람인지 금방 눈치챌 수 있다. 스티브의 동심원은 자신의 부모님과 형제들 그리고 자신이 성인이 되어 이룩한 가정에서 시작된다. 거기에는 현재 함께 일하는 동료 및 레벌루션(Revolution)의 식구들도 포함되어 있다. 레벌루션은 스티브가 AOL에서 물러난 후 새로 시작한 사업으로, 건강과 금융 서비스, 여가 활동 분야에서 새로운 변화를 불러오기 위해 노력하고 있는 기업이다. 또한 스티브와 그의 아내 진이 케이스 재단을 통해 맺어온 광범위한 인맥과 재단에서 함께 일하는 동료들도 있다. 그는 자신이 졸업한 하와이의 푸나우 고등학교와 윌리엄스 대학을 포함해 다양한 동문회에도 관여하고 있다. 스티브와 푸나우 고등학교 동문들은 작년에 역시 동문인 버락 오바마가 미국의 제44대 대통령으로 당선되자 경축 행사를 열었다.

AOL의 퇴사자 모임도 빼놓을 수 없다. AOL 직원들은 아마도 자신이 종사했던 산업의 특성 때문이겠지만, 최소한 온라인상에서는 지속적으로 긴밀한 접촉을 유지하는 경향이 있다 우리 직원들 대부분이 페이스북을 통해 서로 연락을 유지한다는 사실이 약간 아이러니컬하지 않은가? 아니면 그저 우리가 시작했던 일이 어느덧 그만큼 발전했다는 의미로 받아들여야 할까? 물론 스티브의 페이스북 친구들도 있고, 트위터 커뮤니티 사람들도 있다. 스티브는 또한 자기 고향인 하와이에서도 적극적으로 활동하고 있기 때문에 하와이의 비즈니스 커뮤니티를 자신이 가장 관심을 기울이는 공동체 중 하나로 꼽았다. 끝으로 스티브와 진이 다니는 교회와 자녀들이 다니는 워싱턴 D. C.의 학교를 중심으로 형성된 아이 친구들과 학부모들의 네트워크도 있다.

스티브가 참여하고 있는 공동체 목록은 그에 대해 많은 것을 보여준다. 무엇보다 중요한 점은 그 목록을 통해 스티브가 '거의 항상' 행복하다고 말하는 이유가 무엇인지 깨달을 수 있다는 것이다. 그는 수많은 행복한 사람들에게 가장 중심적인 원이라고 할 수 있는 가족과 매우 친밀한 관계를 유지하고 있다. 인생의 각 단계에서 사귄 친구들과도 인연의 끈을 놓지 않았다. 언론에서 '냉담'하다고 평가하는 사람치고는 고등학교, 대학교, 사업에서의 성공, 직면했던 여러 어려움까지 포함해 자신의 인생 여정을 스치고 지나간 많은 사람들과 정말 긴밀한 관계를 유지하는 것 같다.

내성적인 사람도 회사, 교회, 사교 모임 등에서 조용하면서도 모두의 사랑을 받는 존재가 될 수 있다. 반면에 외향적인 사람이 오만하고 무례하게 굴다가 사람들로 하여금 등 돌리게 만드는 경우도 있다. 정말 중요한 것은 인생을 구성하는 다양한 공동체에 진심으로 참여하는 방법을 개발하는 것이다. 내가 주장하는 것은 가장 행복한 사람은 어떤 공동체에서든 편안한 자기 역할을 발견하는 사람들이라는 점이다. 꼭 리더가 되거나 가장 목소리 큰 사람이 될 필요는 없다. 다만 공통의 목표를 추구하는 타인들과 함께 하는 삶의 혜택을 즐길 줄 아는 사람이 되어야 한다.

바로 그런 이유 때문에 AOL 전성기에 약 1억 명의 사용자가 최초의 온라인 소셜 네트워크에서 AOL 메신저를 사용했던 것이고, 현재 페이스북의 회원 수가 3억 명에 달하고 있는 것이다. 두 경우 모두 사람들은 자신이 편안한 수준에서 커뮤니티에 참여할 수 있다. 메신저와 페이스북을 모든 사람이 사용하는 건 아니다. 하지만 어떤 형태로든 공동체 활동에 참여하는 것은 필수적이다. 내가 아는 가장 행복하고 성공적인 사람들은 공식 및 비공식 사교 네트워크에서 편안하게 인관관계를 관리할 줄 아는 사람들이다. 참여하고 싶은 네트워크를 적극적으로 찾아가는 사람들이 참여를 망설이는 사람들보다 훨씬 성공 가능성이 높다.

내가 AOL에 합류하고 얼마 지나지 않았을 때, 예전에 바텐더로 일한 경험이 있는 직원 한 명이 들어왔다. 사람들을 자연스럽게 서로 편안한 사이가 되게끔 만들어주는 재주가 있는 친구였다. 모두들 그 친구를 좋아해서 어떻게든 발전할 수 있게 도와주려 했고, 그는 마침내 AOL의 스포츠 채널을 담당하게 되었다. 정말 사람들과 잘 지내던 그 친구는 얼마 후 사내 소프트볼 리그를 결성했다. 몇 주가 지나자 AOL의 전 부서가 서로 경기를 하게 되었다. 그는 AOL 사옥에서 가까운 곳에 살았는데, 하루는 자기 교회의 소프트볼 팀과 AOL의 소프트볼 팀이 경기를 갖게 해달라고 청했다. 조금 지나자 AOL 소프트볼 팀은 드넓은 런던 카운티에 있는 온갖 팀들과 경기를 벌이게 되었다. 결국에는 그 소프트볼 선수 중 거의 10여 명 이상을 회사에서 채용하는 일이 생겼다. 우리는 그 선수들의 커뮤니티를 회사 안으로 들여옴으로써 그들의 행복까지 끌어들였다. 젊은 직원 한 명이 공동체를 기가 막히게 단합시키는 모습을 보고 모두들 충격을 받았던 기억이 난다. 그는 정말 행복해 보였고 굉장히 훌륭한 직원이 되었으며, 마침내 젊은 나이에 수백만 달러를 번 자산가가 되어 AOL을 퇴직했다.

사교적이라는 이유만으로 반드시 백만장자가 된다는 의미는 아니다. 하지만 가족과 친구, 사업상 관계자들과의 긍정적 관계는 행복이라는 집을 짓는 기본 블록이라는 연구 결과를 뒷받침해주는 일화라 할 수 있다. 그럼 다음에 무슨 이야기가 나올지 뻔하지 않은가? 똑같은 사실이 성공에도 적용된다.

로버트 레드포드는 이 책에 소개하는 모든 원칙을 구현하고 있는 인물이다. 그를 처음 만난 것은 3년 전이었는데, 당시 30분 정도로 예정되었던 로버트와의 만남은 긴 대화로 이어졌다. 그 이후로도 몇 차례 더 만날 기회가 있었다.

레드포드는 시대를 통틀어 최고의 무비 스타 중 한 명이다. 그는 창조적인 예술가이자 배우이며 오스카상을 수상한 감독이기도 하다. 무비 스타로서 돈도 많이 벌었지만, 그는 할리우드 주변 30마일 반경, 일명 'TMZ(Thirty Mile Zone)' 안에 고립되어 있는 느낌이 들어 별로 행복하지 못했다.

그는 다른 예술가나 젊은 영화 제작자들과 일하는 순간이 가장 행복했지만, 할리우드 시스템 안에서는 자신이 꿈꾸는 종류의 커뮤니티를 육성할 방법이 없었다. 다행히 그동안의 성공적인 삶을 통해 성취한 것들 덕분에 감독과 배우, 제작자들의 지식과 경험을 독립적이고 활기찬 영화 제작자와 예술가라는 공동체 안에 하나로 모아 서로 멘토 노릇을 하며 창의성을 계발하자는 신념을 가지고 '선댄스'를 세울 수 있었다. 선댄스는 로버트 레드포드의 직장과 가정 사이에 있는 제3의 장소였다.

선댄스에 오면 레드포드는 산에 오르고 승마와 스키를 즐기며 자신이 설립한 예술가들의 공동체 안에서 작업을 하며 지낸다. 그는 사회에서 받은 것을 사회에 환원하고 있으며, 자신의 좀 더 숭고한 소명을 발견했다. 처음 만나 대화를 나눌 때, 그는 나에게 이런 말을 했다.

"저는 영화에 출연할 수도 있고 감독으로서 영화를 만들 수도 있습니다. 하지만 제가 수천 명의 젊은 예술가와 영화 제작자들의 마음을 움직였다는 사실이야말로 저의 진정한 유산으로 남을 것입니다. 저는 수천 편의 영화를 좀 더 넓은 공동체에 소개할 것이고, 그런 일들을 통해 훌륭한 비즈니스를 이루어나갈 것입니다."

로버트 레드포드를 그렇게 행복하면서도 성공적인 인물로 만든 요인이 무엇인지 생각해보면 처음 떠오르는 것은 그가 다양한 공동체를 만들고 거기에 참여한다는 사실이다. 77세의 노장 배우지만 그는 여전히 할리우드의 위대한 스타 중 한 명이다. 하지만 그가 자신의 유산에 대해 했던 말은 매우 정확했다. 사실상 한평생 거의 모든 대 스타 및 감독들과 영화를 만들어왔지만, 그의 경력에서 가장 중요한 것은 말 그대로 아무것도 없던 유타 주의 한 마을에 선댄스라 불리는 공동체를 만들어냈다는 점이다. 우선 선댄스가 무엇인지 잠시 살펴보기로 하자.

'선댄스'는 독립 영화 육성에 이바지하는 기관이다. '선댄스'는 최고의 독립 영화를 대중에게 소개하는 연례 영화제이다. 나 역시 제작한 두 편의 다큐멘터리가 선댄스 영화제에서 처음 상영되는 영광을 누렸다. 내가 처음 레드포드를 만나 얼마나 행복하고 흥미진진한 사람인지 알게 된 것도 내 영화 〈난징〉이 선댄스에 소개된 덕분이었다.

'선댄스'는 어디서도 쉽게 접할 수 없는 수준 높은 프로그램으로 유명한 케이블 텔레비전 네트워크이다. 이 방송사가 아니면 어느 텔레비전에서도 방송되기 어려울 수준 높은 영화를 제공하면서도, 최근 거의 9자리 숫자에 달하는 금액으로 케이블비전에 인수되었다는 점에서(누구의 기준으로 판단해도 '대단히 훌륭한 비즈니스'였다), 정말 내가 주장하는 '이중 결산표'의 전형적인 사업이라 할 수 있다.

'선댄스'는 성공적인 카탈로그 소매 영업을 펼치고 있는 라이프스타일 브랜드로서 전 세계 고객들에게 서구 스타일 의류와 가구 등을 공급하고 있다. '선댄스'는 커다란 비즈니스이자 하나의 브랜드, 즉 로버트 레드포드의 브랜드이다.

하지만 선댄스는 스키장과 리조트 시설을 갖춘 실제 마을의 이름이기도 하다. 그곳은 레드포드가 〈맨발 공원〉부터 〈내일을 향해 쏴라〉까지의 영화로 가장 인기를 누리던 시절 번 소득을 투자해 1960년대 말에 조성한 한 공동체의 허브이다.

매년 1월이면 선댄스 영화제를 위해 독립 영화계의 수많은 가족이 근처에 있는 파크시티로 모여든다. 레드포드는 비유적인 의미에서 이 거대한 가족의 가장이라 할 수 있으며, 기꺼이 이 공동체를 실질적으로 매년 하나로 모으고 있다. 아마 앞으로도 죽 계속될 것 같다.

로버트 레드포드는 공공연한 자유주의자에 환경 운동가이며 민주당 모임에서 활동하는 사람이다. 하지만 정치적 성향과 상관없이 숭고한 소명에 의해 동기를 부여받고, 자신의 성공을 이뤄준 영화 산업에 환원할 줄 알며, 게다가 상업적 목적으로 만들지도 않은 케이블 채널을 엄청난 금액을 받고 매각할 줄 아는 사람이라면 누구라도 존경하지 않을 수 없을 것이다. 또한 '선댄스'라는 브랜드를 하나의 공동체로 키워냄으로써 그저 한 사람의 할리우드 슈퍼스타로 남았을 경우보다 훨씬 성공적인 사업가가 되었다는 사실도 인정할 수밖에 없다.

만약 이제 70대에 이른 로버트 레드포드가 영화 역사상 가장 성공적인 기업가 중 한 명이 된 이유가 정말로 궁금하다면, 먼저 로버트가 선댄스를 하나의 커뮤니티로 만드는 꿈을 꾸었고, 그것을 위한 목표를 세운 다음, 그 목표를 이뤄냈다는 사실을 이해해야만 한다. 그는 자신과 자신이 설립한 다면적인 복합 기업을 보다 넓은 할리우드 공동체에 솜씨 있게 참여시키고 있다. 또한 환경 및 정치 공동체에도 참여하고 있다. 그는 진정 행복한 사람이다. 레드포드는 나의 영웅이자 역할 모델이다. 그와 알고 지낸다는 사실 자체가 내게는 큰 기쁨이다.

몇 년 전, AOL의 직원 한 명이 누구의 AIM 버디 리스트에 친구가 가장 많은지 겨뤄보자는 괜찮은 아이디어를 냈다. 그래서 'AIM 파이트'라는 재밌는 도구가 개발되었다. 당신의 버디 리스트에 얼마나 많은 사람이 있는지 뿐만 아니라, '당신의 버디 리스트에 있는 사람들'의 버디 리스트에 얼마나 많은 사람이 있는지도 측정할 수 있는 알고리즘을 기반으로 만들어진 도구였다. 이 알고리즘은 세 단계로 구성된다. 즉, 세 단계를 거쳐 당신의 버디 리스트 커뮤니티를 보여주게 되어 있다. 먼저 당신이 스크린 네임을 입력한다. 상대방도 스크린 네임을 입력한다. 그리고 나서 마우스 클릭

한 번이면 누구의 확장된 커뮤니티가 더 큰지 알 수 있게 된다.

내가 AIM 파이트를 좋아한 이유는 그것이 AIM의 존재 이유 중 중요한 한 요소를 보여주기 때문이다. AIM은 그저 실시간으로 누군가와 의사소통하기 위한 도구가 아니라 그 안에서 사람들이 서로서로 관계를 맺을 수 있는 독창적인 온라인 소셜 네트워크였다. 사실 누구랑 붙어도 내가 늘 승리하기 때문에 AIM 파이트를 좋아한다는 점도 인정하는 바이다!

솔직히 말하면 나는 가장 처음 AIM으로 메시지를 보낸 사람 중 하나였다. 최근 〈뉴스위크〉는 전보부터 트위터에 이르는 다양한 매체를 통해 가장 처음 전달된 메시지 목록을 발표했다. 목록에 올라 있는 최초의 AIM 메시지는 내가 린에게 보낸 것이었다.

'놀라지 마. 나야. 사랑해. 그리고 보고 싶어.'

기록에 따르면 린의 응답은 '와우. 이거 진짜 멋진데!'였다.

그 순간 이후로 나는 늘 AIM을 열심히 활용했고 엄청나게 많은 친구들로 '버디' 리스트를 채워나갔다. 또 내 이름도 수많은 사람들의 버디 리스트에 들어 있다. 내 이름을 버디 리스트에 담고 있는 사람들도 역시 또 다른 수많은 사람들의 버디 리스트에 이름을 올리는 사람인 경우가 많다. 그러니 내 커뮤니티가 얼마나 광대한지 충분히 짐작할 수 있지 않은가?

페이스북의 내 '친구' 목록은 이미 꽉 찬 지 오래다. 내 자랑 하자고 이런 이야기를 하는 건 절대 아니고, 다만 지금쯤은 다들 확실히 눈치챘을 만한 사실을 강조하기 위해서일 뿐이다. 내가 공동체에 참여하는 걸 정말 좋아한다는 사실 말이다. 나는 소셜 네트워크에 참여하는 걸 좋아한다. 내가 행복한 건 그 때문인 것 같다. 그리고 그렇지 않았을 경우보다 훨씬 성공적인 사람이 되었다고 생각한다. 여러 해 동안 연락하며 지내던 사람을 하필이면 딱 알맞은 시간에 딱 알맞은 장소에서 만나 계약이 성사되거나 비즈니스에서 뭔가 부족한 부분을 채우게 되었던 경우를 열 건도 넘게 제시할 수 있을 정도다. 적극적으로 내 인생과 사업 속에 광범위하고 중첩 가능한 공동체를 만들어냄으로써 사업가로서의 내 미래가 더욱 밝아진다는 점에는 추호의 의심도 없다.

행복한 은둔자는 한 명도 만나본 적이 없다. 톰 행크스가 비행기 사고에서 홀로 살아남아 남태평양 무인도에서 외롭게 살아가는 이야기를 다룬 영화 〈캐스트어웨이〉는 나에게 완전히 공포 영화다. 내가 생각하는 고문이란 혼자 감금되어 있는 삶이다. 행복과 성공의 관점에서도 은둔자가 큰 사업을 일구거나 성공적인 경력을 쌓아가는 경우는 보지 못했다. 하워드 휴즈는 세계 최고의 부자인 동시에 세계에서 가장 유명한 은둔자였지만 (공정하게 말하면) 그는 자기 부의 기반이 된 재산을 부모에게 상속받은 사람이었다. 요즘 같은 세상에 기업가가 하워드 휴즈처럼 고립된 채 지내면서 그만한 부자가 될 수 있는 있을 것 같지는 않다.

직업적 경력을 쌓아가던 초창기부터 나는 개인용 컴퓨터를 제작하는 사람들의 공동체에 적극적으로 참여했다. 재미도 있었지만 그 공동체의 일원이었던 덕에 LIST와 레드케이트, 궁극적으로는 AOL을 설립하고 운영하는 데도 많은 도움을 받았다.

AOL에 있을 때는 다양한 게시판과 포럼, 커뮤니티를 일일이 확인하곤 했다. 나는 우리가 제공하는 서비스 안에서 벌어지는 일들에 깊은 관심을 기울였다. 꼭 내 일이라서가 아니라 나 또한 AOL 커뮤니티의 일원이었기 때문이다.

캐피털스 구단주로서 나는 팬들과 분리된 존재가 아니다. 나도 한 사람의 팬이다! 나도 다른 팬들과 함께 팀의 전망을 놓고 토론을 벌이고 싶다. 나는 가능한 한 많은 이메일에 개인적으로 답장을 보낸다. 같은 주제(주로 트레이드나 팀의 패배, 뭔가 엉망이 되어버린 일인 경우가 많다)에 대해 너무 많은 이메일이 한꺼번에 쏟아져 들어오면, 나는 블로그에 글을 올려 모든 사람에게 동시에 답하는 방법을 사용한다. 그리고 블로그에 글을 올렸다고 트위터에 '지저귐'으로써 팬들을 블로그로 유도한다. 나는 사람들이 내 블로그에 단 답 글을 읽고 게시판이나 포럼에 올라오는 글들도 읽는다. 버라이즌 센터로 걸어 들어가는 순간 나는 물론 팀의 구단주이다. 하지만 내가 팀을 소유하기 전에는 캐피털스 커뮤니티의 일원이었다는 사실만큼은 절대 잊지 않는다. 그렇게 보면 달라진 건 아무것도 없다. 1만 8000명의 관중이 모두 빨간 옷을 입고 목이 터져라 캐피털스 팀을 응원한다. 그들은 단순한 고객이 아니다. 그들은 내가 사랑하는 공동체다.

나는 여러분도 행복으로 향하는 여정에서 이 점을 꼭 고려해야 한다고 생각한다. 직장 동료는 그저 단순히 함께 일하는 사람이 아니라, 고용주가 관리하고 통제하는 공동체에 소속된 일원이다. 여러분은 그들과 함께 사업적 이익을 공유하는 보다 넓은 네트워크에 참여하는 것이다. 이를 위해서는 여러분이 담당하고 있는 역할을 위계질서 내에서 다른 사람과 비교되는 특정 위치에 의해서만 생각하면 안 된다. 여러분이 공동체의 일원으로서 회사 일에 참여한다고 생각하라. 그러면 회사 내에서 벌어지는 상호

작용이 질적으로 향상될 것이다. 여러분 회사의 경영진 또한 공동체의 일원이란 점도 역시 중요하다. 여러분이 공동체의 일원으로서 그들에 대한 의무가 있듯이(열심히 일하고 명예롭게 행동할 의무), 그들도 여러분에 대한 의무가 있다. 여러분을 공평하게 대우하고 진실하게 의사소통할 의무가 있는 것이다. 사업체는 공동체다. 모든 사람이 함께하는 공동체 말이다.

여러분이 교회나 회당, 회교 사원, 절 등에 갈 때는 단순히 예배를 드리는 공간에 들어가는 게 아니다. 같은 종교를 가진 사람들의 공동체에 들어가는 것이다. 참여하는 종교 공동체를 자기 삶을 유지해주는 가장 중요한 원천으로 삼고 있는 사람들이 거짓말 안 보태고 수십억 명에 이른다. 세계의 가장 위대한 종교에 대해 부정적인 태도를 보이는 게 유행인 시대이고, 자기 종교와 지나치게 동일시한 나머지 믿음을 공유하지 않는 사람들과 충돌과 긴장을 빚어내는 사람들에게는 분명 부정적인 요소도 있다. 가톨릭교도나 회교도, 그리스정교도 신자가 되는 것은 하나의 공동체의 일원이 되는 것이며, 어떤 의미로는 공동체라는 측면이 종교의 실제 교의만큼이나 중요한 역할을 하기도 한다. 특히 말일성도(Latter-Day Saints) 교회 같은 종교 단체는 공동체의 번영과 공통의 이익을 중심으로 형성되어 있다.

골프를 치거나 체육관에 갈 때도 그저 운동만 하러 가는 경우는 많지 않다. 공동체에 참여하는 것이다. 사람들은 '헬스 클럽'에서 운동을 하고, '컨트리클럽'에서 골프를 친다. '클럽'이라는 개념 속에는 공동체라는 의미가 녹아 있다. 많은 스포츠가 '팀', 즉 공동체를 이루는 하나의 조직을 중심으로 이루어진다는 건 누가 봐도 분명하다. 여러분이 직장 동료와 소프트볼을 즐기든 가족과 자전거를 타든, 거기에는 육체적 이득뿐만 아니라 스포츠에 참여한다는 사회적 이득도 있다.

학교는 아이들에게 공동체의 중심이 된다. 그리고 아이들이 학교에 다니는 동안은 부모에게도 공동체의 중심이다. 심지어 아이들이 다 대학으로 떠나고 난 후로도 오랫동안 그런 관계를 유지하는 부모도 많다.

모든 공동체가 긍정적인 역할만 한다는 건 아니다. 이따금 옛 술친구들과 만나다 보면 행복이 아니라 부작용만 잔뜩 떠안게 되는 경우도 있다. 거리의 깡패 조직도 공동체이긴 하지만 반드시 피해야 하는 공동체다.

하지만 내 요점이 뭔지는 알아챘을 것이다. 우리가 참여하는 다양한 소셜 네트워크를 개별적이면서도 종종 중첩되는 공동체로 인식하는 사람은 행복으로 가는 길에 올라 있다는 말이다. 그렇게 참여하는 공동체의 숫자가 많을수록 행복해질 확률이 높아질 것이다. 그 행복은 확실히 여러분을 일과 사업에서도 더욱 성공적인 사람으로 만들어줄 것이다.

행복의 여정은 공동체에서 출발해야 한다

- 가족: 당신과 삶의 역사를 공유하는 가장 가까운 사람들.
- 동문회: 같은 학교를 졸업한 사람뿐 아니라 스포츠 팀, 직장, 군대, 정치 운동, 자원봉사 등 인생의 여러 활동을 함께 '졸업한' 사람들.
- 자녀: 자녀가 생기면 삶은 자녀 및 자녀의 학교를 중심으로 돌아간다. 자녀의 선생님, 코치, 친구, 친구의 부모까지 아우르는 네트워크.
- 예배의 장소 및 다른 공동체 허브: 교회, 회당, 회교 사원, 절, 동네 커피숍, 실제로 공동체의 회합이 이루어지는 장소.
- 직업과 직장: 직장은 많은 시간을 보내는 장소이며, 직장 동료와 공통의 관심을 갖는 것은 매우 중요하다. 직장이라는 것 자체가 필수적인 공동체이다.
- 팀: 소속 도시의 야구 팀을 열광적으로 응원하든 동네 고등학교 축구 팀 소속 선수로 뛰든, 우리는 보다 넓은 스포츠 단체에 연결되어 있을 가능성이 크다.
- 정치: 민주당, 공화당, 무소속 상관없이 동일한 대의를 지지하는 사람들은 필수적인 관심 공동체를 구성한다.
- 문화 단체 및 취미 생활: 제임스 본드부터 해리 포터까지, 지역 관현악단에서 롤링 스톤즈까지, 사진가, 낚시꾼이든 포커 게임을 즐기는 사람이든, 우리는 공통의 취향과 즐기는 오락에 따라 다른 사람들과 연결된다.
- 자선 활동: 도움이 필요한 사람들에게 세금 관련 서류를 준비해주든, 지역 성직자를 도와 노숙자에게 식사를 제공하든, 사회 환원 활동을 통해 마음 맞는 공동체를 발견할 수 있다.
- 온라인: 트위터에서 페이스북까지, 이베이에서 가장 선호하는 포럼이나 대화방까지, 오늘날 사람들의 회합 장소는 온라인인 경우가 많다.

Happiness Lesson 3

자기표현의 통로를 확보하라

　행복을 성취하고 비즈니스에서 성공하는 방법에 대한 책을 집필하면서 나는 큰 행복을 느끼고 있다. 만약 여러분처럼 내 책을 읽는 사람이 많아진다면 나는 작가로서도 성공하게 될 것이다. 이 책은 나의 자기표현 통로이다. 그리고 그런 통로를 열심히 관리하다 보면 행복의 가능성도 높아진다.
　자기표현의 통로가 있다는 것은 행복한 사람들의 공통점 중 하나이다. 아무나 기타를 치거나 초상화를 그릴 수 없는 것처럼 책을 쓰는 일도 누구나 할 수 있는 건 아니다. 하지만 누구든 자신을 표현할 매체를 찾을 수 있다. 더구나 오늘날처럼 블로그 제작 도구, 친구나 낯선 이들에게 사진을 공개하는 온라인 앨범 제작 소프트웨어 등 자기를 표현할 수 있는 매체가 흔한 시절에는 더욱 그렇다. 유튜브에는 '1분'마다 열다섯 시간 분량의 비디오가 올라오고 있다. 블로그 수도 2억 개가 넘는다. 자기표현의 욕구는 실재한다. 그리고 그런 욕구를 충족시켜줄 수단은 매우 많고 쉽게 접할 수 있는 데다 대개는 비용도 공짜다.

나는 자기표현의 통로가 많은 사람이다. 일단 주로 비즈니스 관련 청중을 대상으로 강연을 한다. 블로거로서 '테드의 선택'이라는 블로그도 매일 업데이트한다. 가능하면 하루도 빼먹지 않고 페이스북에 나의 일상을 적극적으로 공개해 친구들에게 소식을 전한다. 이메일도 하루에 200통 정도씩 보내는 편이다. 또 영화를 제작하면서 거기에 나의 마음과 영혼을 쏟아 붓는다. 이 책을 쓰는 동안, 내가 가진 뭔가를 사회에 환원하고, 내가 행복에 관해 배운 사실을 다른 사람들과 함께 나누고, 무엇보다 나 자신을 표현하고 싶다는 욕망이 조화를 이루어 집필의 원동력이 되어주었다.

여러분은 블로그가 별로 내키지 않을 수 있다. 페이스북이나 다른 소셜 네트워크에 참여하는 일과도 어울리지 않는 사람일지 모른다. 공개적인 자기표현을 요구하는 취미나 외향적인 관심사가 없을 수도 있다. 그런 건 별로 중요하지 않다. 자유로운 사회에 사는 그 어떤 사람이라도 자기를 표현할 수 있다. '자기표현' 하면 흔히 떠올리는 '연설'이나 창조적인 예술 활동을 통해서가 아니라 해도 고객과 직장 동료, 의뢰인 등을 통해서라도 충분히 가능하다.

여러분이 활기찬 목소리로 정류장을 알려주는 버스 운전사이든, 상점 안으로 손님을 맞아들이는 월마트의 안내인이든, 말 그대로 회사의 최전선에서 고객을 응대하는 접수원이든 상관없이 자기표현이야말로 여러분이 직장에서 담당하는 업무의 가장 중요한 부분일 수 있다. 노래는 잘 못해도 판매 능력이 정말 뛰어날 수 있다. 그림은 잘 못 그려도 가장 독창적이고 훌륭한 파워포인트 프레젠테이션을 할 수 있을지 모른다.

모든 사람은 자신이 정말 어떤 사람인지 표현할 수 있는 모종의 의사소통 방법을 가지고 있다. 그런 것이 가능할 때 행복의 가능성도 높아진다. '아메리칸 아이돌'의 우승자는 단 한 명뿐이데, 수천 명의 사람이 예선에 출전한다. 시청자 앞에서 자기표현의 기회를 갖고 싶기 때문이다. 그냥 그렇게 하는 것만으로도 행복한 것이다.

자기표현을 가능케 해주는 도구를 몇 가지 살펴보기로 하자.

유튜브는 현재 사용자 수 기준으로 세계에서 네 번째로 큰 웹사이트다. 매달 3억 명 이상의 순방문자 수를 기록하고 있다. 2003년에는 존재하지도 않았던 유튜브가 서비스 출범 이후 지속적으로 뜨거운 반응을 얻고 있다. 전 세계 수십만 명의 사람들이 '당신 자신을 방송하라'는 유튜브의 초대에 응해 자신만의 비디오를 제작해 올리고 있다.

전 세계적으로 2억 명에 가까운 사람들이 블로그를 운영하고 있다. 브라질 전체 인구와 맞먹는 숫자이다. 인터넷 조사 업체인 이마케터(eMarketer)의 보고서에 따르면 2007년에는 2200만 명의 미국인이 블로그를 갖고 있었다. 블로그 검색 엔진 테크노라티는 매일 거의 100만 개씩에 달하는 새로운 블로그를 찾아내고 있다.

2009년 현재 '매일' 60만 명(보스턴이나 샌프란시스코 같은 도시의 인구수와 맞먹는 숫자) 이상씩 페이스북에 가입하고 있다. 이 놀라운 숫자는 사람들에게 소셜 네트워크에 참여하고 싶은 욕구가 있다는 사실과 쉽게 업데이트

할 수 있는 자기표현 통로를 확보하는 것이 얼마나 중요한 일인지 잘 보여준다.

2007년에 무료 사진 갤러리 플릭커에는 20억 장의 사진이 올라와 있었다. 2008년 11월이 되자 숫자는 30억 장이 되었고, 2009년 11월에는 거의 40억 장으로 추산되고 있다.

유튜브와 페이스북, 플릭커(Flickr) 등의 광범위한 인기는 자기표현에 대한 우리의 본능적인 욕망을 보여주고 있다. 어떤 경우에는 사람들이 패스워드가 걸린 사진 갤러리처럼 접속 대상을 한정한 공동체에서 자기를 표현해야 할 때도 있다. 하지만 대부분의 경우에는 블로그나 트위터처럼 전 세계 모든 사람을 대상으로 자신의 세상 보는 관점과 창의성을 펼쳐 보이고 싶어 한다.

평범한 블로그의 하루 평균 방문자 수는 한 명, 즉 자신이 쓴 것을 확인해보러 방문하는 블로그 주인뿐이라는 말이 있다. 하지만 블로거에게 중요한 건 방문자 수가 아니라고 생각한다. 그는 뭔가 말하고 싶은 게 있어서 말했을 뿐이다. 그렇게 하는 게 행복하니까.

나는 내 블로그 '테드의 선택'에 매일 글을 올린다. 어떤 날은 다섯 개씩 올리기도 하고 어떤 날은 겨우겨우 한 개를 올리기도 하지만, 어쨌든 하루도 빠짐없이 뭔가를 올리려고 노력한다. 내가 감상한 영화에 대한 평을 하거나, 뉴스에서 본 흥미로운 항목에 링크를 걸어놓기도 하고, 지난 밤 캐피털스가 승리 혹은 패배를 기록한 경기에 대해 논하기도 하면서 행복을 느낀다. 훌륭한 일을 한 사람들에게 찬사를 보내거나 사회에 전혀 득이 될 것 없는 일을 저지를 사람들에 대한 내 관점을 밝히기도 좋아한다. 내가 블로그에 올리는 글들은 별로 심오하진 않지만, 세상을 보는 내 나름의 시각을 표현하고 있다. 그리고 나에게 기쁨을 안겨준다.

블로그를 운영하는 건 전혀 어렵지 않다. 구글에다 '블로그 서비스'라는 검색어를 입력해보라. 블로그를 처음 시작하는 데 필요한 도구를 무료로 제공해주는 사이트를 얼마나 금방 찾을 수 있는지 깜짝 놀랄 것이다.

공개 갤러리에 사진을 올리는 일도 쉽기는 마찬가지다. 유튜브에 비디오를 올리는 일도 마찬가지다. 아홉 살짜리 어린애가 올린 비디오가 얼마나 많은지 모른다.

사람들이 온라인에서 자기표현을 하기 위해 다양한 도구들을 사용하고 있음은 입증되었을 것이다. 좀 더 질문의 범위를 넓혀보자. 사람들은 왜 자신을 표현해야 하며, 자기의 개성을 표현하는 일이 어떻게 행복으로 연결되는 것일까?

내 생각에 행복한 사람들은 매우 다양한 측면의 소유자로서, 자기 삶의 다양한 차원에 대해 인정을 받고 싶은 타고난 욕망이 있는 것 같다. 나는 조지타운 대학교의 예수회 사람들을 통해 모든 사람의 인생에는 균형이 필요하다고 배웠고, 젊은 시절에는 인생의 한 가지 측면(사업적 성공)에만 과도하게 집착해서는 행복할 수 없다는 깨달음도 얻었다.

조용히 자리에 앉아 내 인생에서 꼭 이루고 싶은 목표의 101가지 목록을 작성하면서 내가 가장 중요하게 생각했던 것은 아마도 목표의 다양성이었던 것 같다. 사업이나 재산의 축적, 사업이라는 좁은 영역 안에서 성공하는 것만이 전부가 아니었다. 나의 인생 목표 속에는 나 자신을 표현할 수 있는 일이 포함되어 있었다. 오스카상을 수상하고 싶다면 일단 영화를 만들어야 한다.

만약 한 가지 일에만 과도하게 집중한다면 여러분의 행복 가능성은 한계에 부딪힐 것이다. 앞에서도 설명했듯이 한쪽 팔만 운동을 하다 보면 그 팔만 강해져서 몸의 균형을 잃게 된다. 전문화야말로 성공의 지름길이라고 말하는 사람들도 있고, 어떤 분야에서는 그게 사실일 수도 있다. 하지만 입체적인 인간으로 행복하고 만족스러운 삶을 향해 가는 방법이 되지는 못할 듯하다.

나는 AOL의 부회장직을 맡아 AOL의 오디언스 사업(회사의 변화를 이끌어 나가는 성장 동력이었다)을 운영하는 와중에도, 아이리스 장의 책을 읽는 순간 바로 그 내용을 영화로 옮기고 싶다는 생각이 들었다. 거대한 온라인 서비스 회사의 고위 경영자에다 스포츠 팀 구단주 노릇까지 하면서 영화까지 제작하려니 처리해야 할 일이 상상을 초월했다. 하지만 나는 배우 섭외부터 중국 텔레비전과의 방송 협상에 이르기까지 영화 제작의 매순간을 만끽했다. 한참 후에 가서야 내 자기표현 욕구를 만족시키는 일이 만만치 않은 부담이었음을 깨닫긴 했지만 말이다. 그래도 정말 행복했다. 영화 제작 경험은 2008년에 스내그필름즈의 설립으로 이어졌다. 나는 자기를 표현하고자 했는데, 거기서 몇 걸음 더 나가다 보니 정말 급성장하는 사업을 만들어내기에 이르렀던 것이다.

나는 휴가 중 신문을 읽다가 발견한 부고 기사 하나에서 〈난징〉의 아이디어를 얻었다. 아마도 나에게 영화 제작이라는 새로운 도전의 가능성이 떠오른 것은 내가 휴가를 맞아 업무적인 근육을 잠시 쉬고 있는 중이었기 때문인지도 모른다.

놀런 부시넬이라는 분과 만났던 기억이 난다. 어디선가 들어본 듯한 이름이라고 생각할 수도 있다. 바로 초창기 컴퓨터 게임 회사인 아타리사의 설립자다. 놀런은 엔지니어 겸 과학자였다. 역사는 놀란을 비디오게임 산업을 형성하는 데 중요한 역할을 한 인물이라고 평가할 것이다. 하지만 비디오 게임 산업은 놀란이 의도하던 사업은 아니었다. 그가 오늘날 말 그대로 영화 산업보다 더 거대해진 게임 산업을 만들어내게 된 것은 휴가 기간 동안 해변에서 뒹굴며 자신을 표현하기 시작하면서부터였다.

때는 1970년대 초반, 그동안 엔지니어로서 굉장히 열심히 일해온 놀런은 잠시 휴가 여행을 떠났다. 긴장을 풀고 해변에 편안히 앉아 밀려오는 파도를 바라보며 빈둥빈둥 모래 장난을 하기 시작했다. 그는 모래를 밀어내 평평하게 만든 다음 네모를 하나 그렸다. 한가운데 선을 하나 그어 네모를 두 칸으로 나눴다. 그러고는 마치 2차원 평면에서 테니스나 탁구라도 치는 듯 손가락을 한쪽 칸에서 다른 쪽 칸으로 왔다 갔다 움직이기 시작했다. 꽤 재미있다고 생각한 놀런은 느긋한 마음으로 가상의 탁구공을 한쪽 칸에서 다른 쪽 칸으로 움직이며 놀았다. 휴가를 마치고 사무실로 돌아온 놀런은 앨런 앨콘이라는 동료에게 그 놀이를 컴퓨터 게임으로 만들어보자고 말했다. 그로부터 얼마 지나지 않아 아타리사는 엄청난 상업적 성공을 거두게 된다. '퐁'이라는 이름의 그 게임은 전국적으로 대인기를 누린 최초의 비디오 아케이드 게임이 되었다.

오늘날 비디오 게임 산업은 할리우드의 영화 산업보다 규모가 크다. 그 비디오 게임의 탄생에는 잠시 사무실을 벗어나 해변으로 휴가를 떠나기로 한 놀런 부시넬의 결정이 결정적인 역할을 했다. 놀런은 바닷가에 앉아 상상력을 자유롭게 펼치며 모래 위에 낙서를 했다. 완전히 색다른 방식으로 자기를 표현해보면서, 자신의 과학지식을 여가 활동으로 바꿨고, 바로 그것이 지금의 거대 산업이 된 것이다.

놀런 부시넬은 모래놀이를 하면서 업무 외적인 면에서 자신을 표현했다. 전 세계 수백만 명의 게임 애호가들은 놀런의 그러한 자기표현 행동에 감사를 표할 것이다. 게임 산업으로 먹고사는 사람이 미국과 일본에만도 수천 명에 달한다. 해변으로의 여행은 놀런을 행복하게 만들어주었을 뿐 아니라, 하나의 산업 전체를 만들어냈다.

블로그 운영 같은 자기표현 활동은 행복한 사람들의 공통적인 특징이다. 행복한 사람들은 다양한 차원에서 삶에 접근하며, 일상의 비즈니스와 직접적인 관계가 없는 주제에 대해 자신을 표현해야만 하는 사람들이기 때문이다. 전 세계에서 가장 활력이 넘치는 '그룹 블로그' 위키피디아는 (직업적인 백과사전 제작자가 아니라) 아무런 보수를 받지 않는 아마추어들의 전문지식을 토대로 만들어졌다. 그들은 특정 주제에 대해 글을 쓸 수 있을 만큼 충분한 지식을 보유한 데다 참여 의욕도 아주 높은 사람들이다. 엑슨 주유소에서 일하는 정비공이 제1차 세계대전 당시의 참호전에 대해 전문적인 지식을 보유하고 있다고 해보자. 그렇다고 망가진 라디에이터를 고치러 온 손님에게 참호전 이야기를 늘어놓을 수는 없을 것이다. 아마도 아내와 자식들은 지금쯤 그 주제를 지긋지긋해하고 있을지도 모른다. 자신의 전문지식을 누군가와 나눌 수 있다면 정말 행복할 거라고 생각하는 그

앞에 이제 그런 기회가 생긴 것이다. 그는 누군가가 이프르 전투(Battle of Ypres)에 관해 위키피디아에 올려놓은 글을 읽다 뭔가 오류가 있음을 알아차린다. 그래서 위키피디아에 가입해 오류를 수정한다. 하지만 그 역시 사상자 숫자 부분에서 오타를 내고 말았고, 그렇게 되면 제1차 세계대전 연구에 취미를 갖고 있는 또 다른 사람이 그의 실수를 바로잡아준다. 아니면 처음 이프르 전투에 대해 논란을 원저자가 자기 글을 수정해놓은 정비공과 진지한 토론을 시작할 수도 있다. 이런 과정을 통해 위키피디아 참여자들은 모두 행복을 느낀다. 이제 그들은 그토록 오랜 시간을 들여 발전시킨 각자의 전문지식을 이용할 수 있게 되었으며, 그 주제에 대해 매우 열성적인 공동체에도 참여할 수 있게 되었기 때문이다. 위키피디아 같은 도구는 사용자들에게 빠른 시간 안에 새로운 지식을 얻을 수 있는 기회를 제공한다. 하지만 그보다 더욱 중요한 것은 그런 도구들이 글을 올리는 사람에게 자신의 전문지식을 타인과 공유할 수 있는 기회를 제공한다는 것이다. 자기표현의 통로가 되어주는 셈이다.

몰리 세이퍼는 〈60분〉에서의 유머러스한 보도로 수백만 명의 미국인에게 잘 알려진 사람이다. 하지만 그가 매주 여행을 갈 때마다 수채화를 정성껏 그려 가끔 화랑에서 전시회까지 연다는 사실을 아는 사람은 불과 수천 명 정도에 불과하다. 보스턴의 에머슨 대학교에서 함께 명예 학위를 수상하던 날 서로 만나본 적은 있지만, 나도 개인적으로 몰리 세이퍼와 잘 아는 사이는 아니다. 하지만 나는 몰리가 자신의 보도를 봐주는 수백만 명의 시청자보다는 자기 그림을 알아봐 주는 수십 명의 사람에 대해 적어도 비슷한 정도의 행복을 느낄 거라고 생각한다.

다큐멘터리 영화를 제작하는 일은 사실 내가 성인이 되어 추구해온 그 어떤 일보다 나에게 더 많은 행복을 안겨주었다. 나는 '난징'이라는 주제에 매혹되었고, 아이리스 장의 연구 결과와 이야기를 독자보다는 훨씬 광범위한 관객층을 확보할 수 있는 영화로 제작해야 한다는 느낌이 들었다. 내가 제작한 두 번째 영화 〈Kicking It〉은 수전 코크와 제프 베르너가 감독을 맡았는데, 두 사람은 노숙자 월드컵이라는 프로젝트를 나에게 들고 올 때 이미 같은 소재를 필름에 담아본 경험이 있는 상태였다. 그럼에도 불구하고 그 놀라운 이야기를 화면에 옮기는 과정은 나에게 창조적인 자기 발산 기회를 제공해주었고 큰 기쁨의 원천이 되었다.

내가 제작해 이미 수상의 영광까지 누린 두 편의 영화 모두 내가 종사하는 사업의 핵심적 문제와는 아무런 상관이 없었다. 영화 제작은 다른 쪽 근육을 움직이는 일이었다. 일주일에 마흔 시간 이상씩 직장에서 사용하는 근육과는 전혀 다른 근육을 사용해 보는 일은 헬스장에서 체력을 단련할 때뿐 아니라 창조적인 삶을 살아가는 데도 매우 중요하다.

직장에서 일하는 사람들은 동료 및 고객과의 사회적 상호 작용을 통해 자기표현을 한다. 사무실에 출근할 때 입는 옷이나, 임원실이든 큐비클 칸막이든 자신이 일하는 공간을 꾸미는 방법 등을 통해서도 자기표현이 가능하다. 직장 동료 중에 진짜 알록달록한 넥타이를 매고 오는 사람이 있는가? 아마 그런 넥타이를 매면 행복한 사람일 것이다. 한껏 공을 들여 이메일을 작성하거나, 청중을 상대로 멋들어진 파워포인트 프레젠테이션을 하거나, 아니면 그저 고객에게 신나게 구매 권유를 하면서 만족을 느낄 수도 있다. 사실상 거의 모든 사람이 직장 생활 속에서 타인과의 접촉이나 실제 생산품을 통해 수많은 자기표현의 기회를 가질 수 있다. 직장 생활을 벗어나서 이루어지는 자기표현이 일이 제공하는 것과 동일한 만족으로 인도할 수도 있다. 어떤 경우에는 그런 경험들이 새롭고 보다 만족스러운 비즈니스 통로를 제공해주기도 한다.

문학계는 그동안 직업은 따로 있지만 '진짜 일'을 쉬는 동안 글을 쓰고 싶어 하는 재능 있는 사람들로부터 많은 혜택을 보았다. 창조적인 예술가(작가, 배우, 화가, 무용가)의 전형으로 내세울 만한 사람들은 웨이터나 점원 등의 서비스직으로 생계를 유지하며 진짜 꿈을 키워나갔다. 하지만 진짜 비즈니스 경력이 있는 작가나 예술가의 예도 많이 있다. 월레스 스티븐스는 하트퍼드 보험회사의 경영진 중 한 명이었다. 하지만 동시에 1955년 퓰리처상을 수상하기도 한 천재적인 모더니즘 시인이었다. 루이스 아우킨클로스는 여러 해 동안 전형적인 뉴욕 로펌의 파트너로 일하면서 1947년 이후로 거의 매년 굉장히 수준 높은 장편 소설이나 단편 소설집, 에세이집 등을 발표했다. 빅토리아 시대의 가장 성공적인 소설가 중 한 명인 앤서니 트롤럽은 법정 변호사로 일했다. 아침에 대중교통을 타고 가면서 소설을 한 권 마무리 짓고 밤에 집으로 돌아가는 길에 새로운 소설을 시작하곤 했다고 전해진다. 존 그리샴, 스코트 터로, 데이비드 발다치 등도 모두 변호사로 일하다가 후에 전업 작가로 전향하여 베스트셀러 소설을 쓴 경우였다.

변호사들이 직업 외적인 면에서 자신을 표현하고자 하는 욕구에는 뭔가 독특한 구석이 있다. 변호사들은 자기 의견을 명확하게 표현하고 글로 쓸 줄 알아야 하며, 대부분 분석적이고 철두철미한 사람들이다. 나는 미국의 모든 프로 스포츠 팀을 포괄하는 스포츠 블로그 네트워크로 대단한 성공을 거두고 있는 SB네이션에 투자자로 참여하고 있다. AOL 시절의 동료이자 친구로 현재 SB네이션의 경영을 맡고 있는 짐 뱅코프의 말에 의하면, 자신의 사이트에 글을 올리는 블로거의 상당수가 변호사들이라고 한다.

당연한 일이다. 블로거도 변호사와 마찬가지로 자기주장을 펼치는 방법을 알아야 한다. 그들은 열정적으로 다양한 사실을 정리한다. 깔끔한 차림으로 늘 다른 사람을 위해 변론을 하는 변호사들은 마치 환자용 구속복이라도 입은 듯 답답할 수 있을 것이다. 그래서 변호사들은 진정한 자신을 표현할 수 있는 통로를 갈망하게 된다.

존 그리샴과 스코트 터로 그리고 데이비드 발다치는 모두 변호사로 일하면서 소설 쓰기를 통해 자기를 표현할 줄 알았고 나중엔 전업 작가의 길로 들어섰다. 블로그 운영의 수익성이 좋아지게 되면 언젠가는 수많은 변호사들이 자신의 본래 직업을 버리고 사랑하는 스포츠 팀이나 뭔가 자기 의견을 밝히고 싶은 다른 주제에 대한 글을 쓰는 쪽으로 돌아설지 모른다.

하지만 자기표현의 열망을 성공적인 비즈니스로 승화한 사람 중 내가 가장 좋아하는 본보기는 변호사가 아니다. 아널드 킴은 낮에는 의사로 일하면서 여가 시간에는 애플 컴퓨터 제품을 맹렬하게 파고들어 그에 대한 블로그를 운영하고 있다. 그의 블로그인 맥루머스닷컴(MacRumors.com)에 방문자 수가 급증하자 아널드는 병원 일을 완전히 접고 부업을 직업으로 삼았다. 자기표현에 열심이던 아널드는 결국 더욱 행복하고 성공적인 인물이 될 수 있었다.

모든 사람이 부업을 직업으로 바꿀 수 있는 건 아니다. 또한 모든 사람이 모래장난 경험을 통해 하나의 산업 전체를 일으킬 수 있는 것도 아니다. 소설을 쓰는 변호사보다는 소송 사건 준비를 쓰고 있는 변호사가 더 많을 것이다. 다른 사람들보다 유난히 사생활 보호에 철저해서 자신에 대한 어떤 이야기도 온라인에 올리고 싶지 않은 사람도 존재한다.

하지만 모든 사람이 어떤 식으로든 자신을 표현할 수 있다. 단 한 명의 청자를 대상으로 사적인 대화를 나누는 것만으로 필요한 자기표현의 통로를 충분히 확보하고 있는 사람들이 수백만 명에 달한다. 그들은 자기표현을 위해 컴퓨터 앞에 앉지 않는다. 그저 무릎을 꿇고 앉아 두 손을 모으기만 하면 된다. 그들의 창조적인 자기표현 통로는 바로 '기도'라고 불린다.

자기표현을 효과적으로 실현하는 방법

- 블로그를 시작하라. 검색창에 '블로그'라고 쳐보면 수많은 무료 블로그 서비스 목록이 펼쳐질 것이다.

- 좀 더 사적인 생각을 적어둘 일기를 써라. 문학적일 필요는 없다. 뭔가 의미 있는 생각이 떠오르거나 기록할 만한 일이 생길 때 적어두면 된다.

- 미술 용품 세트나 카메라를 장만하라. 동네 문구점이나 미술 용품점에 가보면 어떤 종류의 예술이든 바로 시작할 수 있다. 데생, 수채화, 유화, 점토 공예, 잉크화, 사진 등 무엇이든 시작해보라. 종류는 무한하다. 플리커나 에트시(Etsy)같이 사진을 올리거나 작품을 판매할 수 있는 웹사이트도 10여 개에 이른다.

- 신문에서 읽은 기사나 소속된 공동체에서 벌어진 사건 등에 대해 의견이 있으면 신문사 독자 투고란에 편지를 써라.

- 장식을 하라. 자기 집 방 하나를 새로 칠하거나 쿠션을 새 걸로 바꾸고 흥미로운 장식품이나 꽃병을 사다 놓는 것도 자기표현 방법 중 하나이다.

- 음악 수업을 들어라. 거의 모든 사람이 악기를 하나 연주하거나 노래 부르는 방법을 배우고 싶어 한다. 크레이그스리스트닷컴(craigslist.com) 등에서 여러분의 음악적 재능을 개발해줄 누군가를 찾아보는 것도 좋다.

- 지역구 의원이 동네를 찾아오면 만나서 함께 의견을 나눠보라.

- 요리 실력을 개발하라. 요리책이나 에피큐리어스닷컴(epicurious.com) 같은 온라인 사이트 등에서 새로운 레시피를 배워 요리 실력을 갈고 닦은 다음, 참여하고 있는 다양한 공동체 사람들과 음식을 나눠 먹어도 좋다.

Happiness Lesson 4

자신이 가진 것에 감사하라

한 번은 AOL의 내 사무실에서 출발해 워싱턴 캐피털스 경기를 보러 가는데 하필이면 저녁 러시아워 시간에 조지워싱턴 파크웨이를 타는 실수를 저지른 적이 있다. 아무리 교통 상황이 최악인 날이라도 조지워싱턴 파크웨이는 미국에서 가장 아름다운 도시 통근 고속도로 중 하나이다. 강 건너 조지타운 대학교를 마주보며 포토맥 강을 따라 국립공원 내부를 통과하도록 되어있는 멋진 도로다. 하지만 그날이야말로 바로 최악의 날인 듯했다. 도무지 차들이 움직일 기미가 보이지 않았다. 양방향 도로 전체가 주차장마냥 차로 꽉꽉 들어차 있었다.

파크웨이 나들목 쪽으로 진입하고 있을 때 문득 눈을 들어 보니 앞쪽으로 정말이지 눈부시게 아름다운 일몰이 펼쳐지고 있었다. 몇 년 만에 처음

보는 장면이었다. 주황색과 분홍색, 빨간색으로 물든 하늘은 그야말로 불타오르는 듯했다. 나는 집에 있는 린에게 전화를 걸어 이렇게 말했다.

"지금 경기 보러 가는 길인데, 혹시 창문 근처에 있어?"

린이 그렇다고 대답했다.

"당장 창문 밖에서 해지는 모습을 좀 바라봐. 정말 장관이야. 지난번 함께 하와이로 여행 갔을 때가 떠오르는데."

린은 내 말뜻을 정확히 알아차렸다. 하와이 해변을 산책하던 우리 부부의 눈앞에서 태양이 대단히 인상적인 장면을 연출하며 태평양으로 녹아들던 어느 날 저녁의 일 말이다. 우리는 그날 너무도 멋지고 행복한 하루를 보냈고, 그 절정의 순간 일몰을 맞이했던 기억이 난다. 그 아름다운 일몰이 아직까지 내 기억 속에 남아 있었던 것이다. 새로운 물건의 소유나 단순한 직업적 성취보다 훨씬 더 큰 행복을 안겨준 경험이었다.

그때 막 차들이 조금씩 움직이기 시작했다. 옆 차를 운전하고 있는 남자의 모습이 눈에 들어왔다. 그는 한 손으로 자동차의 경적을 연신 눌러대면서 전화기에 대고 누군가에게 고래고래 소리를 지르고 있었다. 도대체 그렇게 경적을 울려서 어쩌자는 것인지 이해를 할 수 없었다. 적어도 앞으로 대략 400미터 정도가 자동차로 꽉 차 있었는데 말이다.

하지만 이상한 기분이 들었다. 우리는 물리적으로는 같은 공간에 있었지만 마치 서로 다른 두 개의 태양계에 속해 있는 것 같았다. 태양이 넘어가는 모습을 나는 볼 수 있었지만, 그는 전혀 볼 수 없었다.

나는 이토록 아름다운 하늘을 보게 된 것을 계기로 아내에게 전화를 걸어 둘이 함께 보냈던 인생의 멋진 순간으로 잠시 되돌아갈 수 있게 된 것을 감사했다. 그런데 내 바로 옆의 차에서는 한 남자가 경적을 울려대며 전화기에 소리를 지르고 있었다.

나는 그 남자가 참 안됐다는 생각이 들었다. 갑자기 인간애가 발동하면서, 그 남자에 대한 슬픔의 감정이 밀려왔다. 길 가는 사람을 몽땅 불러 세워놓고 살아 있다는 게 얼마나 놀라운 축복인지 생각해보자고 강요해도 모자랄 만큼 보기 드물게 아름다운 일몰을 눈앞에 두고 한순간도 감사의 마음을 갖지 못하는 그 불쌍한 남자에 대해서 말이다.

잠시 멈춰 서서 순간을 만끽하며 인생이 제공해준 것들에 감사를 느낄 줄 아는 능력은 내가 아는 행복한 사람들의 공동적인 특징 중 하나이다.

위대한 몬티 파이슨(Monty Python: 영국 BBC 방송의 유명한 코미디 팀)의 영화 〈브라이언의 인생〉에서 내가 가장 좋아하는 장면은 한 죄수가 곧 감옥에서 끌려 나가 십자가에 매달리기를 기다리는 장면이다.

"우리는 십자가에 매달리게 될 거야! 이보다 끔찍한 일이 있을까?"

그가 한탄하자 다른 죄수가 말한다.

"이봐, 밝은 면을 보게나. 밖에 나가면 신선한 공기를 마실 수 있을 거야. 친구들도 나란히 매달려 있을 테고. 답답한 이 감옥 안에서 죽을 수도 있었잖아. 그러니 십자가형도 그렇게 나쁜 것만은 아니라네."

내가 심판에 직면했을 때(도무지 무사히 착륙할 것 같지 않던 비행기 안에 있을 때), 만약 안전하게 땅바닥에 내려앉을 수만 있다면 내 인생을 최대한 열심히 살겠다고 맹세했다. 그 이후로 나는 이 지구상에서 보내는 하루하루에 감사하며 살아왔다.

나는 그 누구보다 감사할 게 많은 사람이다. 자신이 가진 것에 감사할 줄 아는 능력은 다른 사람에게 인간애를 느끼는 추진력이 된다. 버지니아 주에서 사는 의식 있는 인간이라면 누구라도 알아볼 수 있을 만큼 아름다운 일몰이었다. 내가 그 멋진 순간을 아내와 함께 즐기는 동안, 그 남자는 경적을 울려대며 그 소중한 순간을 망쳐놓았다. 하지만 나는 그 남자에게 화내지 않았다. 그 남자가 불쌍했다. 그는 경이로운 순간을 맞이하고도 감사할 줄 모르는 사람이었다. 그는 바로 자기 눈앞에 일몰이 펼쳐지는 동안에도 그것을 알아볼 수 없는 처지에 있었던 것이다.

인간애란 다른 사람의 고통을 자기 고통처럼 느낄 줄 아는 능력이다. 연구에 따르면 인간애는 영장류 발달 과정의 근본적 요소라고 한다. 즉, 한 침팬지나 인간이 고통에 직면하면 다른 침팬지나 인간은 그 고통에 반응하도록 만들어져 있다는 것이다. 하지만 여러 해 동안의 분석 결과, 나는 우리가 타인에 대해 느끼는 인간애의 근본 요소는 우리의 현재 입장을 타인의 상황 속에 놓아볼 수 있는 능력에 있다는 깨달음을 얻었다. 항상 더 나쁜 일이 일어날 수 있다는 뜻이다. 바깥에 나와 신선한 공기를 마시며 친구들과 함께 처형당하는 대신 감옥 안에서 그냥 죽을 수도 있고, 집도 없이 거리에서 1달러를 구걸하는 게 바로 여러분일 수도 있는 것이다.

이 책을 집필하는 동안, 나는 카일 메이나드라는 젊은이와 함께 작업을 해왔다. 카일은 선천성사지절단증 환자로서 팔꿈치 아래의 팔과 무릎 아래의 다리가 없는 사람이다. 그는 정말 경이롭고 감동적인 인물로《변명은 없다》라는 제목의 회고록을 쓰기도 했는데, 우리는 2010년 개봉을 목표로 바로 그 작품을 토대로 한 다큐멘터리 영화를 제작 중이다. 얼마 전에 카일은 이라크와 아프가니스탄에 참전했다 부상으로 신체 일부를 잃은 군인들이 재활 치료 중인 워싱턴 D. C.의 월터리드 병원에 방문한 일이 있었다.

부상을 입은 용사들은 모두 상상을 초월할 정도로 용감하고 존경할 만한 분들이지만, 역시 인간인지라 하루에 한두 번 정도씩 자신이 비참하게 느껴지며 '왜 하필 내가?'라는 질문을 던지게 된다.

그 순간 카일이 등장한다. 그는 평생 팔과 다리가 없이 살아왔음에도 세계 정상급 레슬링 선수가 되었고, 자신의 체육관을 운영하고 있으며, 400파운드짜리 벤치프레스를 들어 올릴 수 있다. 그는 누구보다도 쾌활하고 카리스마 넘치는 사람이다. 그는 자신이 가진 도구를 이용해 할 수 있는 모든 활동에 대해 설명하면서 단 1분도 자기 연민으로 시간 낭비를 하지 않는다. 반응은 항상 그렇듯 부상을 입은 군인들이 이렇게 생각하는 것이다.

'카일과 비교하면 나는 운이 좋구나.'

그들은 카일이 사실상 거의 모든 일을 할 수 있다는 것을 본다. 그리고 어쩌면 그들도 가능할지 모른다. 그런 공감의 순간이 그들의 인생을 바꿔 놓는다. 또한 자신이 갖지 못한 것에 아파하기보다는 가진 것에 감사할 마음도 생긴다. 그러한 감사의 감정은 총알이나 폭탄이 빼앗아간 행복을 되찾는 첫 걸음이다.

내게는 인간애와 감사, 사회 환원과 숭고한 소명이 모두 하나의 연속체로 보인다. 왜냐하면 인간애는 내가 행복한 사람의 세 가지 원칙이라고 강조하는 감사와 사회 환원 그리고 숭고한 소명의 든든한 기반이 되기 때문에 인간애 자체만을 하나의 개별적 원칙으로 구분하고 싶지 않다. 오히려 행복을 추진하는 과정에서 가장 중요한 구성 요소라고 할 수 있다.

2008년의 경제 위기가 덮쳐오기 전까지 미국은 역사적 관점에서 판단할 때 저소득층 가정도 비교적 자기 집을 장만하기 쉬웠던 기간이 몇 년 동안 이어졌다. 이제 와서야 우리는 서브프라임 론을 받은 사람들이 치러야 하는 진짜 대가가 무엇인지, 기본적인 조건도 망각한 채 대출을 해준 대부업자들 때문에 우리 경제가 치러야 할 대가가 무엇인지 깨닫고 있다. 하지만 그 10년의 중간 즈음, 경제가 정말 탄탄해 보이고 실업자 수가 낮았을 무렵 누구든 원하는 사람은 자기 집을 소유할 수 있을 것처럼 보였다. 그런 시기에조차 평범한 사람들이 하루씩 시간을 내어 좀 더 가난한 사람을 위해 집을 지어주는 해비타트 운동 같은 프로그램에 자원봉사로 참여하는 사람들의 숫자는 늘 넘쳐났다.

왜 다른 사람을 위해 집 짓는 일에 자신의 하루를 소비하는 사람들이 있을까? 나는 그 일련의 동기 부여가 다른 사람에 대한 공감에서 시작된다고 믿는다. 그들은 자신이 가진 것에 감사하는 사람들이다. 아마도 자신의 집을 소유한 것에 대한, 아니면 적어도 몸을 뉘여 쉴 곳이 있다는 데 대한 감사일 것이다. 이것이 그들로 하여금 좀 더 적게 가진 사람들에게 뭔가를 돌려주고 싶은 마음이 들게 하는 것이다. 물론 그런 행동을 통해 자원봉사자들은 행복을 얻는다.

지난 몇 년간 큰 인기를 끈 텔레비전 쇼 중에 ABC 방송의 '여러분의 집을 고쳐드립니다'라는 프로그램이 있다. 모종의 재난을 당한 착한 사람들의 집을 친구와 이웃이 나서서 고쳐주는 프로그램이다. 볼 때마다 출연자의 얼굴에 기쁨이 가득한데, 꼭 새 집을 받은 사람들만 그런 게 아니다. 남의 집을 지어주기 위해 밤새도록 톱과 망치를 들고 수고한 이웃의 얼굴도 마찬가지다. 받는 쪽과 주는 쪽 중 과연 누가 더 행복한지 구분하기 어려울 때도 있다. 그들의 수고를 이끌어낸 원동력은 인간애다. 하지만 그들의 봉사에서 무엇보다 중요한 역할을 하는 것은 그 이웃이 온전히 서 있는 자신들의 집에 대해 감사하는 마음이다.

내가 최근에 본 가장 감동적인 이야기 중 하나는 매년 9월 11일마다 재난에 직면한 미국 어딘가를 찾아가는 뉴욕 시의 소방관과 경찰에 관한 이야기다. 허리케인이나 화재, 홍수 등 복구를 위해 지역 공동체가 도움을 필요로 하는 곳이면 어디든 상관없다. 그들이 이런 활동을 하는 이유는 테러리스트의 공격으로 뉴욕 세계무역센터가 무너진 후에 미국 전역에서 몰려온 사람들이 붕괴된 건물 더미 밑에 깔려 있던 쓰러진 영웅들의 유해를 파내는 데 얼마나 도움을 주었는지 기억하고 있기 때문이다. 토네이도에 강타당해 부서져버린 아이오와 주의 보이스카우트 캠프를 재건하는 이 강인한 뉴욕 사람들의 얼굴에는 행복감이 가득하다.

왜 그들은 이런 일을 하기 위해 휴가를 내고 자비로 아이오와 주까지 날아가는 걸까? '그들'이 도움을 필요로 할 때 기꺼이 도움을 준 사람들에게 감사하는 마음이 가득 차 있기 때문이다. 지금 다른 사람이 갖지 못한 것을 자신들이 갖고 있다는 것 또한 감사할 일이다. 그들은 이 감사를 표현할 줄 안다. 그리고 거기서 진정한 행복을 느낀다.

몇 년 전 웨슬리 오트레이라는 뉴욕 시의 한 건설 노동자가 전 세계적인 영웅이 된 적이 있다. 간질 발작을 일으켜 선로에 떨어진 젊은이를 살리기 위해 지하철 선로에 뛰어든 그는 자신의 몸으로 젊은이를 감싸 안으며 보호했던 사람이다. 나는 깊은 감동을 받았다. 특히 사고 직후 사람들이 지어준 별명인 '뉴욕 시 지하철 영웅'이 마치 별일 아니라는 듯 플랫폼에 서 있는 다른 사람에게 자신의 어린 두 딸을 돌봐달라고 부탁하고는 누군가의 생명을 구하기 위해 선로로 뛰어들었다는 사실이 인상 깊었다.

나는 한 사진에서 그가 워싱턴 캐피털스 모자를 쓰고 있는 걸 발견했다. 그리고 여기저기 수소문 끝에 그의 형제 한 명이 버라이즌 센터에서 안내인으로 일하고 있다는 사실을 알았다. 그 형제를 통해서 웨슬리를 만나볼 수 있었다. 그는 정말 남다른 사람이었고, 남다르게 행복한 사람이었다.

어떻게 그리고 왜 타인의 목숨을 구하기 위해 그토록 담담하게 자신의 목숨을 내놓을 수 있었는지 내가 묻자 그는 지하철역으로 들어오는 기차의 불빛을 보았을 때 누군가는 간질 발작으로 선로에 떨어진 그 젊은이의 생명을 구해야 한다고 생각했다고 말했다. 누군가 해야 한다는 걸 깨닫자마자 자신이 바로 그 누군가가 되어야 한다고 느꼈다. 만약 자신이 저 선로 위에 누워 있는 상황이었다 해도 분명 누군가가 자신을 구하려 할 거라는 생각이 들었다. 그래서 아무 주저 없이 선로에 떨어진 컬럼비아 대학교 학생을 위해 자신이 바로 그 '누군가'가 되기로 결심했다.

이 말을 듣고 내가 할 수 있는 말은 이것뿐이었다.

"와!"

너무도 감정이입 능력이 뛰어난 나머지 만약 자신에게도 비슷한 재난이 닥친다면 누군가가 자신을 구해줄 거라는 생각에 감사하며 자신의 생명을 걸고 타인의 목숨을 구한 사람이 있었던 것이다.

이미 말했듯이 웨슬리 오트레이는 정말 남다른 인물이었다.

감사는 내가 알고 있는 다른 놀라운 인물들의 행복에서도 매우 중요한 원동력이 되고 있다. 애슐리 주드는 영화 한 편 출연으로 수백만 달러를 벌 수 있는 무비 스타지만, 유스에이즈를 위한 전 세계 홍보대사 활동에 믿을 수 없을 정도로 엄청난 시간과 에너지를 쏟아 붓고 있다. 애슐리는 인도의 도시 깊숙한 곳으로 들어가 매춘부들과 같은 텐트에 머물며 그녀들에게 에이즈 검사를 받도록 권유하면서 굉장히 행복해한다. 그녀의 이런 행동을 할 수 있는 동기는 무엇일까? 물론 인간애라고 할 수 있다. 그녀는 내가 아는 사람 그 누구보다 자신의 삶을 좀 더 고귀한 소명을 중심으로 이끌어 나가는 사람 중 한 명이다. 나는 주드와 대화를 나누면서 그녀가 다른 사람을 돕는 이유는 자신이 가진 모든 것에 감사하기 때문이라는 사실을 알게 되었다. 인간애와 감사, 사회 환원과 숭고한 소명, 이 네 가지는 서로 밀접하게 결합되어 다른 사람에게 선을 행하게 만들고, 은혜를 베푸는 사람을 적어도 은혜를 입는 사람만큼 행복하게 만들어주는 요소이다.

록 스타 보노가 그토록 많은 시간과 에너지를 들여 곤경에 처한 아프리카를 돕는 근본적인 이유는 무엇일까? 내 생각에는 질문 자체에 답이 들어 있는 것 같다. 보노가 록 스타라는 사실 말이다. 그는 자신이 받은 모든 것에 감사하고 있다.

굉장히 많은 대중적 인물, 즉 배우나 무비 스타, 운동선수들이 자신이 옹호하는 대의 때문에 웃음거리가 되는 경우가 종종 있다. 태풍 카타리나가 휩쓸고 지나간 뉴올리언스에 나타난다든가 고아를 입양하러 나미비아까지 여행을 떠나는 무비 스타는 그 즉시 홍보 기회를 잡으려 한다는 의심을 받으며, 그게 사실인 경우도 있을 것이다. 하지만 기독교 성경은 많은 것을 받은 자에게는 많은 것이 요구된다고 가르친다. 내 생각에는 그저 먹고살 만하고 머리 누일 보금자리가 있는 평범한 사람부터 대저택과 최고급 승용차를 소유한 성공한 인물에 이르기까지 사회의 모든 계층이 느끼는 감사, 즉 각자가 가진 것을 있는 그대로 인정하면서 느끼는 감사를 통해 각자 자신이 다른 사람과 비교해 더 가진 것을 무엇이든 제공하게 되는 것 같다. 그리고 돈을 기부하든 집짓기 자원봉사에 참여하든 어떤 식으로든 행동으로 옮기는 순간 우리도 조금쯤 더 행복해질 수 있는 것이다.

내가 아름다운 일몰과 그 행복한 순간을 린과 함께할 수 있다는 사실에 감사하던 순간, 내가 부자인지 아닌지는 전혀 상관없었다. 중요한 점은 내가 멈춰 서서 삶이 하루하루 나에게 주는 것들에 대해 성찰해볼 기회를 가졌다는 점이다. 잠시 모든 것을 멈추고, 우주가 극적인 일몰을 선사하는 어느 저녁 무렵 그저 살아 숨 쉬고 있다는 것만도 얼마나 큰 축복인지 깨닫는 것이야말로 진정한 행복인 것이다.

기분이 바닥을 치는 날에도 자신이 가진 것에 감사하다 보면 행복을 찾을 수 있다. 얼마든지 더 나쁠 수 있었던 것이다. 당신은 이라크에서 오른쪽 팔을 잃었을지 모르지만, 카일 메이나드는 두 팔에 두 다리마저 없는 사람이다. 당신은 그래도 나머지 왼쪽 팔을 사용할 수 있지 않은가? 맑은 공기를 마시며 동료와 함께 십자가에 매달리는 대신 어둡고 습기 찬 감옥 안에서 죽을 수도 있는 것이다.

그 외에도 여러분은 지금 현재 갖고 있는 것을 생각해야 한다. 가족의 사랑, 건강, 상대적으로 괜찮은 생활수준 등 말이다. 행복한 사람은 어느 정도 자신에게 관심과 사랑을 보여주는 공동체에 참여하고 있다. 자기표현 수단도 갖고 있다. 숭고한 소명도 있다. 감사할 게 많은 사람들인 것이다.

그리고 뭔가 대단한 일이 일어나서, 즉 비즈니스 계약이 성사되든지, 에미상을 수상하든지, 혹은 스탠리컵을 차지하든지 해서 기분이 하늘을 찌를 때에도 인생이 자신에게 준 혜택에 감사하는 마음이 있다면 약간의 겸손함을 되찾고 지상에 발을 붙이고 서 있을 수 있다. 여러분은 행운아지만 세상엔 여러분보다 불행한 사람들이 있는 까닭에 환희의 함성을 조금 낮출 수 있는 것이다. 자신이 다른 사람에 대한 의무를 갖고 있음을 기억하는 건 멋진 일이다. 만약 여러분이 록 스타로서 체육관에 모인 7만 관중의 환성 속에서 앙코르 곡까지 무사히 마치고 무대를 내려왔다고 상상해보자. 하지만 그 순간에도 다음 주에 아프리카로 다른 사람들을 도우러 가야 한다는 사실을 기억하고 있다면, 여러분이 공연을 끝내고 느끼는 정당한 즐거움에 모종의 조화와 균형이 더해질 것이다. 인간은 모두 하느님의 자녀임을 되새기다 보면 자꾸만 꼿꼿해지는 목을 약간 숙이고 두 발을 땅에 단단히 붙인 채 살아갈 수 있다.

자신이 가진 것에 대한 감사는 마치 적당량의 빵효모처럼 사람을 너무 부풀어 오르거나 혹은 너무 납작해지지 않게 만들어준다. 좀 더 불행한 사람을 돕게 만드는 원동력이 되며, 현실을 직시하게 만들어 자기 연민에 빠지지 않게 해준다. 또한 내 생각에는 감사하는 태도야말로 인격의 지표인 것 같다.

지금은 은퇴했지만 여전히 조지타운 대학교의 전설적인 농구 코치로 유명한 존 톰슨은 선수를 선발할 때 젊은 유망주에게서 가장 먼저 보는 것이 바로 '부탁합니다'와 '감사합니다'라는 말을 하는지 여부라고 내게 말한 적이 있다. 젊은이의 예의범절을 시험하는 건 아니다. 다만 젊은이가 팀 내에서 훌륭한 동료가 될 수 있는지 그리고 자신의 지도를 잘 따르는 선수가 될 수 있는지를 시험하는 방법이다. 만약 젊은이가 조지타운 대학교를 위해 선수로 뛸 수 있는 기회에 감사를 표한다면, 아마도 그는 열심히 노력하고, 남의 조언을 수용하며, 도움을 필요로 하는 팀 동료를 기꺼이 도울 만한 선수가 될 거라는 논리였다. 또한 감사의 표현은 그 젊은이가 근본적으로 행복한 사람이라는 의미도 된다. 행복은 전염성이 있기에, 그런 선수를 선발하다 보면 자신이 타고난 재능에 감사할 줄 아는 행복하고 인간애 넘치는 선수들로 팀을 구성할 수 있게 된다는 것이다.

워싱턴 캐피털스에서 활약하고 있는 알렉스 오베츠킨은 매일의 삶에서 끊임없이 감사를 표현한다. 알렉스는 최고의 팀 플레이어라고 할 수 있다. 그는 자기 주변 선수들의 능력조차 끌어올린다. 그는 어떤 방에 들어가든 그곳에 행복을 불어 넣는다. 자신이 행복한 사람이기에 가능한 일이다. 그는 NHL에서 2년 연속 MVP로 선정되었다. 캐피털스와 장기 계약을 맺고 있는데, 계약 기간 동안 총 1억 달러 이상의 수입을 올리게 될 것으로 보인다. 그는 감사할 게 많은 사람이다.

그가 사람들과 그렇게 지내는 건 젊고 부유하며 상상을 초월하는 재능을 가진 사람의 오만함이 결코 아니다. 그는 자신이 그저 살아 있다는 사실만으로도 얼마나 즐거운지를 사람들에게 늘 발산한다. 그리고 얼음판 위에 발을 내딛을 때마다 자신이 그렇게 스케이트를 신고 경기할 수 있다는 사실에 늘 감사한다. 분명 그는 거칠고 투지가 넘치며 누구보다 경쟁적인 사람이다. 알렉스는 남보다 일찍 연습장에 도착해 누구보다 열심히 훈련한다. 그가 남보다 뛰어난 재능을 가졌다는 사실도 물론 중요하다. 알렉스 자신도 뛰어나다는 걸 잘 알고 있다. 하지만 경기장에 나서는 알렉스가 최선을 다하는 이유는 정말 하키 경기를 사랑하기 때문이다. 그는 세계 최고의 하키 선수지만 그래도 경기는 경기일 뿐이다. 알렉스와 직접 알고 지내는 나는 알고 있다. 알렉스는 자신이 사랑하고 정말 잘하는 하키 경기를 하며 살아갈 수 있다는 사실 자체에 감하사고 있다는 걸 말이다.

알렉스가 너무 요란스럽고 점수를 낼 때마다 지나치게 자기 과시를 한다고 비판하는 사람도 있다. 같은 경기에 참가한 다른 슈퍼스타의 기분을 잡치게 하는 일도 있을 것이다. 하지만 알렉스가 하키 공동체 전체와 긴밀한 관계를 맺을 수 있는 이유는 그저 실력이 뛰어나고 매력적인 젊은이이기 때문만은 아니다. 그가 자신의 팀 동료, 캐피털스의 팬, 심지어는 다른 팀의 경쟁자와도 좋은 관계를 유지할 수 있는 것은 빙상 위에서 전염성 있는 기쁨을 전파하기 때문이다. 2008년 NHL의 MVP로 뽑혀 첫 번째 하트 트로피(Hart Trophy)를 받았을 때 알렉스는 "대단한 인생이네요!"라는 말로 소감을 시작했다. 그는 자신의 인생이 준 기회에 진심으로 감사하고 있다.

모든 하키 선수가 빙상으로 나가면서 알렉스와 같은 기쁨을 표하진 않는다. 모든 운동선수가 '부탁합니다'와 '감사합니다' 같은 말을 하는 것도 아니다. 알렉스는 자신이 하키 선수라는 데 감사를 표함으로써 더 나은 선수가 된다. 그 반대, 즉 자신이 남보다 뛰어난 선수라서 감사하는 게 아니다. 그는 행복하기 때문에 성공한 인물이 된 것이지, 성공한 인물이라 행복한 게 아니다. 다른 많은 행복한 사람들과 마찬가지로, 그 역시 한순간 자신이 처한 상황에서 한 발짝 물러서 있는 그대로의 현실에 감사할 줄 안다.

그는 이렇게 말한다.

"이 모든 것에다, 돈까지 받는다고요?"

자신의 일을 이 정도로 사랑하는 사람을 본 적이 있는가?

그게 바로 알렉스 오베츠킨이다. 행복한 사람이라 하지 않을 수 없다.

감사에 관한 논의에서 나의 주장을 입증하는 데 도움이 될 만한 또 다른 측면이 있다. 나는 국면 전환의 상황에 놓인 적이 여러 번 있었다. 회사나 비영리 단체 이사회의 일원으로서 사업을 운영하거나, 이해관계자로서 안 좋은 상황을 개선해야 했던 적도 있다. 어려운 상황에 투입되어 이렇게 말하는 경영자들이 있다.

"여기는 모든 게 엉망이군요. 진짜 끔찍한 곳입니다. 내가 이런 잡동사니를 잔뜩 떠안은 채 성공을 이끌어내야 하는 거군요."

하지만 이렇게 말하는 사람도 있다.

"이 조직은 대단한 자산을 보유하고 있군요. 일하는 사람들도 정말 똑똑하고 말입니다. 이제 뭘 하면 되나봅시다. 지금 당장은 이 조직이 성공을 거두지 못하고 있을지 몰라도 아마 앞으로는 엄청난 일을 해낼 겁니다. 나한테 그런 좋은 기회가 주어진 겁니다. 지금 상황은 그다지 좋지 않지만 저한텐 이 세상 최고의 자리라 할 수 있습니다."

바로 그런 보디랭귀지와 말, 겉으로 드러난 관점의 차이가 국면 전환의 성공과 실패를 판가름한다. 자기 앞에 놓인 도전과 기회에 감사할 줄 아는 전환의 명수들이야말로 성공을 일구낸다.

존 밀러는 2002년 전체적으로 완전한 혼란에 빠져 있던 AOL에 부임했다. 그는 5개월 만에 세 번째로 교체된 CEO였고, 회사는 증권거래위원회와 법무부의 조사가 진행 중이었으며, 타임워너와 AOL의 관계는 얼핏만 들어도 현기증이 날 정도였다. 언론사들은 AOL을 잡아먹으려는 듯했으며, 수익과 가입자 수는 정점을 찍은 다음 곤두박질치고 있었다. 존이 나에게 말하는 태도는 항상 이런 식이었다.

"그동안 AOL을 위해 애써주신 모든 일에 감사합니다. 제발 계속 여기 남아서 제 일을 좀 도와주시면 좋겠습니다. 여러분을 비롯해서, 회사를 바로 잡기 위해 적재적소에 투입할 만한 수많은 훌륭한 인재가 있어서 얼마나 다행인지 모릅니다. 우리는 엄청난 자산을 보유하고 있고, 그걸 제대로 관리할 수만 있으면 되는 겁니다. 자, 한 번 해봅시다."

나는 그에게 도움이 될 수 있어서 행복했다. 존의 부임을 기회로 엉망이 되어버린 AOL을 탈출해 다른 활동에 좀 더 전념할 생각을 하는 대신 그냥 AOL에 남아 오랜 시간 열심히 일했다. 물론 시작 단계부터 일을 그르친 적도 여러 번 있었다. 곤란한 상황에 처하고, 옆길로 새고, 서로 다툼을 벌이고, 실수를 저질렀던 그 많은 일들을 별것 아닌 것으로 축소할 생각은 없다. 하지만 존이 AOL에 부임한 이후 거의 4년 동안, 이미 회사의 핵심이 되어 있던 AOL의 오디언스 사업은 연 49퍼센트씩 성장을 이어갔다. 우리는 미래의 전략을 세우고, 다이얼 업 가입자 사업이라는 무거운 짐을 덜어내며 인터넷의 온라인 광고 붐을 타고 높이 날아올랐다.

현재 새로 부임한 CEO 팀 암스트롱이 AOL에 접근하는 방식을 보면, 역시 말하는 방식이 비슷한 걸 알 수 있다. 그는 AOL이라는 브랜드를 믿는다. 그는 AOL처럼 능력과 유산을 보유한 기업의 CEO가 될 기회를 잡은 데 감사한다. 이미 엄청난 사용자를 확보하고 있으며 그걸 기반으로 다시 일어설 수 있다. 비록 타임워너가 존 밀러를 해고했을 때 AOL의 고위 관리자들 역시 몽땅 잃고 말았지만, AOL은 아직 굉장히 훌륭한 직원을 많이 보유하고 있으면 팀 암스트롱의 지휘 하에 신규 채용을 통해 그 수를 더욱 늘려갈 것이다. 존이 AOL의 CEO로 있던 시기와 팀이 새로 부임해온 시기, 그 중간에 AOL을 점령했던 타임워너 출신 관리 팀은 다음과 같은 의사를 분명히 전달했다.

"지금 여기 상황이 얼마나 엉망인지 믿고 싶지 않을 겁니다. 자기가 뭘 하고 있는지 아는 사람이 아무도 없어요. 세상에, 이건 뭐 완전 쓰레기 더미라니까요! 우리가 이런 허드렛일을 떠맡은 건 절대 좋아서가 아닙니다. 경력에 보탬이 될까 싶어 어쩔 수 없이 하고 있는 것뿐입니다."

비유적으로는 물론이고 문자 그대로도 우리는 이런 말을 들어야 했다.

자신이 기반으로 삼아야 하는 자산에 대해 충분한 감사를 표하던 존 밀러의 재임 기간 동안, AOL은 제대로 된 장기 전략을 세웠고, 우리 사업의 가장 중요한 분야에서 AOL의 전성기만큼이나 급속한 성장을 이루어냈다. 한 번 고꾸라졌던 AOL은 다시 솟아올랐다.

존이 해임된 후 타임워너에서 파견한 팀은 AOL을 경멸했다. 자신들이 물려받은 자산에 대한 감사가 얼마나 부족했던지, 그들은 웹상에서 가장 강력한 브랜드 중 하나인 AOL이라는 이름 자체를 기회가 생길 때마다 어떻게든 최소화하려 했다. 그들은 이메일을 확인하고 가장 익숙한 방법으로 웹에 접속하기 위해 하루에도 수천 명의 사람이 방문하는 AOL이라는 온라인 사이트를 그저 하나의 광고 네트워크에 포함된 수많은 여타 사이트 중 하나로 간주해야 한다고 생각했다. 그 네트워크조차 더 이상 'AOL 네트워크'라고 부르지 않았다. 그들은 그걸 마치 스카스데일(Scarsdale: 뉴욕 외곽의 고급 주거지)행 5시 13분 기차라도 타려 것마냥 '플랫폼 A(Platform A)'라고 불렀다. 그들은 우리가 애써 만들어놓은 추진력을 멀리 차내 버렸다.

그들은 감사할 줄 몰랐다. 그들은 AOL에서 행복하지도 않았다. 따라서 실패할 수밖에 없었다. 내가 무슨 말을 하고 싶은지 알겠는가?

Happiness Lesson 5

사회 환원을
잊지 말고 실현하라

    나는 돈을 벌거나 쓰는 것보다 누군가에게 돈을 줄 때 더 행복하다. 그런 사람이 나 하나만은 아닌 듯하다. 미국인은 세계에서 가장 생활수준이 높은 사람들인 동시에 지구상에서 가장 관대한 사람들이기도 하다.

    2006년 미국인들이 자선 사업에 기부한 금액은 총 3000억 달러에 달한다. 이는 덴마크나 노르웨이, 그리스, 오스트리아 같은 선진국들의 GDP보다도 높은 숫자이다. 세계은행에 따르면 GDP 대비 기부 금액 비율로 봤을 때, 미국인은 2위를 차지한 영국인보다 무려 2배나 높은 수치로 압도적인 1위를 차지했다. 3위 프랑스인보다는 12배나 높았다. 미국인은 단지 돈에만 관대한 것이 아니라 시간에도 관대해서 헤아릴 수 없을 정도로 다양한 자원봉사에 참여하고 있다.

돈으로는 행복을 살 수 없다는 말은 거의 공리처럼 쓰이고 있고 자선 활동을 통해 행복을 얻을 수 있다는 과학적 증거도 있다. 앞에서 언급했듯이 의료 기구 회사의 종업원들을 대상으로 한 하버드 대학교의 연구에 따르면 연간 보너스 금액에서 기부 금액 비율이 높은 직원이 더 행복했다.

내가 아는 행복한 사람들 역시 마찬가지다. 소득 수준과 상관없이 내가 아는 가장 행복한 사람들은 기부를 하거나 시간을 들여 자원봉사를 하거나 혹은 둘 다를 통해서 후하게 사회에 환원할 줄 아는 사람들이다.

칼 립켄 주니어는 메이저리그 명예의 전당에 이름을 올린 인물이다. 만약 행복에도 명예의 전당이 있다면 칼은 당연히 거기에도 이름을 올릴 사람인데, 꼭 뛰어난 재능을 타고난 데다 자신이 사랑하는 야구 경기에서 경탄할 만한 직업윤리를 보여줬기 때문만은 아니다. 칼은 볼티모어 오리올스에서 선수 생활을 마무리한 후, 감사의 의미로 아버지 이름을 딴 칼 립켄 시니어 재단을 설립하는 데 헌신했다. 2003년부터 그의 재단은 65만 명 이상의 젊은이들을 야구 관련 활동에 참여시켜왔다. 현재 그의 업무는 주로 자선과 교육, 일반인의 야구 참여 활성화 등을 중심으로 전개되고 있다. 물론 그의 회사인 립켄 야구는 유소년 야구 팀을 소유하고 있으며 야구 캠프를 운영하는 등 분명 비즈니스라 할 만한 일을 하고 있다. 하지만 아무리 그의 사업이 고수익을 낸다 하더라도 칼의 소명에서 가장 두드러진 부분은 자신의 메릴랜드 공동체와 자신을 유명한 백만장자로 만들어준 스포츠 그리고 자신보다 불행한 사람들에게 뭔가를 환원하고자 하는 분명한 목표 설정이다. 칼의 사업은 자신이 자선 사업과 공동체 활동에서 맡고 있는 역할과 하나로 어우러져 그의 행복에 크게 기여하고 있다.

칼은 내가 이 책에서 밝힌 행복과 성공의 원칙을 전부 구현하고 있다. 그는 야구, 사업 그리고 자신이 믿는 대의를 지지해주는 정치가 등을 서로 연결해주는 사람이다. 또한 동기부여 강사, 작가, 칼 립켄 야구법에 대한 교육용 비디오 제작자로서 자기표현의 통로도 찾았다. 그의 좀 더 숭고한 소명은 젊은 영화 제작자들을 품안에 받아들인 로버트 레드포드의 소명과 크게 다르지 않다. 바로 신세대 야구 선수들을 키워내는 것이다. 그는 야구를 기반으로 평화를 이룩하고자 노력하고 있다. 야구가 자신에게 제공해준 모든 것에 감사하면서, 칼은 진정한 의미의 사회 환원을 하고 있다.

스티브 케이스는 아내 진과 함께 1997년에 케이스 재단을 설립했다. 그들은 AOL 재단을 통해 AOL이 공동체와 사회에 환원하는 데 많은 역할을 했지만 그것만으로는 만족하지 못했다. 그들은 사재를 털어 또 하나의 자선 재단을 설립했다. 케이스 재단은 다른 인터넷 기업가들이 만든 여러 자선 재단들과 공동으로, 자신들이 가진 자원 그리고 온라인 매체와 기술을 활용해 사람들의 삶을 향상시킬 방법을 모색했다.

내가 스티브 케이스와 함께 보낸 가장 행복했던 순간 중 하나는 그에게서 플레이펌프 인터내셔널의 사업 방식에 관한 설명을 들었던 때다. 플레이펌프는 아이들의 놀이기구인 놀이 회전판을 매우 기발한 방식으로 설치해주는 시스템이다. 아이들이 이 회전판을 돌리면서 놀면 회전판의 움직임이 펌프를 작동시켜 물을 공급하게 된다. 현재까지 플레이펌프 인터내셔널은 심각한 식수 부족으로 고통을 겪는 사하라 사막 이남의 아프리카

마을에 1200개 이상의 우물을 설치해왔다. 물론 스티브 덕분에 나도 이 프로그램에 참여하게 되었다는 사실도 중요하지만, 그보다 더 중요한 점은 이것이다. 나는 그동안 위대한 승리의 순간과 재밌는 사건, 행복한 일들을 모두 스티브와 함께해온 사람이다. 하지만 스티브가 플레이펌프에 대해 이야기할 때만큼 흥분한 모습은 한 번도 본 적이 없었다. 그는 케이스 재단을 통해 플레이펌프 인터내셔널을 지원해 아프리카 남부의 새로운 나라에서 처음 플레이펌프 사업을 시작할 때면, 마치 AOL이 유럽의 새로운 나라에서 처음 온라인 서비스를 시작할 때만큼이나 열심을 보인다. 나에게 플레이펌프에 대해 설명하는 스티브의 목소리에서는 열정이 그대로 배어났다. 사회 환원을 통해 스티브는 진정한 행복을 맛보고 있는 것이다.

플레이펌프는 우리 가족에게도 행복을 선사했다. 2년 전 린과 나는 크리스마스 선물로 잭과 엘에게 남아프리카공화국의 마을 두 곳에 플레이펌프를 기부하도록 해주었다. 우리 가족이 함께한 최고의 크리스마스 중 하나였다.

부유한 사업가와 운동선수, 스타는 다양한 재단에 상당한 금액을 기부할 능력이 있다. 기부를 통해 세금 관련 인센티브도 받을 수 있다. 많은 부자들이 자신의 경력이나 부를 쌓을 때와 마찬가지 열정으로 사회 환원에도 집중하는 것은 그저 'A형 행동양식(성급하고 경쟁적인 성격을 가진 사람들의 행동양식)'의 소유자라서 그런 게 아니다. 그런 종류의 관대함은 한 사람의 진정한 가치에서 비롯된다. 또한 돈이란 멋진 장난감을 사는 데 써버려서는 장기적인 행복을 얻을 수 없지만, 타인을 위해 사용하면 즐거움을 창출하는 도구가 될 수 있다는 현실적인 깨달음에서 나오는 것이기도 하다.

통계를 보면 알 수 있듯이 꼭 부자만 사회 환원을 하는 건 아니다. 불우 이웃을 돕기 위해 음식을 모으는 교회 신도, 유방암 퇴치를 위한 달리기 대회를 위해 전 직원의 참가 신청을 받아내는 마음씨 따뜻한 여직원, 난민 가족을 기꺼이 집으로 맞아들이는 이웃 아저씨, 해외 파병 군인들에게 보낼 세면 용품을 모으러 다니는 동네 아이들은 모두 평범한 사람들이다.

내 경험에 의하면 후프 드림즈와 베스트 버디즈, 유스에이즈, 워싱턴 D. C. 센트럴 키친(D .C. Central Kitchen: 워싱턴 주변 식당 등의 남는 식재료를 활용해 실직자에게 요리 기술을 교육하는 동시에 만들어진 음식을 저소득층 및 노숙자 등에게 제공하는 프로그램-옮긴이) 등은 나의 삶을 풍요롭게 만들어주었다. 솔직히 말해서 워싱턴 거리를 떠도는 노숙자에게 일자리 혹은 일자리를 구할 기회를 얻을 수 있도록 도움을 준 것만도 여러 번이다. 나 자신이 상당 금액을 기부하기도 했고, 주변 친구들이 금전적 및 시간적 기부를 하도록 유도하기도 했지만 내가 지원하는 단체는 물론이고 어려움에 처한 사람들에게 무엇을 제공하든지 나는 거기서 10배 이상의 보상을 받았다. 굉장히 수지 맞는 장사인 셈이다. 앞에서도 언급했듯이 마이클 헨더슨과 빅 켄 홀든을 알게 된 것은 내 삶을 헤아릴 수 없을 정도로 풍요롭게 해주었다. 나를 행복하게 해 주었음은 물론이다.

내가 애슐리 주드를 만난 것은 에이즈 퇴치의 중요성을 알리고 그와 관련해 기금을 모으는 굉장한 조직인 유스에이즈에 참여하면서부터였다. 애슐리는 2002년부터 유스에이즈의 세계 홍보대사로 활동하고 있는데, 몇 년 전 나는 영광스럽게도 유스에이즈 연례 경축 행사의 의장을 맡게 되었다. 애슐리를 뛰어난 여성이라 칭찬할 수 있는 이유는 대단히 아름답고 재능 있는 여배우이기 때문일 뿐만 아니라 웬만한 사람은 피하고 싶을 어려운 도전에서조차 행복을 이끌어내는 능력 때문이다. 애슐리는 자신을 필요로 하는 대의를 위해 기꺼이 헌신하는 행복한 사람이다. 사실 그녀는 현재 자선 활동에 필요한 전문 기술을 향상시키기 위해 하버드 대학교의 케네디 스쿨에서 경력자 석사 학위 공부를 하고 있다.

애슐리는 유스에이즈를 위해 "전 세계 매음굴을 돌아다니며, 감금된 채 노예처럼 착취당하는 여성들을 만나면서" 자신의 인생이 완전히 변했다고 말한다. 그녀는 또한 자신의 인생이 "고아들을 만나고, 빈민굴을 찾아가고, 전 세계의 병원과 말기 환자 요양소 등에서 죽어가는 사람들의 침대에 앉아 있으면서" 변화했다고 말한다.

애슐리 주드는 이 책에서 이야기하는 행복의 원칙 몇 가지를 잘 보여준다. 나에게 가장 놀라워 보이는 것은 사회 환원을 통해 영혼의 고양과 마음의 평화를 얻는 애슐리의 모습이다. 그녀는 진정 숭고한 소명을 가지고 있으며 "매순간 세상에 변화를 가져오고 평화를 널리 알리는 데 일조할 수 있다."고 믿는다.

애슐리의 무엇보다 남다른 점은 참여하는 공동체의 넓이와 깊이, 그 공동체에서 이끌어내는 행복 그리고 그 공동체의 우선순위를 매기는 방법이다. 애슐리가 참여하고 있는 상위 10개의 공동체 중 영화 산업 관련 공동체는 8위를 차지했다. 워싱턴에 근거를 둔 비영리 단체로 유스에이즈의 활동 계획을 창안한 국제인구조사국(Population Services International: 주로 질병, 에이즈, 여성 건강 등과 관련된 활동을 하는 비정부 기구)이 1위였다. 켄터키 대학교 농구 팀을 응원하는 팬과 친구들 모임이 할리우드보다 몇 단계 위에 자리 잡고 있었다.

성공을 거둔 무비 스타가 자신의 영화 관련 공동체를 에이즈와 싸우는 친구 및 지인들로 이루어진 국제 네트워크보다 몇 단계 밑에 그리고 켄터키 와일드캣을 응원하는 모임보다 약간 아래에 있다면, 행복한 여성이자 훌륭한 인간이라고 믿어도 되지 않을까?

유스에이즈 행사장에서 애슐리를 만날 때마다 그녀는 최근 무슨 일을 하고 있는지 나에게 말해준다. 거의 대부분 다른 사람을 위한 일과 관련된 것이다. 영화 촬영을 막 끝냈다든가 개인적으로 멋진 일이 생겼다든가 하는 이야기는 전혀 없다. 늘 다른 사람에 대한 이야기뿐이다.

만약 애슐리 주드처럼 아름다운 데다 포뮬러 1(국제자동차연맹이 주관하는 세계 최고의 자동차 경주 대회-옮긴이) 및 인디 카 드라이버인 다리오 프란치티 같은 남자의 아내로 그처럼 화려한 삶을 살면서 무비 스타로 수백만 달러씩 번다면 누구라도 행복할 거라고 말하는 사람이 있을지도 모른다. 하지만 애슐리의 행복은 우리 누구라도 할 수 있는 일에서 나오는 것이다. 자신의 시간과 에너지를 투자해 '나'라는 한 인간보다 훨씬 큰 목적을 위해 헌신하는 일 말이다.

분명히 행복한 사람들의 공통된 원칙은 관대한 사회 환원인 듯하다. 하지만 행복 설문에 응답했던 행복한 사람들은 자선 활동이 행복을 가져다준다고 생각하지 않았다. 나는 이러한 생각이 자선 활동과 봉사 등을 삶의 본질적인 요소로 보는 관점에서 비롯된 거라고 해석했다. 좀 더 중요한 질문은 아마도 어떻게 사회 환원이 누군가를 한층 성공적인 사람으로 만들어주느냐 하는 문제일 것이다. 여기, 현실에서 막 가져온 따끈한 예화가 두 가지 있다.

스내그필름즈는 '이중 결산표'의 전형적인 회사로 설립되었다. 나의 의도는 스내그필름즈를 수익이 나는 벤처 기업으로 만드는 것이다. 하지만 그 목표 뒤에는 영화박애주의를 실천하는 동시에 다큐멘터리 영화가 직면한 망가진 배급 시스템을 바로잡는 데 일조하고 싶다는 의도 역시 자리 잡고 있다.

스내그필름즈의 출범을 발표하던 날 우리는 대부분의 중요한 다큐멘터리 영화 자료실을 콘텐츠 협력 업체로 확보했다. 하지만 대규모 다큐멘터리 자료실을 보유한 굉장히 중요한 회사 하나가 우리와 함께 일하지 않는 쪽을 택했다. 자신이 보유한 이른바 롱테일(long-tail) 자산, 즉 극장 개봉이나 텔레비전 방송, DVD 판매 등을 통해 대중의 관심을 끌기는 이미 오래전에 물 건너갔고, 다만 비교적 소수의 관중만이 관람 의사를 보이는 영화들을 스내그필름즈를 통해 배급하는 데 별다른 이점을 찾을 수 없다고 보았던 것이다. 우리는 그 조직에 소속된 여러 사람을 만나 의사를 타진해봤지만 굉장히 다양한 이유로 인해 거래는 성사되지 못했다.

그런데 나중에 알고 보니 나하고 한 번도 비즈니스를 해본 적 없는 그 회사의 고위층 인사 한 분이 두 번에 걸쳐 서로 다른 자선 활동과 관련해 상을 받는 자리에서 나와 만나 어느 정도 친분을 쌓은 사이였다.

몇 달 전 나는 어떤 사업과 관련해 자본을 마련할 일이 있었다. 뉴욕에 있는 담당 투자 은행가가 나에게 말하기를 경영자 한 사람이 나와 함께 사업을 진행하는 데 흥미를 보인다고 했다. 그러면서 자신들이 준비한 투자 제안서와 우리가 잠재 투자자들에게 제공할 재무 정보를 그 사람에게 보내도 좋은지 물었다.

"그분은 이 사업을 마음에 들어 하십니다. 그리고 개인적으로 회장님을 굉장히 좋아하시는 것 같던데요."

투자 은행가의 말이었다. 내가 그 경영자에게 뭔가를 물어본 적도 없고 그가 나에게 뭘 물어본 적도 없었다. 유일한 접점은 둘이 자선 행사장에서 몇 번 만나 각자의 관심에 대해 열변을 토했다는 점뿐이었다.

그런 접촉을 기반으로 드디어 사업 이야기를 나눌 시간이 찾아왔다. 이야기를 하는 동안 나는 자연스럽게 스내그필름즈에 대한 말을 꺼내면서 우리가 그의 회사와 거래하지 못하게 된 사정을 털어놓았다. 이 책을 쓰고 있는 지금 그의 회사는 스내그필름즈와 일을 시작하는 방법에 대해 진지하게 논의하는 중이다. 자선 사업이라는 매개체를 통해 두 사람의 기업이 함께 비즈니스를 할 기회를 만들어낸 경우라 할 수 있다.

자선 사업과 자원봉사는 여러분을 새로운 관심 공동체로 인도할 수 있다. 순수하게 영리적인 관점에서만 본다면, 그런 공동체와 접촉하는 것은 모든 면에서 비즈니스 '그 자체'에서 얻는 접촉만큼이나 가치 있는 것이 될 수 있다.

하나의 대의를 위해 자원 봉사자로 일하거나 기금 마련 행사에 참여하다 보면 CEO나 여느 평범한 사람이나 별 차이가 없어진다. 모든 사람이 소매를 걷어붙이고 작업에 뛰어든다.

하지만 비즈니스 네트워크를 넓히겠다는 목적으로 자선 활동에 참여하는 건 행복해지는 데 별로 도움이 되는 방법은 아니다. 그 점은 명심해야겠지만, 자선 활동을 위한 모임이 비즈니스 네트워크로 통합될 수 있다는 건 분명한 사실이다.

때로는 자선 활동이 비즈니스와 그리고 비즈니스가 자선 활동과 결합되는 경우도 있다. 관련자 모두에게 이득이 되는 경우이다.

여러 해 전 아직 LIST를 운영하고 있을 무렵, 나는 미치 카포라는 분을 알게 되었다. 그는 IBM PC 시절 최초의 '킬러 앱' 중 하나인 스프레드시트 '로터스 1-2-3'을 생산한 로터스 디벨럽먼트 코퍼레이션의 창립자였다.

그로부터 20여 년 정도 필름을 앞으로 돌려 2003년 봄으로 와보자. 나는 기술 관련 언론인인 월트 모스버그와 카라 스위셔가 캘리포니아 남부에서 개최한 'All Things D' 컨퍼런스에 참석한 자리에서 미치를 다시 만나 이야기를 나누게 되었다. 거기서도 그랬지만 이어진 다른 대화에서도 미치는 나에게 AOL이 넷스케이프 브라우저를 어쩔 생각이냐고 계속 물어보았다. AOL은 넷스케이프를 1990년대 중반에 인수해놓고서는 더 이상 돈을 투자해 발전시키지 못하고 있었다.

미치는 이미 시장 점유율 95퍼센트에 달해 있던 마이크로소프트 익스플로러의 경쟁자로서 충분한 잠재력을 가지고 있는 넷스케이프 브라우저를 업데이트시킬 만한 충분한 자원이 AOL에는 없다고 주장했다. 그는 AOL이 넷스케이프 브라우저의 지적 재산과 소스 코드를 모질라 재단에 기부하면 어떻겠냐고 제안했다. 그러면 모질라가 그 소프트웨어를 공개 소스 커뮤니티에 올려서 커뮤니티 전체가 그 브라우저의 기능 향상에 참여할 수 있게 하겠다는 말이었다. 그리고 한 가지 요구 사항이 더 있었다. AOL이 모질라 재단이 출범하는 데 200만 달러를 기부해야 한다는 것이었다.

듣자마자 괜찮은 제안이라는 생각이 들었다. PC 시대의 위대한 소프트웨어 개발자 중 한 명이 기꺼이 자신의 시간과 노력을 들여 이 프로젝트를 출범하려 하고 있었다. 소스 코드를 제공하고 200만 달러의 현금을 지원하는 방법으로 AOL은 기술 공동체에 뭔가를 환원할 수 있게 된 것이다. 기술 공동체는 브라우저를 개선해 소비자들에게 좋은 방향으로 발전시킬 터였다. 그렇게 해서 파이어폭스 브라우저가 탄생했고, 지금은 브라우저 시장에서 점유율 20퍼센트를 상회하고 있다. 파이어폭스는 혁신적이고 우아하고 훌륭한 브라우저이며, 마이크로소프트에 자극을 주어 인터넷 익스플로러의 기능을 혁신적으로 개선하도록 하는 데도 큰 역할을 했다.

미치는 모질라 재단 프로젝트를 이끌어 파이어폭스를 만들어냄으로써 기술 공동체에 뭔가를 환원하겠다는 의지를 갖고 있었다. 나는 AOL로부터 소스 코드와 재정적 지원을 이끌어내 이 프로젝트를 진행시켰다. 결과적으로 현재 브라우저 시장과 소비자들이 온라인에서 사용하는 도구는 엄청난 발전을 했다. 이것이야말로 윈-윈-윈 게임이 아닐 수 없다.

허리케인 카타리나의 피해 복구와 관련해 AOL에서 벌어진 일은 자원봉사와 사회 환원이 어떻게 행복과 성공을 가져올 수 있는가에 대한 또 다른 예가 될 수 있다.

카타리나가 미국 남부를 강타하고 지나간 후 얼마 지나지 않은 노동절 주말 바로 직전에 나는 MIS(경영 정보 시스템) 부서에서 일하는 직원으로부터 이메일을 한 통 받았다. 조직의 위계질서로 볼 때 너무 아래쪽에 있는 직원이라 나하고는 만나본 적도 이메일을 주고받은 적도 없는 친구였다. 이 직원은 미시시피 주 출신이었는데, 미시시피 주도 루이지애나 주만큼이나 허리케인으로 물리적, 정신적 피해가 극심함에도 제대로 된 홍보 조직이 없는 관계로 자기 고향 마을 사람들이 뉴올리언스 수준의 관심과 구호물자를 제공받지 못하고 있는 것 같다는 내용이었다. 그러고는 도움을 줄 수 있는 간단하면서도 기발한 아이디어를 하나 제안했다.

그는 긴 연휴 기간 동안 사용하지 않는 AOL의 트럭이 있는지 물었다. 나는 즉시 그렇다고 대답했다. 당연히 있어야 했고, 찾아보니 있는 것으로 밝혀졌다. 그날은 목요일이었다. 직원은 이렇게 말했다.

"회사 전 직원에게 내일 출근할 때 생수를 몇 병씩 가져오라고 부탁하고 싶습니다."

그리고 이튿날 친구 한 명과 함께 트럭 한 대에 1만 개의 물병과 다른 구호품을 모두 싣고 미시시피 주로 가서 이재민들에게 나눠준 다음, 화요일 아침 출근 시간쯤에 돌아오겠다는 했다. 너무도 논리정연하고 잘 짜인 계획이었기 때문에 나는 즉시 "가서 해보시오."라고 답장을 보냈다. 그러곤 트럭을 한 대 마련해주고 생수를 부탁하는 이메일을 회사 전체에 발송할 수 있도록 해주었다.

그 직원이 너무도 훌륭하게 일을 처리했기 때문에 프로젝트는 한 주로 끝나지 않았다. 이어지는 몇 주 동안 AOL 직원들은 정말 열심히 생수, 통조림 식품, 옷가지 등 그가 요구하는 것이면 뭐든 구해다 주려고 애를 썼다.

한 번 생각해보라. 훌륭한 계획을 짜서 자기 회사 부회장에게 이메일을 쓴다는 것은 승진에 대단히 유리한 행동이다. 하지만 확신컨대 그가 나에게 이메일을 보낸 순간만큼은 상급 관리자의 레이더에 포착되겠다는 생각 따위는 눈곱만큼도 하지 않았을 것이다. 그가 나에게 이메일을 보낸 이유는 아마도 내가 답장을 보내줄 사람이라고 확신했기 때문일 것이다. 그는 다만 어려운 처지에 빠진 사람들을 돕고 싶었을 뿐이다. 그리고 그 직원 덕분에 여러 주 동안 AOL 사내에서는 주말마다 미시시피 주로 실어 나를 구호 물품을 모으는 수거함을 볼 수 있었다.

그는 자원봉사를 통해 자신이 믿을 만하고, 창의적이고 조직적인 기술을 보유하고 있으며, 열정적인 일처리 능력이 있는 사람이라는 것을 입증했다. 얼마나 대단한 직원인가! 아마도 그가 지금껏 업무상 처리한 어떤 일도 그 자원봉사보다 더 회사 관리자들의 주의를 끄는 일은 없었을 것이다. 그의 마음은 순수했다. 그는 경력 관리를 하려던 게 아니었다. 하지만 자원봉사를 통해 보여준 모든 기술은 승진을 위해서도 당연히 필요한 기술들이었다.

최근 몇 년 동안 AOL은 수많은 이직과 혼란의 소용돌이에 빠져 있었다. 나는 그 젊은이만큼은 그대로 거기 남아 지금쯤은 사실상 회사를 운영하는 위치에 올라 있으면 정말 좋겠다는 생각이 든다. 자신의 공동체에 뭔가를 돌려주고자 그토록 열정을 보이는 사람은 당연히 인생에서도 크게 성공해야 한다고 생각한다. 아마 죽어서도 좋은 곳으로 갈 것이 틀림없다.

사회에 환원하는 방법

- 각 지역의 빅 브라더스, 빅 시스터즈 같은 조직에 가입해 누군가의 친구이자 멘토가 돼라.
- 종교 단체나 복지관 등에서 마련하는 노숙자를 위한 영화의 밤 행사나 음식 및 의류 기부 행사 등에 참여하라.
- 각 지역의 유방암 퇴치를 위한 달리기 대회 등에 참여해 암과의 투쟁에 힘을 보태라.
- 병원과 양로원 등 노인들을 돌보는 자원봉사에 참여하라.
- 해외 파병 장병들에게 편지를 쓰거나 선물 상자 등을 보내 고향의 따뜻함을 전달하라.
- 지역 공동체 안에서 동참 의사를 밝히는 사업체 내부에 기부함을 설치해 빈곤 계층 아이들에게 좋은 책과 장난감을 제공하는 데 일조하라.
- 리틀 리그 야구 팀 감독이나 방과 후 학교 프로그램에 선생님으로 참여해 어린이에게 시간과 노력을 투자하라
- 동물 보호 센터나 각 지역의 동물 보호소 등에서 동물들을 먹이고 산책시키고 사랑해주는 자원봉사를 하라.
- 각 지역의 무료 급식소나 노숙자 보호소 등에서 봉사하라.
- 각 지역 식사 배달 서비스에서 운전 봉사를 하며 배고픈 사람들에게 음식을 배달하라.

Happiness Lesson 6

당신의 숭고한 소명을 발견하라

내가 아는 사람 중에는 고액 연봉을 받지만 정말 불행한 CEO도 있고, 노력에 비해 형편없는 보수를 받지만 행복으로 두 눈이 반짝이는 학교 선생님도 있다. 비참한 삶을 영위하는 백만장자는 많이 봤지만, 진심으로 다른 사람을 배려하고 자신이 하는 일에서 어떤 숭고한 소명을 발견하고서도 불행한 삶을 사는 사람은 한 번도 본 적이 없다.

오해는 하지 말길 바란다. 물론 대단히 성공적이고 부유한 사람 중에도 정말 행복한 사람이 많다. 로버트 레드포드, 애슐리 주드, 보노, 칼 립켄, 스티브 케이스, 알렉스 오베츠킨 등 내가 앞에서 소개한 사람들을 보면 알 수 있을 것이다. 그런 사람들은 하나같이 자기만족이나 부의 축적보다는 뭔가 차원 높은 목표를 추구하는 사람들이라는 생각이 든다.

그렇다고 7자리 숫자의 보너스를 챙기는 채권 트레이더가 꼭 동네 급식소에서 봉사를 해야만 행복을 얻을 수 있다는 의미는 아니다. 물론 큰 도움은 되겠지만 말이다! 내 말은 사무실과 가정, 좀 더 큰 공동체 등에서 인생을 살아가는 방법과 관련된 숭고한 목표를 발견해야 한다는 뜻이다.

숭고한 소명을 가진 사람들은 인생의 목적이 있다. 그들의 숭고한 소명이 반드시 자기가 하는 일과 일치하는 건 아니지만, 어쨌든 그들의 본질에 관해 많은 것을 말해준다.

의사의 목표는 사람들의 생명을 구하고 고통을 경감시키는 것이다. 그의 숭고한 소명은 직업과 정확하게 같은 방향을 가리킬 확률이 높다. 성직자나 목사는 문자 그대로 숭고한 소명에 헌신하는 삶을 산다. 조 더킨 신부님은 '말한 대로 실행하는' 인간의 전형적인 본보기였다. 소방관이나 교사, 군인, 상당수 정치인과 다양한 종류의 사회 운동가들은 숭고한 소명을 직업으로 삼을 사람이라 할 수 있다.

하지만 나를 비롯한 많은 사람은 숭고한 소명을 실제 생계유지를 위한 직업에서 이끌어내기가 어렵다. 우리가 찾아내는 인생 목표는 매일 9시부터 5시까지 수행하는 일과 분리되어 있을 수도, 결합되어 있을 수도 있다.

상상 속의 채권 트레이더를 다시 예로 들어보자. 그녀는 정말 행복하고 성공적인 사람이다. 국제 자본 시장을 연결해 자신이 담당하고 있는 지자체의 발전을 위한 공채를 판매하는 일에서 진정한 의미를 발견할 줄도 안다. 자신의 직업에 충실함으로써 자신의 지자체 고객이 말 그대로 수백만 달러를 절약해 결과적으로 채권 보증인인 납세자들의 부담을 경감시키는 데 일조한다. 하지만 아무리 자신의 직업에서 목표를 발견했고, 그 목표가 그녀의 행복에서 중요한 역할을 담당한다 해도, 거기서 뭔가 숭고한 사명을 발견한다는 느낌이 들지는 않을 것이다.

우리의 채권 트레이더는 직업과 관련된 조직이나 시민운동 단체, 졸업생 모임 등에 적극적으로 참여하고 있으며, 이웃과의 관계에도 열심이고, 살아오면서 사귄 다양한 친구들과 페이스북을 통해 긴밀한 접촉을 유지하고 있다. 그녀는 자신이 받는 높은 수준의 보수를 당연시하지 않는다. 엄청난 액수의 보너스를 받고 안심하면서, 자신의 유리한 위치에 감사할 줄 안다. 그리고 자신이 출석하는 가톨릭 교구에서 운영하는 미혼모 쉼터를 지원하는 데 수입의 일부뿐 아니라 소중한 여가 시간까지 제공한다. 그토록 바쁜 하루 일정을 고려하면 첼로 연주 연습에까지 시간을 내기는 어려워 보이지만, 그녀는 여전히 주말마다 한 시간씩 열심히 연습을 한다. 벌써 여러 해 동안 베토벤의 '현악 3중주를 위한 세레나데 D장조'를 완벽히 연주하겠다는 목표를 세우고 매진해왔기 때문이다.

하지만 만약 누군가가 숭고한 목표가 뭐냐고 묻는다면, 그녀는 한 도시의 기간 시설 확충 프로그램을 위한 자금 조달 비용을 낮추는 일이라고 답하지는 않을 것이다. 백만장자보다 10배쯤 부자가 되는 일도 아닐 것이다.

그녀는 자신의 숭고한 소명이 자녀를 행복하고 친절하고 사회에 잘 적응하는 성인으로 키우는 일이라고 말할 것이다. 이건 부자든 가난하든 살아가는 환경이 어떻든 상관없이 누구나 가질 수 있는 숭고한 소명이다.

내가 지금 묘사하는 채권 트레이더는 내가 만들어낸 인물이지만 그렇다고 환상 속에나 존재하는 슈퍼 우먼은 아니다. 그녀는 행복한 사람의 전형이라 할 수 있다. 그녀는 경력 관리도 잘하고 있으며, 단순히 재정 형편과 소득 수준의 만족이라는 물질적 혜택을 넘어서는 의미를 자신에게 부여해주는 직업에도 만족을 느끼고 있다. 그녀는 자신이 세운 목표를 추구한다. 그 안에는 음악가로서 자신을 표현하는 일도 포함되어 있다. 그녀는 다양한 업무적 및 사회적 공동체 안에서 활동한다. 자신이 가진 것에 감사할 줄 알며 타인에 대한 인간애도 갖고 있다. 중요한 지역 비영리 단체를 통해 자신의 공동체에 대한 사회 환원도 하고 있다.

하지만 그녀의 여러 가지 균형 잡힌 측면을 완성해야 하는 최후의 한 가지 요소가 있다. 바로 물질적 혜택이나 자기 충족 욕구 등을 넘어서는 좀 더 숭고한 소명이다. 그녀의 소명은 남편과 더불어 자녀들을 훌륭한 인격을 갖춘 성인으로 키워내는 데 헌신하는 것이다.

내가 상상 속의 채권 트레이더를 통해 보여주고 싶은 점이 바로 그것이다. 성직자나 의사, 정치가 혹은 저임금에 만족하며 사회에 유익한 조직에서 일하는 사람들만 숭고한 사명을 가진 건 아니라는 점이다. 보노에게 숭고한 소명이 있듯이 채권 트레이더도 마찬가지다. 사실 누구나 숭고한 소명을 발견할 수 있다.

나는 자신의 숭고한 소명을 발견한 사람이야말로 행복을 향한 여정을 완성할 수 있다고 생각한다. 나 역시 숭고한 소명을 발견했다.

다양한 지표를 통해 판단컨대, 미국에서 가장 행복한 사람은 복음주의 기독교인들이다. 2006년 퓨 리서치 센터의 조사에 따르면 복음주의 개신교도의 43퍼센트가 스스로를 '매우 행복하다'고 묘사했다. 미국인 전체를 대상으로 했을 때는 같은 항목에서 34퍼센트라는 결과가 나왔다. 복음주의자들은 자살 및 이혼율도 낮았다. 보통 사람들보다 수명도 길었다. 내가 보기엔 논리적으로 완벽한 결과인 듯하다. 앞에서도 복음주의자에 관해 언급한 적이 있지만, 숭고한 소명의 발견이라는 문맥에서 그들을 좀 더 자세히 살펴보기로 하자.

이 책에 소개한 행복의 원칙을 대입해보면 복음주의 기독교인은 그 원칙들을 거의 대부분 만족시킬 것이다. '다시 태어난' 기독교인이 된다는 것은 말 그대로 일종의 심판에 직면한 후 하느님의 계획에 따라 자신의 행복을 추구한다는 의미이다. 복음주의자들은 가족에서 시작해 교회를 포함하는 다양한 공동체에 적극적으로 참여한다. 교회는 그들의 자기표현과 자원봉사 활동의 플랫폼이다.

복음주의자는 하느님이 베풀어준 은혜에 대한 감사와 타인에 대한 인간애를 표현할 줄 안다. 복음주의 기독교인은 자원봉사에 참여하고 자선 기관에 기부한다. 무엇보다 많은 복음주의자들이 종교적 믿음 그 자체를 하나의 숭고한 소명으로 간주한다. 또한 하느님을 위해 봉사하는 것을 자신의 숭고한 소명으로 여기는 복음주의자도 많다. 그들은 다른 사람에 대한 사랑으로 자기표현을 한다. 그들은 제삼의 좋은 장소인 '교회'에서 자신의 숭고한 소명을 간증한다.

나에게는 종교와 상관없이 어떤 식으로든 믿음을 가진 사람들은 종교나 영적인 배경이 없는 사람들보다 인생에서 목표와 의미를 발견할 확률이 높은 것이 논리적으로 당연해 보인다.

나는 복음주의 기독교인도 아니고, 우리 가족의 전통인 그리스정교 교회에 정기적으로 나가는 것도 상당히 오래전의 일이다. 하지만 비행기가 애틀랜타 공항 상공을 선회하는 동안, 과연 내가 누구에게 기도를 하고 있는지 바로 알 수 있었다. 바로 '하느님'이었다.

내 주위에는 조직화된 종교에 적극적으로 참여하든 하지 않든 상관없이 굉장히 영적인 친구들이 많다. 반면 그다지 영적이지 않거나 '좀 더 고차원적 힘'이라는 개념을 불편해하는 듯한 친구들도 있다.

어떻게 분석해야 할지는 모르겠지만, 영성이나 종교적 믿음과 좀 더 강하게 연관되어 있는 친구들이 더 행복해 보였다. 그들이 모두 자신의 실존적 욕구나 만족을 넘어서는 좀 더 숭고한 소명을 갖고 있는 것처럼 보이는 것은 우연이 아닐 것이다.

내가 아는 가장 행복하고 입체적인 인물은 보통 나머지 행복 원칙 5개를 추구하는 과정에서 숭고한 소명을 발견한 경우가 많았다.

로버트 레드포드는 훌륭한 배우이자 뛰어난 영화감독이었지만, 연기도 감독도 그의 숭고한 소명이 아니었다. 다양한 관심 공동체를 구성해나가는 과정에서 그는 자신의 숭고한 소명이 젊은 배우와 감독 세대들이 각자의 비전을 추구할 수 있도록 독립 영화 제작을 지원해주는 환경을 조성하는 데 있음을 깨달았다. 그래서 그 '공동체'(체크)에서, '사회 환원'(체크)과 더불어, '자기표현'(체크)을 하면서, 자신의 '숭고한 소명'(체크!)을 발견했던 것이다. 그리고 나는 그가 자신이 세운 '목표'(체크)를 완수하게 된 것에 대해 분명히 '감사'(체크)하고 있을 거라고 생각한다.

보노 역시 마찬가지다. 그는 음반도 판매하고 많은 관중 앞에서 공연도

하고 싶어 한다. 그는 수도사도 성자도 아니며, 자존심도 있는 사람이다. 하지만 동시에 나는 보노가 그저 자기 존재감이나 만족시키려고 음반을 더 많이 판매하고 더 많은 관중을 동원하고 싶어 하는 게 아니라고 확신한다. 음반 판매량과 관객 동원 증가는 성공의 지표다. 하지만 사실상 관객이 증가할수록 자신의 위치를 이용해 도움이 필요한 절망적인 사람들에게 관심을 집중시키고자 하는 보노 자신의 숭고한 소명을 달성할 가능성이 더 커진다는 의미도 된다.

행복한 사람들은 확실히 자기 일의 성공을 통해 자아를 만족시킬 줄 안다. 알렉스 오베츠킨은 자신이 훌륭한 선수라는 사실을 자각하고 있으며 ESPN의 하이라이트 장면을 장식하곤 하는 자신의 놀라운 골을 통해 확실한 즐거움을 얻는다. 만약 그런 남자에게 자존심이 없다고 한다면 오히려 이상한 일일 것이다. 내가 아는 가장 행복하고 성공적인 사람들은 대부분 자기 분야에서 뛰어난 사람이 되려고 맹렬히 노력하며, 그걸 자랑스러워 한다. 매일 어린이의 생명을 구하면서 숭고한 소명을 추구하는 소아외과 의사는 훌륭한 의사로서 인정받고 싶어 한다. 그렇다고 숭고한 소명의 추구라는 목적에서 멀어지는 건 아니다.

앞서 예로 든 채권 트레이더는 재정적으로 성공한 사람이라는 사실을 자랑스러워할 수 있고 또 마땅히 그래야 한다. 하지만 재정적 성공 자체가 목적이 아니기 때문에, 좀 더 숭고한 소명을 추구할 여지가 남아 있다.

숭고한 소명의 추구는 나에게 '행복해지는 방법'이라는 퍼즐의 마지막 조각이었다. 나는 예수회 사람들로부터 교육을 받으면서 삶에는 반드시 균형이 필요하며, 제대로 된 교육은 머리와 가슴에 동시에 영향을 주어야 한다고 배웠다. 하지만 조지타운 대학교를 졸업하고 나서도 나는 무엇이 나의 숭고한 소명인지 전혀 깨닫지 못했다.

당시에는 그런 질문을 받아본 적이 한 번도 없었기 때문에 뭐라고 대답해야 할지 전혀 감을 잡지 못했던 것이다. 만약 내가 대학을 졸업하자마자 나의 숭고한 소명이 무엇이냐는 질문을 받았다면 아마도 질문의 의미조차 제대로 파악하지 못한 채 학자금 대출을 다 갚는 거라고 대답했을 것이다. 아니면 좋은 직업을 얻는 거라고 대답했을지도 모른다. 존 더킨 신부님 같은 분을 멘토로 모실 기회가 있었음에도, 그 시점의 나는 '급박한 필요'나 '즉각적인 목표'라는 개념을 '숭고한 소명'과 헷갈렸을 것이다.

만약 누군가가 숭고한 소명이란 '인생 목표' 같은 것이라고 말해줬다면 좀 더 나은 대답을 생각해냈을지도 모른다. 아마도 컴퓨터를 인간의 일상생활에서 좀 더 유용한 물건으로 만들고 싶다고 대답했을 것이다. 만약 정말 정직하게 대답했다면, 나의 목표는 또한 크게 성공해서 많은 돈을 버는 거라고 답했을지도 모른다.

나는 그 목표를 모두 이뤘다. 돈도 많이 벌었고 컴퓨터와 텔레비전의 통합이라는 비전이 실현되는 모습도 지켜보았다. 나는 101가지 인생 목록에 적어 넣었던 목표 대부분을 성취했다. 물질적인 목표는 물론이고 나의 가족과 다른 사람들에게 도움이 되고 싶다는 소망의 발현인 좀 더 고귀한 목표도 이뤘다. 비교적 무지한 상태였음에도 비행기 사고 이후 수영장에 앉아 목록을 작성하면서 '자선'이라는 제목 아래 항목들을 모아보기도 했다. 하지만 여전히 내 인생에 어떤 목표와 의미가 필요하다는 생각도, 숭고한 소명도 없었다.

다른 사람들과 달리 나는 숭고한 소명이라고 규정할 만한 특별한 대의조차 없다. AOL을 보노의 DATA 조직에 참여시키기도 하고 직접 Live8 콘서트에도 관여했지만, 나는 아프리카를 구하고자 노력하는 사람은 아니다. 개인적으로 플레이펌프 인터내셔널이나 유스에이즈 같은 자선 사업을 통해 아프리카 원조라는 좀 더 광범위한 대의를 지원하고 있기는 하다. 하지만 나의 숭고한 소명이 아프리카를 돕는 일이라고 말할 수는 없을 것이다.

스내그필름즈는 확실히 논픽션 영화 제작자들의 영화에 관객을 몰아주는 역할을 하고 있지만, 나는 독립 영화 제작을 구하고자 노력하는 사람도 아니다. 물론 영화박애주의라는 개념을 진심으로 믿으면서, 앞서 말한 만큼의 자금도 투자하고 있지만 영화박애주의 그 자체가 나의 숭고한 소명은 아니다.

나는 여러 가지 대의를 지원하고 있다. 워낙 관심사가 다양하다 보니 숭고한 소명도 하나로는 만족할 수 없다. 이 사실 자체가 굉장히 중요한 발견이었다. 행복을 향한 나의 여정에서 내가 정말 행복한 사람이 되는 데 성공했다고 느낀 순간은 마침내 내 인생의 숭고한 소명을 확실히 깨달은 순간이었다.

두 번째 삶의 기회를 부여받고 나는 후회 없는 인생을 살기 위해 노력했다. 나는 죽기 전에 달성할 101가지 목표를 세웠고 지금은 체크 표시를 기다리며 남아 있는 항목이 손가락에 꼽을 정도밖에 없다.

이 책을 쓴 목적은 부분적으로 그 숭고한 소명을 달성하기 위함이다. 행복을 추구해나가는 능력을 가능한 한 많은 사람들과 공유하자는 소명 말이다.

나는 이 책 전체를 통해서 행복한 사람들에게는 공통적인는 원칙이 있는 것 같다고 말했다. 그리고 그러한 특징을 적극적으로 여러분 인생에 적용함으로써 여러분도 더욱 행복하고 더욱 성공적인 사람이 될 수 있다고 주장했다.

이 공식의 유일한 예외가 숭고한 소명이라고 할 수 있다. 여러분만의 숭고한 소명을 찾아야 한다는 뜻이다. 여러분만의 소명을 찾다 보면 확실히 행복에 도달하게 될 것이다. 그리고 분명히 행복한 사람이 더 크게 성공할 수 있다. 행복이 성공의 핵심 동인이다. 그 반대가 아니다. 숭고한 소명의 발견은 성공 배당금 같은 뭔가를 바라고 하는 일이 아니다. 숭고한 소명을 발견하는 일 '자체'가 가장 숭고한 소명이다. 그 자체가 중요한 일이라 할 수 있다.

숭고한 소명은 이런 질문에 대한 답이다. 이 세상에서 어떤 일을 해야 하는가? 수십억 명이 사는 지구상에서 당신이 중요한 이유는 무엇인가?

만약 여러분이 의사라면 여러분의 숭고한 소명은 생명을 구하는 일이다. 사람들을 돕고 고통을 덜어주는 일이다. 그 정도로 분명하게 사회에 유익한 역할을 못하는 나머지 우리들이 자신의 숭고한 소명을 발견하기 위해서는 어떤 사람으로 알려지고 싶은지 깊이 성찰해보는 방법이 좋다. 앞의 채권 트레이더는 자녀에게 남겨줄 유산을 통해, 즉 자녀를 행복하고 사회에 잘 적응하는 성인으로 키워낸 부모로 알려지길 바랐다.

나의 주장을 좀 더 분명히 하기 위해 실제 인물을 예로 들어보자. 내가 30여 년 이상 알고 지내온 빌 게이츠 이야기다. 빌 게이츠는 아마도 20세기 후반을 통틀어 가장 성공적인 기업을 일구어낸 후 마침내 자신의 숭고한 소명을 발견한 듯하다. 그의 숭고한 소명은 세계 최고의 부자가 되는 것이 아니었다. '모든 사무실과 모든 가정에서 컴퓨터가 사용되도록' 하는 것도 아니었다. 물론 그것은 마이크로소프트의 임무였고, 분명 빌 게이츠가 마이크로소프트 CEO로 있을 때 끊임없이 추구했던 사업 목표이긴 했지만 말이다. 빌 게이츠가 오늘날 더욱 행복한 사람이 된 이유는 그가 게이츠 재단을 통해 자신의 숭고한 소명을 발견했기 때문일 것이다. 어마어마한 규모의 사회 환원을 통해서 빌 게이츠와 그의 아내 멜린다 게이츠는 전 세계 어린이들에게 질병 예방 백신을 공급하고, 그에 못지않은 어려운 대의를 수행하는 데 지구상 그 누구보다 큰 역할을 하고 있다.

나의 숭고한 소명은 받은 것보다 더 많이 남기는 것이다. 필요한 사람이 아니라 사랑받는 사람이 되는 것이다. 사람들의 삶에 영향을 미치고 인생과 사업에서 긍정적인 힘을 발휘하는 사람이 되는 것이다.

언젠가 내 인생을 마감할 때가 오면 누군가가 인생에서 내가 이룬 일들, 즉 멋진 아내와 잘 자란 두 아이, 만족스러운 사업 경력, 많은 사람의 사랑과 우정, 분에 넘치는 즐거움과 재미 그리고 물론 엄청난 부 등의 성과를 합산해볼 날이 올 것이다. 하지만 그 모든 멋진 성과도 내가 비행기 사고를 당하면서 하느님께 약속했던 선행을 완수하기 위해 돈과 시간, 에너지를 사회에 환원해온 것과 비교하면 보잘것없게 느껴질 정도가 되기 위해 나는 지금 맹렬히 노력하는 중이다. 나는 아직 젊고, 다행히 행운이 계속 된다면, 결산일까지 아직 긴 시간이 남아 있다. 내가 할 수 있고 앞으로 할 예정인 선행도 아직 잔뜩 남아 있다.

앞으로 만들어보고 싶은 사업체도 있다. 이 책의 마지막 장에서 내가 어떤 식으로 투자를 결정하는지, 내가 참여하고 싶은 회사는 어떤 회사들인지 간략히 서술할 생각이다.

아직 101가지 목록을 다 완수하지 못했다. 워싱턴 캐피털스는 스탠리컵을 차지하지 못한 상태. 그리고 무엇보다 우주여행을 떠나는 그날까지는 내 101가지 목표를 완수했다고 할 수 없을 것이다.

나의 숭고한 소명을 발견한 이후로 나는 그걸 완수하기 위해 열심히 노력해왔다. 남은 인생도 계속 노력할 것이다. 나는 그 과정이 너무 행복하다. 내가 인생에서 하고자 하는 일은 전부 '받은 것보다 더 많이 남기자. 필요한 사람이 아니라 사랑받는 사람이 되자.'라는 신조에 부합하는 것이다. 이 신조야말로 행복의 궁극적인 측정 기준이다.

당신의 숭고한 소명을 발견하는 방법

- 일단 찾아보라. 그간의 경험을 깊이 성찰하는 시간을 가져라. 무엇을 하고 있을 때 기쁨과 충만함을 느꼈는가? 당신에게 가장 큰 즐거움을 준 것은 무엇인가?

- 당신이 하는 일 중 고귀하다고 생각되는 것은 무엇인가? 당신의 영혼을 고양시키는 일, 당신이 그 일을 위해 지구상에 태어났다고 여겨지는 일은 무엇인가?

- 하느님에 대한 믿음을 떠올려라. 하느님이 당신에게 원하는 것은 무엇일까? 당신은 하느님을 위해 어떤 일을 해야 할까?

- 하느님과 늘 접촉을 유지할 수 있도록 기도하는 습관을 들여라.

- 당신이 가진 특별한 재능이나 능력은 무엇인가? 사람을 편하게 만드는 간단한 능력부터 자동차를 개조하는 복잡한 능력까지 다양할 수 있다.

- 가까운 사람들에게 당신의 뛰어난 점은 무엇인지, 당신의 숭고한 소명은 뭐라고 생각하는지 물어보라.

- 어렸을 때는 세상을 위해 무슨 일을 하고 싶었는가?

- 숭고한 소명을 발견하고 추구할 자유 시간을 마련할 수 있도록 열심히 노력하며 규칙적인 생활을 하라. 속도가 큰 도움이 된다. 일상적인 업무를 재빨리 처리하면 더 나은 일을 할 여유 시간이 생긴다.

- 존경하는 인물은 누구인가? 이유는? 그 사람의 숭고한 소명이 여러분의 소명과 비슷하다는 느낌이 들기 때문인가?

- 어떤 사람으로 기억되고 싶은지 한 문구나 한 문장으로 표현한다면?

| 나오는 글 |

사업은 행복의 창출을 목적으로 한다

2007년 초, 타임워너가 파견한 전문 경영인들이 비즈니스와 관련한 내 견해에 아무런 관심도 보이지 않음을 깨닫고 AOL을 떠나면서, 나는 약간 패닉 상태에 빠졌다. 13년이란 세월 동안 'AOL 경영자'라는 호칭은 나의 정체성을 설명하는 가장 간단한 방법이었다. 나를 AOL과 동의어로 생각하는 사람도 있을 정도였다. 내 차가 아침마다 버지니아 주 덜레스의 AOL 본사가 아니라 워싱턴 D. C. 쪽으로 향하고 있다는 사실이 점차 분명해지면서 나는 두 번째 심판에 대비하기 시작했다. 하지만 감사하게도 심판은 찾아오지 않았다.

어떻게 보면 나이 쉰에 AOL을 떠나게 된 나의 입장은 인생의 절정기에 이르러 갖가지 이유로, 자신의 직업적 정체성이 되어버린 회사를 떠나야만 하는 수백만 명의 미국인과 비슷한 처지였다. 나는 이른바 중년의 위기를 맞을 준비를 했다. 물론 내가 갑자기 해고된 GM 노동자와 같은 처지였던 건 아니고, 감히 그런 종류의 어려움에 직면했던 척하고 싶지도 않다. 애초에 AOL을 떠날 계획을 세웠던 사람도 바로 나였으니 말이다. 나는 이미 2006년 6월에 실질적인 경영 업무에서 물러나겠다고 타임워너에 의견을 밝힌 적이 있었다. 하지만 아무리 그래도 당시 AOL을 떠난다는 건 전혀 낯선 세계로 내던져지는 듯한 느낌이 들었다.

2007년 겨울 새로 부임한 타임워너 팀은 미래의 성장에 투자하기보다는 우리가 서서히 축소해나가고 있는 가입자 사업에서 마지막 한 푼까지 짜내는 데 훨씬 더 관심을 보였다. 이제 그만 떠나야 할 시기였지만 그럼에도 나는 미래가 두렵기만 했다. 하지만 전혀 그럴 필요 없는 일이었다. 새해로 접어들어 몇 주가 지나자 〈난징〉은 선댄스 영화제에서 심사위원대상 후보에 올랐고, 이어서 피버디상과 에미상을 포함해 여러 가지 다양한 상을 수상하게 되었다. 무엇보다 큰 기쁨은 바로 홍콩국제영화제에서 '인도주의상'을 수상한 일이었다.

나는 매우 빠르게 다양한 역할에 적응했다. 영화 제작자로서 이미 몇 달 전부터 스포츠를 통한 회복이라는 주제를 가진 특별한 이야기 〈Kicking It〉 제작에 들어간 상태였다. '레벌루션 머니' 같은 '이중 결산표'를 가진 기업에 투자자로 참여하기도 했다. '레벌루션 머니(Revolution Money)'는 '저렴한 수수료만으로 페이팔과 마스터카드의 기능을 결합시킨' 듯한 서비스를 제공하는 기업이다. 내 마음속에서는 영화박애주의라는 아이디어가 싹트는 중이었고, AOL에는 트루 스토리즈(True Stories)라는 이름의 무료 다큐멘터리 서비스를 개설했다. 그동안 답답하게 창고에 틀어박혀 있던 논픽션 영화를 끄집어내 온라인 관객에게 제공하는 비즈니스가 가능할 것 같았다. 또한 그런 비즈니스를 통해 무엇보다도 열악한 환경에 처한 다큐멘터리 영화 제작자들에게 동기를 부여한다는 대의에 관객을 동참시킬 수도 있을 것 같았다. 스내그필름즈가 잉태되는 '아하!'의 순간이 가까워졌다.

심판에 직면해 삶의 방식을 바꿔야 하는 순간을 맞이하기는커녕 나는 행복하고 목적의식이 충만한 상태였다. 그것은 우연이 아니었다. 여러 해 동안 나는 친구와 청중들에게 행복한 사람들이 공통적으로 갖고 있는 행복의 원칙에 대해 이야기해왔다. 재미있게도 기존의 정체성과 일상적인 업무가 없어지고, 10년 이상 하루도 빠짐없이 출근하던 사무실 빌딩을 벗어나게 되자, 이제 내가 그토록 믿고 있는 행복의 모델이 실제로 효과가 있는지 시험해볼 좀 더 훌륭한 실험실을 갖게 되었다. 내가 바로 실험용 기니피그이었고, 실험은 성공적이었다. AOL을 떠날 때는 불안에 가득 차 있었지만, 내가 그동안 사람들에게 말하고 다닌 공식이 내 인생이 정말 불안한 순간에조차 진짜로 효과를 발휘한다는 사실을 굉장히 빨리 발견했다. 어느 정도는 예상했던 일이었다.

더 이상 AOL 사무실에 출근할 필요는 없었지만, 나는 생활 태도나 여러 활동 등에서 조금도 흐트러지지 않았다. 목록을 작성하고 목표를 세웠다. 더 이상 AOL의 부회장이 아니기 때문에 좀 더 많은 강연 계획을 잡을 수 있었고, 수년 동안 '회사'에 대한 책임감을 고려하느라 쉽게 갖지 못했던 자기표현의 기회도 가질 수 있었다. 블로그 활동을 늘렸고, 워싱턴 캐피털스의 팬들에서부터 페이스북과 트위터를 통해 연결된 모임과 조직에 이르기까지 다양한 관심 공동체와 소통도 강화했다. AOL에 그대로 남은 친구들로부터 새로 온 경영 팀이 AOL 커뮤니티의 힘을 전혀 모르는 데다 그동안 우리가 힘겹게 쌓아올린 오디언스 사업을 모두 망쳐놓기로 한 것 같다는 말을 들어도 초연했다. 그리고 내가 AOL에서 근무하는 동안 가졌던 모든 기회에 대해 여전히 감사하는 마음을 잃지 않았다.

나는 1999년에 워싱턴 캐피털스 등의 스포츠 팀에 대한 관심을 충족시키기 위해 링컨홀딩스라는 회사를 세울 기회를 갖게 된 것에 감사한다. 나는 하루도 빠짐없이 나의 가족과 함께 지내는 시간에 대해 감사했다. 아들 재크는 대학 입학을 준비 중이었고, 딸 엘은 고등학생이었다. 나는 이 시기가 린과 나에게 얼마나 특별한 때인지 깨달았고 아침나절에 집에 머물러 있거나 밤에 일찍 귀가할 수 있게 된 것에 감사했다.

2008년으로 넘어가면서, 나는 내 인생 최고로 행복한 시기를 맞았다. 시즌 초 부진을 면치 못하던 캐피털스는 깜짝 놀랄 만한 선전을 펼치더니 NHL 남동부 컨퍼런스 우승을 차지하며 플레이오프에 진출했다. 우리는 필라델피아 플라이어즈를 맞아 스탠리컵 결정전 1라운드에서 7번째 경기까지 치렀다. 비록 연장전까지 가는 접전 끝에 안타깝게 패하긴 했지만 응원해준 팬들에게 기쁨과 행복을 안겨줄 만한 경기를 펼쳤다. 드디어 캐피털스 팬들도 우리가 캐피털스를 스탠리컵을 차지할 만한 팀으로 탈바꿈시키기 위해 그간 쏟아온 노력의 결실을 눈으로 확인했다. 강한 팀을 만들기 위해 일단 팀의 전력을 약화시켜야 한다는 우리의 전략 발표를 의심에 찬 눈

초리로 지켜보던 사람들이 그제야 우리 의도를 이해하기 시작했다.

나는 경험적 증거에서 도출된 하나의 공식에 따라 살고 있었다. 단순히 개인적 행복에만 의미가 있는 공식이 아니었다. 그것은 조직(특히 사업체)을 보는 방식 그리고 그 조직이 '행복'한지 아닌지 판단하는 방식과 관련이 있는 일종의 필터로 사용되었다. 어떤 종류의 사업과 조직에 나의 시간과 돈, 에너지를 투자해야 하는지 결정하기 위한 필터로 이용될 수 있었던 것이다.

내가 만들고, 투자하고, 이사회의 일원이 되고 싶은 사업체는 특정 요구 사항을 만족시켜야만 했다. 최고 재무 관리자(CFO)는 상품이나 서비스에 투자하기 전에 그들이 요구하는 '장애율'에 대해 이야기한다. 나는 투자할 사업체를 결정할 때 다른 방법을 사용했다. 내가 관심을 갖는 사업은 그저 단순히 '주주 가치의 최대화'를 넘어서는 더 원대한 목표나 더 숭고한 소명에 기여하며 행복을 창출할 수 있어야 한다. 내가 참여하고 싶은 기업에는 사실상 반드시 '이중 결산표'가 존재해야 한다.

'이중 결산표'라는 개념 속에는 기업이 이익을 내야 한다는 의미가 포함되어 있다. 나는 사회주의자도 얼간이도 아니다. 자본주의 기업은 이익을 내려고 노력해야 하며, 그렇지 못하면 살아남지 못한다.

워싱턴 캐피털스를 예로 들면, 지금도 NHL 최저 수준인 입장료를 그대로 유지하거나 심지어 인하까지 할 수 있다면 더 많은 관중을 행복하게 할 수 있을 것이다. 하지만 그렇게 되면 스탠리컵을 차지할 만한 실력 있는 선수를 경기장에 내보내는 데 필요한 자금이 당장 부족하게 될 것이다. 팬들을 정말 행복하게 만들어줄 승리를 거머쥐기에 충분한 수익을 얻기 위해서는 입장료 인하가 아니라 인상이 필요하다. 수익 증가는 하나의 비즈니스가 살아남아 숭고한 소명을 완수하는 데 필수조건이다.

하지만 나에게는 단순한 수익성을 넘어서는 다른 뭔가가 필요하다. 사업가 중에도 이 점에 대해 나와 같은 의견을 보이는 사람들이 여럿 있다. 사업은 전적으로 이익 극대화에 관한 것이라고 믿는 사람들에게는 유명한 자본주의자 포브스 가문의 자손이자 자칭 '자본주의자의 도구'인 비즈니스 잡지 〈포브스〉 창간자 버티 찰스 포브스의 이런 말을 들려주고 싶다.

"사업은 행복의 창출을 목적으로 한다."

나로서는 그보다 더 적절한 말은 찾아내지 못하겠다. 더욱이 내가 발전시켜온 안목 역시 그런 윤리를 만족시킨다는 생각이 드는 기업을 알아보는 방법이다.

여러분도 그런 필터를 통해 기업을 보고 있는지 확인해보라. 모든 사업이 어떤 식으로든 목표를 가지고 있다. 목표 설정은 당연한 일이다. 내가 투자하고 싶은 기업은 다양한 관심 공동체에게 봉사하는 기업이다. 투자자, 주주, 재무 분석가 등이 하나의 공동체를 이룬다. 하지만 그뿐이 아니다. 고객과 직원, 사업의 운영과 관련된 물리적인 공동체 등이 포함된 또 다른 공동체가 있다.

내가 참여하고 싶은 사업은 다른 사람에게 자기표현의 수단을 제공하든지, 자신들이 봉사하는 모든 대상에게 분명하고 투명한 방식으로 자신을 표현하려는 사업이다.

나의 포트폴리오에 포함된 사업은 상당한 수익률을 자랑해야 하지만 일정 수준의 인간애를 나타내야 하며, 고객과 투자자, 자신들이 시민으로서 살아가는 지역 공동체에 대해 전혀 오만하지 않은 방식으로 감사를 표현할 줄 알아야 한다. 또한 생산하는 제품이나 서비스를 통해, 혹은 일단 어느 정도의 수익을 달성하고 나서는 사업체가 속해 있는 지역 공동체 안에서 박애주의적 활동 등을 통해 공동체와 사회에 어떤 식으로든 환원을 해야만 한다. 또한 투자 대비 수익의 최대화라는 단순한 목표를 넘어서는 좀 더 숭고한 소명이 있어야 한다.

이런 종류의 사업을 위한 전형적인 예로 설립된 회사가 바로 스내그필름즈이다. 스내그필름즈는 다양한 공동체를 위해 일한다. 우선 영화를 관객에게 공개하는 동시에 보상을 받고 싶어 하는 다큐멘터리 영화 제작자, 새로운 배급 모델이 필요한 논픽션 필름 산업계 그리고 훌륭한 다큐멘터리가 보고 싶으면 영화제에 참석하기 위해 먼 도시까지 가거나 새벽 4시에 잘 알려지지도 않은 케이블 채널에서 나오는 영화를 녹화하기 위해 티보 앞에 앉아 있어야 하는 시청자 등이 그들이다. 특정 대의를 지지하고 싶지만 시간도 돈도 없는 개인의 경우 이제는 '픽셀을 기부'할 수 있다. 말 그대로 각자의 온라인 부동산에 가상 영화관을 개관하면 되는 것이다.

스내그필름즈는 영화 제작자들이 그들의 자기표현 매체인 다큐멘터리를 관객에게 공개할 수 있는 통로를 만들어낼뿐만 아니라, 누구든 특정 영화가 담긴 위젯을 스내그해 자신의 페이스북 페이지에 옮겨놓을 수 있게 함으로써 관객마저도 특정 영화와의 결합이라는 방식으로 자기를 표현할 수 있게 해준다. 영화박애주의는 다큐멘터리 영화가 불의를 조명하거나 특정 대의를 홍보한다는 개념에 근거해 만들어졌다. 그리고 스내그필름즈를 영화박애주의의 살아 있는 전형으로 존재하게 함으로써 '인간애-감사-사회 환원'의 연속체가 비즈니스 모델로 굳어지게 되었다. 이는 숭고한 소명을 중심으로 발전해나가는 사업이다. 아직은 이익이 나지 않아서 완전히 활성화되어 있지 않지만 점점 발전하는 중이고 마침내 궤도에 오르면 스내그필름즈가 하나의 모델로 기능하는 기업이 될 것이라고 믿어 의심치 않는다.

스내그필름즈가 하나의 본보기라면, 내가 참여하고 있는 다른 회사들에도 매우 유사한 사업이 있다. 나는 클리어스프링 테크놀로지의 회장으로 있는데, 이 회사는 스내그필름즈를 비롯해 말 그대로 수십만 개의 회사가 사용하는 위젯을 제공한다. 클리어스프링은 위젯의 생산 및 유통의 선도적인 회사로서 콘텐츠를 여러 커뮤니티와 네트워크에서 무료로 공유할 수 있게 해준다. '공유'와 '무료', '커뮤니티와 네트워크' 같은 말들을 보면 내가 클리어스프링에 열광하는 이유를 알 수 있을 것이다.

나는 또한 레벌루션 머니의 회장직도 겸하고 있다. 이 회사는 가장 빠른 성장세를 보이는 대체 결제 회사가 되었으며, 신용카드의 거래 비용을 극적으로 낮추면서도 다양한 공동체에서 사용자들이 자금을 이체할 수 있도록 만들어주고 있다. 이 책의 거의 마지막 페이지를 쓰고 있을 무렵, 아메리칸 익스프레스가 레벌루션 머니를 3억 1200만 달러에 인수했으며, 나는 아메리칸 익스프레스의 CEO 켄 체놀트의 디지털 관련 특별 고문이 되었다. 레벌루션 머니의 매각을 통해 우리 모두가 2007년부터 개발에 힘써온 비즈니스 모델이 확실한 인증을 받은 셈이다. 신용카드를 이용한 구매는 굉장히 많은데, 신용카드 거래 기술은 상대적으로 시대에 뒤떨어져 있다는 것을 알아차린 레벌루션 머니는 수많은 상거래의 중심이 되는 결제 시스템을 크게 발전시키는 일에 착수했다. 레벌루션머니의 비즈니스 모델은 비용을 절감하면서도 효율을 높여 판매자와 구매자 모두에게 혜택을 주었다. 수준 높은 투자자들은 우리의 의도를 이해하고 자금을 지원했으며, 아메리칸 익스프레스는 우리의 상승세를 알아차렸다.

리오 듀로셔가 한 유명한 말 중에 "착한 사람들은 늘 꼴찌다."라는 것이 있다. 내 생각에 행복한 회사와 사업 성공과 관련해서는 완전히 틀린 말인 것 같다. 스티브와 나 그리고 다른 팀원들이 레벌루션 머니 매각을 통해 투자에 상응하는 상당한 수익을 챙긴 걸 보면 행복한 회사가 일등을 할 수 있다는, 아니면 적어도 성공할 수 있다는 것을 알 수 있다.

클리어스프링과 레벌루션 머니는 둘 다 커뮤니와와 자기표현을 강화하는 모델이라는 공통점이 있다. 둘 다 단순히 ROI 목표를 달성해 CFO를 행복하게 만드는 것보다는 훨씬 다차원적인 숭고한 소명을 동기부여의 원천으로 삼은 기업이었다. 또한 둘 다 큰 성공을 거둔 행복한 기업이었다. 이것은 결코 우연이 아닐 것이다.

시간이 갈수록 나는 일견 행복의 원칙에 따라 운영되는 것처럼 보이는 유명한 기업들에 관해서도 생각해보기 시작했다. 결국 기업도 사람과 비슷할 수 있다는 결론에 도달했다. 최고의 기업은 개인들처럼 발전하고 변신한다. 기업도 심판에 직면한 후 적극적으로 새로운 목표를 추구함으로써 결과를 바꿀 수 있다. 모든 기업이 다양한 공동체 안에서 운영되지만 위대한 기업은 공통적으로 고객과 투자자, 직원, 기업이 소속된 물리적 공동체 등에게 행복을 제공할 수 있다. 또한 하나의 공동체를 다른 공동체보다 우위에 두지 않는 것도 위대한 기업의 특징이다. '주주 가치 극대화'는 그 정의상, 다른 공동체를 희생시키더라도 주주라는 하나의 공동체만을 최고로 섬기는 것이다.

매우 분명하고 투명하게 스스로를 표현하는 기업이 있는가 하면, 불분명하고 오해의 소지가 있는 정보를 제공하는 기업도 있다. 어떤 기업은 다른 사람의 자기표현을 도와주는 사업을 운영하면서 그런 표현을 통해 형성된 공동체를 기반으로 삼는다. 어떤 기업은 인간애 그리고 기업의 직원, 고객, 다양한 공동체에 대한 감사를 표현한다. 반면 오만하게 다른 공동체를 희생시켜 경영진과 주주의 이익에만 무게를 두는 기업도 있다.

어떤 기업은 숭고한 소명을 가지고 있다. 그런 기업의 DNA 속에는 행복 창출에 관한 포브스의 윤리가 새겨져 있다. 어떤 기업은 아무도 행복하게 만들지 못하고 직원과 환경, 주주, 고객에게 막대한 피해만 남긴 채 사업을 접는다.

내가 잘 아는 기업에 대해 생각하다 보니 그 기업이 시간이 지남에 따라 성공 혹은 실패를 할지 여부를 나의 행복 모델을 바탕으로 예측할 수 있을지 궁금해지기 시작했다. 나의 행복 모델을 이런저런 이유로 내가 관심을 갖고 있는 기업의 필터로 적용해보면, 극서이 얼마나 잘 들어맞는지 정말 놀라울 정도다. 하지만 한 가지 고려할 사항이 더 있다. 나는 항상 성공적인 기업에서 창립자가 담당하는 막중한 역할에 충격을 받곤 했다. 많은 위대한 기업이 창립자, 혹은 창립자 자신은 아니더라도 적어도 창립자의 비전에 의존한다. 마찬가지 이유로 젊은 창립자가 이끄는 기업에 대해 "훌륭한 비전을 갖고 있기는 하지만 이제 전문 경영인이 투입되어 사업을 경영할 필요가 있다."고 말하는 분석가의 이야기를 들을 때면, 나는 잽싸게 도망가고 싶어진다.

따라서 나의 행복 모델이 기업과 조직에서 효과를 발휘하는지, 또 그 기업과 조직이 행복한 사람들이 공통적으로 가진 원칙을 따르고 있는지 판단하려고 노력하면서, 동시에 나는 그 기업의 창립자가 아직도 자리에 있는지 아니면 적어도 창립자의 비전이 그 기업의 운영 방식에 추진력으로 유지되고 있는지에 관심을 기울인다. 예를 들면, 월마트나 월트 디즈니 같은 기업 말이다.

바로 그런 이유 때문에 내가 애플과 스타벅스 같은 기업을 추적하는 것이다. 이 두 기업은 심판에 직면했다가 원래의 리더가 원대한 계획을 품고 복귀한 '창립자-주도' 기업이다. 이 기업들은 상당한 규모로 다양한 공동체를 운영하는 일에 기반을 두고 있다. 스타벅스는 점포를 중심으로 공동체를 만드는 사업인 동시에 전 세계적으로 수천 명에 달하는 커피 재배업자과 관계를 맺고 있다. 애플은 애플리케이션 개발자부터 고객에 이르는 다양한 관심 공동체를 부지런히 관리한다. 내가 정말 사랑하는 제품이자 플랫폼인 아이폰에 탑재될 애플리케이션이 10만 개 이상에 이르는 건 우연이 아니다.

나는 구글과 페이스북, 트위터 같은 기업을 면밀히 추적하고 있다. 내가 성인 시절을 온라인 매체에서 일한 사람이기 때문만은 아니다. 나는 파이어폭스가 훌륭하게 발전하는 과정을 지켜보며 열심히 응원하고 있다! 구글에 대한 나의 관심은 내가 구글 쪽 사람들과 친분이 있는 데다, 구글의 기업 공개 전 투자자였으며, AOL과 구글의 매우 큰 거래 계약 두 건이 성사되는 데 일조한 사람이기 때문만은 아니다. 페이스북과 트위터에 관심이 있는 이유도 꼭 그 두 회사가 AOL이 거의 10여 년 전 타임워너와 합병하면서 바닥에 떨어뜨리고 만 바통을 이어받은 회사이기 때문만은 아니다. 내가 구글과 페이스북, 트위터를 면밀히 추적하는 이유는 그들이 내 행복 모델에 들어맞는 회사이기 때문이다. 구글의 숭고한 소명은 간단히 표현하면 '전 세계의 정보를 체계화해 보편적인 접근과 사용이 가능하게 만들자.'로 요약된다. 구글의 모토는 '사악하게 굴지 말자.'이다. 구글은 '20퍼센트 시간제'를 통해 직원들의 자기표현을 가능케 한다. 일주일에 하루 정도 개인적으로 흥미를 느끼는 주제에 전념할 시간을 주는 제도이다. 트위터와 페이스북은 둘 다 커뮤니티를 중심으로 발전하는 자기표현의 플랫폼을 기반으로 한다. 기업을 공개하고 얼마 후부터 구글은 구글 재단을 통해 사회 환원을 시작했다. 페이스북은 여러 비영리 조직을 다른 조직과 연결시키고 있으며, 페이스북 사용자 중에는 매일 온라인에서 특정 대의에 연대감을 표하는 개인이 수백만 명에 이른다.

나는 어떻게 아마존 같은 기업이 사용자 커뮤니티에 가까이 접근해 회원들로 하여금 제품을 평가하도록 하는지 추적한다. 아마존은 자신이 금방 한 선택을 기반으로 자신이 좋아하는 앨범이나 책을 대중에게 제안할 수 있도록 해준다. 나는 또한 약간 사업이 후퇴일로에 있는 이베이 같은 기업이 심판에 제대로 직면해 방향을 전환할 수 있을지 세심히 지켜보고 있다. 이베이가 초창기 성공의 원동력이었던 커뮤니티 정신을 다시 회복해 다시 한 번 전성기를 구가할 수 있을지 보고 싶다.

GM이 무너져가는 와중에 포드가 성공가도를 달리고 있는 걸 보면서, 나는 포드가 그 오랜 세월 동안 창립자의 가족 및 비전과 여전히 연결을 유지하고 있으며, 포드가 여전히 디트로이트 라이온스의 구단주로 남아 그 지역 공동체의 아이콘을 포드라는 이름으로 감싸 안고 있다는 생각이 떠올랐다. 포드와 GM의 큰 차이점은 그게 전부일까? 물론 그렇지 않다. 그럼에도 불구하고 GM이 오랜 세월 동안 전문 경영인들의 지휘 하에만 있었던 데 비해, 포드는 창업자의 증손자로서 계속 경영을 맡아오던 윌리엄 클레이 포드 주니어가 최근 들어 직접 책임지고 앨런 멀랠리를 CEO로 영입했다는 사실을 기억해보면 두 기업 중 어느 쪽이 더 행복하고 성공적인 기업인지 알아볼 충분한 힌트를 얻을 수 있다.

나는 마이크로소프트 같은 기업이 그동안 얼마나 행복의 원칙을 거의 수용하지 못한 채 운영되어왔는지 생각해본다. 아마 익히 알려진 전쟁을 다시 하는 꼴이겠지만, 모든 책상과 모든 가정에 컴퓨터를 보급하겠다는 마이크로소프트의 비전은 아무리 봐도 사용자에게 권한을 부여하겠다는 숭고한 소명에 따른 것이라기보다 무슨 일이 있어도 독점을 확대하고야 말겠다는 '로 로드(low road: 조직 간 몰입도가 낮고 생존을 위한 비용 절감과 효율성만 강조하는 세계-옮긴이)'의 추구로 보인다. 마이크로소프트는 성공에 대해서는 이론의 여지가 없는 기업이지만, 사업계에서는 불행한 기업으로 악명이 높다. 마이크로소프트에 투자하느니 나라면 차라리 워렌 버핏처럼 빌과 멜린다 게이츠 재단에 투자하는 쪽을 택하겠다. 게이츠 재단은 장기적으로 봤을 때 마이크로소프트보다 훨씬 더 큰 성공을 거둘 것이다. 바로 행복의 원칙에 전적으로 근거하고 있기 때문이다. 질병에 대한 백신 공급

문제와 빈곤한 도심 지역 고등학교의 교육 문제 등의 사회 시스템과 관련된 심판에 직면한 후 체계적인 개선 계획을 세우고, 인간애를 발휘하고, 감사를 표현하고, 사회에 환원하고, 숭고한 소명을 추구하고 있으니 말이다.

역시 같은 이유로 나는 뉴욕주식거래소의 실적 상위 10개 기업에 투자하느니 차라리 오프라 윈프리에게 투자하는 쪽을 택하겠다. 오프라는 자신의 체중과 관련해 끊임없는 심판을 공개하고 있다. 그녀는 서로 다른 공동체 사이에서 전 세계적인 연결자 역할을 하고 있다. 오프라의 북클럽은 자기표현을 하는 작가들이 독자를 찾는 데 전 출판계를 다 합한 것보다 더 많은 도움이 되고 있다. 오프라는 매우 현실적인 인간이지만 숭고한 소명을 밝힐 때는 마치 세속의 성자 같은 인상을 준다. 오프라 윈프리 네트워크가 디스커버리 커뮤니케이션즈 같은 행복한 기업의 계열사로 편입되어 있는 것도 당연히 이해가 간다. 디스커버리 커뮤니케이션즈의 창립자인 존 헨드릭스는 이 책에 소개한 6개의 행복 원칙을 완벽하게 이해하고 있는 사람이다.

나는 기업과 조직, 개인을 과연 '행복한 기업'으로 간주할 수 있을지 끊임없이 평가해본다. 언젠가 기회가 되면 '테드의 선택 색인'이라는 책을 출판하고 거기 수록할 20여 개의 '행복한 기업'이 전체 시장보다 높은 실적을 내는지 추적해볼 생각이다. 분명 그러리라고 확신하는 바이다.

| 작가의 글 |

나는
감사할 게
많은 사람이다

나는 2008년에 처음으로 진지하게 이 책의 집필을 생각하기 시작했다. 나는 그 결정이 행복을 향한 나의 여정에 도움이 될 것인지 아닌지를 집필 여부 결정의 판단 기준으로 삼았다. 처음부터 나는 이 책을 통해 내가 찾아낸 행복의 원칙을 중심으로 공동체를 구성할 생각을 했다. 나는 이 책이 물리적인 출판뿐 아니라 웹사이트나 포럼, 위키피디아 등을 통해 사람들이 각자의 행복 여정을 다른 사람과 공유할 수 있는 가상의 형태로도 생명을 이어가길 바랐다. 처음부터 행복에 관한 생각을 공유하는 데 관심 있는 사람들로 이루어진 공동체의 잠재적인 허브로 만들 생각을 했다. 그런 생각을 하면 행복했다.

책을 쓴다는 것은 당연히 궁극적인 자기표현의 행동 중 하나이다. 자기표현의 통로 확보는 행복의 원칙 중 하나이므로, 이 책을 쓰는 일은 너무도 자연스럽게 나에게 행복을 안겨주었다. 그럼에도 불구하고 모든 작가들의 공통적인 의견처럼 책을 쓰는 일은 글쓰기가 종료되는 마지막 행복한 순간에 이르기까지 작가를 끊임없는 고통 속에 밀어 넣는 일이기도 하다.

나는 내가 살아오면서 배워온 관점에 대한 감사의 의미로 이 책을 쓰고 싶었다. 행복이라는 주제로 나 자신을 표현하는 일은 일종의 사회 환원이자, 내가 받은 것보다 더 많은 것을 이 세상에 남기고 가자는 나의 숭고한 소명을 이루는 데 도움이 되는 행동이다.

얼마 전 나는 지금 제작 중인 카일 메이나드의 인생에 관한 영화 〈파이팅 찬스〉의 초기 편집본을 봤는데 정말 좋은 영화라는 생각이 든다. ESPN이 2010년에 전 세계 시청자를 대상으로 그 영화를 방송하기로 했다. 모든 일이 생각보다 훨씬 잘 풀려가고 있어서 정말 감사하다. 나는 행복한 사람이다.

나는 대략 3년쯤 전에 앞으로 벌어질 일에 대해 염려하면서, 하지만 한편으로는 내가 하는 모든 일에서 나의 행복의 원칙을 시험해볼 결심을 굳힌 채 AOL을 떠났다. 3년 후 객관적인 점수표로 판단컨대 내가 취한 접근 방법은 효과가 있었다. 워싱턴 캐피털스는 2년 연속 NHL 남동부 지구 챔피언으로서 전 경기를 매진시키며 리그에서 가장 빠르게 성장하는 팀이자, 팬 만족도가 가장 높은 팀이 되었다. 워싱턴 미스틱스는 관중 수를 늘려가며 플레이오프에 진출했다. 나의 세 번째 영화가 곧 완성될 예정이며, 전작 두 편은 여러 개의 상을 수상했다. 스내그필름즈와 영화박애주의는 매우 성공적인 생각이었음이 입증되고 있고, 클리어스프링 테크놀로지는 번창하고 있으며, 레벌루션 머니는 거액에 매각되었다. 이 모든 일이 최악의 경제 상황이던 지난 7년 동안 가능했던 일이다.

여러 가지 일 중에서 1980년대 LIST의 성공과 1990년대 레드게이트와 AOL의 성공 그리고 지금 레벌루션 머니의 성공을 떠올려보면 내가 행복과 성공의 관계에 대해 갖고 있던 믿음이 어느 정도는 유효하다는 결론에 도달하게 된다. 그것이 바로 내가 이 책을 쓸 만큼 확신을 품게 된, 아니 사실상 거의 써야 한다는 의무감을 느끼게 된 이유 중 하나이다. 이 책의 집필은 AOL을 사직한 후 내가 행복한 삶을 사는 데 크게 기여했다.

하지만 지금 현재 내가 가장 행복을 느끼는 일은 책이 완성되었다는 것이 아니다. 물론 굉장히 마음이 놓이는 일이긴 하지만 말이다. 올가을 나에게 가장 큰 행복을 안겨준 것은 내 친구 월터 스코트 로벨이 직장을 구한 일이다. 그를 알게 되어 정말 행복하다. 그가 취직이 되었다는 사실을 알게 된 건 나에게 정말 큰 행복이었다.

월터 스코트는 한쪽 다리가 의족인 장애인에 범죄를 저질러 감옥에 다녀온 경험까지 있는 사람이다. 그는 버라이즌 센터 바깥에 설치된 대형 텔레비전으로 경기를 관람하다 캐피털스팀의 팬이 되었다. 1만 8000명이 상대적으로 편안한 경기장 안에 앉아 있는 동안, 월터 스코트는 그 추운 겨울 내내 경기장 밖 자신의 휠체어에 앉아 캐피털스 팀을 응원했다.

3-4년쯤 전만 해도 내가 아는 노숙자라고는 거리를 걷다 우연히 마주쳐 몇 번인가 도움을 주었던 사람들이 전부였다. 내가 노숙자 문제에 본격적

으로 관심을 갖게 된 것은 2007년 영화 제작자 2명이 나를 찾아와 자신들이 제작 중인 영화에 대해 이야기를 들려주면서부터였다. 매우 독특한 소재였기 때문에 나는 그들의 영화 제작에 참여하기로 동의했다. 〈Kicking It〉은 노숙자 월드컵에 관한 영화이다. 제목에서 짐작할 수 있듯이 전 세계 노숙자들로 구성된 팀들이 축구 경기를 벌이는 이야기이다. 정말 특별한 영화였고 그 영화를 제작하면서 말 그대로 거리의 사람들에 대해 눈을 뜨게 되었다. 영하 7도의 추위에 버라이즌 센터 바깥의 대형 스크린으로 캐피털스 팀을 지켜보며 휠체어에 앉아 있는 그런 사람들 말이다.

〈Kicking It〉의 개봉 후 나는 좀 더 직접적으로 참여하기 시작했다. 린과 재크, 엘 그리고 나는 워싱턴 D. C.의 센트럴 키친에 상당액을 기부했고, 친구와 동료에게도 크리스마스 선물 대신 그들의 이름으로 기부를 한 다음 그 사실을 전해주었다. 2008년과 2009년 우리는 길거리 축구 미국 챔피언 결정전을 워싱턴에서 유치하는 데 일조했다. 다음 노숙자 월드컵에 출전할 미국 노숙자 대표 팀을 결정하는 대회였다. 나는 노숙자와 빈민에 대한 국가 법률 센터에 대한 지원에도 참여했다.

그러던 중 지난겨울 캐피털스 팀의 정기 입장권 소유 관객이 나에게 이메일을 보내 매 경기마다 경기장 밖에 휠체어에 앉아 있는 노숙자가 있다고 알려주었다. 나는 호기심이 생겼다. 나는 어느 날 밤 경기장 밖으로 나가서 월터 스콧 로벨을 만났고, 그를 경기장 안 박스 석으로 초대했다.

월터 스콧는 자동차 사고로 다리 한쪽을 잃은 후 죄를 짓고 감옥에 들어갔다. 감옥에서 나와 보니 아내는 이미 집을 나간 상태였고 다리가 하나

밖에 없는 범죄자 출신으로 일자리를 구하기란 불가능에 가까웠다. 얼마 지나지 않아 거리로 나앉게 되었다.

나는 월터에게 옷가지와 음식을 가져다주었고, 얼마 후부터 월터가 보내는 이메일을 받게 되었다. 노숙자였기에 그는 아침에 워싱턴 D. C. 도서관이 문을 열자마자 냉큼 들어가 컴퓨터를 사용하곤 했다. 그렇게 나는 그와 친해졌고, 그의 인생사를 들으면서 그에 대한 인간애가 솟아올랐다. 어느 날, 나는 월터에게 워싱턴 미스틱스 경기를 보러오라고 초대했다. 그런데 스코트의 몸에서 냄새가 너무 심하게 나서 도저히 옆에 앉아 있기가 힘들었다. 나는 그에게 말했다.

"월터, 냄새가 나요."

그가 말했다.

"당연하죠. 밖은 푹푹 찐다고요. 그러다가 비가 퍼붓죠. 모르셨어요? 전 노숙자예요. 당연히 냄새가 나겠죠."

우리는 그의 어려운 처지에 대해 이야기를 나눴다. 물론 그는 냄새가 났고 당연히 아무도 그를 고용하려 하지 않았다. 하지만 꼭 냄새 때문만은 아니었다. 월터 스코트의 설명에 따르면 구직 신청서의 첫 번째 기재사항은 늘 '주소'였다. 고정된 주소지가 없는 사람은 2차 면접을 받으러 오라는 전화를 받을 수가 없다. 그러니 주소지가 없는 노숙자가 어떻게 일자리를 구할 수 있겠는가? 그것이 바로 딜레마다. 직업이 없으면 아파트를 구할 수 없고, 아파트가 없으면 직업을 구할 수 없다.

나는 월터에게 아파트를 한 채 구해주고 집세를 내줬다. 그는 비를 피할 지붕과 샤워 시설 그리고 무엇보다도 중요한 '주소'를 갖게 되었다. 나는 그에게 옷 몇 벌과 새 의족도 사주었다. 그리고 워싱턴 D. C. 센트럴 키친에서 요리하는 법을 배울 수 있도록 주선해주었다. 몇 주 후 월터 스코트 로벨은 출옥 후 처음으로 직업을 갖게 되었다.

나는 감사할 게 많은 사람이다. 나도 잘 알고 있다.

하지만 내 머릿속에서는 늘 토킹 헤즈의 똑같은 노랫말이 메아리친다.

'그리고 이렇게 자문할지도 몰라. 내가 어떻게 여기까지 왔을까?'

나는 뉴욕 브루클린의 매우 거친 동네에서 태어나 워싱턴 D. C.에서 너무나 멋진 인생을 일구어냈다. 나를 사랑하는 가족과 친구들이 있고, 내게 너무나 소중하고 나 또한 그 안에서 소중한 인물인 공동체도 여럿 있다. 나는 작가이자 블로거, 영화 제작자로서 자신을 표현할 수도 있다. 또한 인간애와 감사를 표현할 수도 있으며, 뭔가를 사회에 환원할 수도 있다.

이 책을 완성하게 되어서 무척 행복하다. 이 책이 행복과 성공을 향한 여러분의 여정에 도움이 되길 바란다. 하지만 올가을 나에게 일어난 가장 행복한 일 중에서 이 책의 완성은 애석하게도 2위를 차지했다. 나는 월터 스코트를 만나 그가 좀 더 행복한 그리고 좀 더 성공적인 사람이 되도록 도왔다. 그 일이야말로 나를 더 행복하고 더 성공적으로 만든 일이었다. 나의 행복 모델은 효과가 있다.

그러니 더 기다릴 게 뭐 있을까?

즉시 목록을 작성하고, 여정을 시작하라.

| 옮긴이의 글 |

삶과 성공이라는
이중 결산에
주목하라

우리는 모두 행복을 원한다.

동서고금의 지혜는 일상의 소박함 속에서 행복을 느낄 줄 알라고 조언한다. 하지만 사람들은 대부분 이번에 승진만 하면, 내 집만 갖게 되면, 아이가 좋은 대학에 합격만 하면 행복할 것 같다고 어떤 일의 성공을 행복의 조건으로 삼는다. 그래서 대부분 부를 축적하고, 높은 지위에 오르고, 남들의 존경을 받는 성공적인 삶을 살기 위해 노력한다. 그 성공 너머 어딘가에 행복이 있을 거라 믿으면서 말이다. 하지만 이 책의 저자는 그 반대라고 주장한다. 성공해야 행복해질 수 있는 게 아니라 행복해야 성공할 수 있다고 말이다.

저자는 상상도 못할 젊은 나이에 자력으로 '성공 사다리'를 올랐던 사람이다. 평범한 사람에게는 아마 저자가 심판에 맞닥뜨리기 바로 직전의 상황, 즉 엄청난 부를 손에 쥔 그 시점이 행복의 완성으로 보일지도 모른다. 하지만 그는 성공의 정점에서 목표를 상실한 채 방황했다고 한다. 심판과도 같은 비행기 사고를 통해 죽음을 눈앞에 둔 경험을 하고 나서야 다르게 살기로 결심한다. 처음 한 일은 인생의 목록을 작성하는 것이었다. 사업가로서 성공을 가져다준 '야망의 성취'뿐 아니라 '인생 자체의 풍요로움' 역시 충실히 반영한 균형 잡힌 인생 목록 말이다. 저자가 작성한 목록 속의 101가지 항목을 찬찬히 들여다보면, 웃음이 나올 정도로 단순한 목표에서부터 허황되게 보일 정도로 어마어마한 목표까지 골고루 섞여 있다. 나로서는 목표 한 번 세워본 적 없이 이미 성취한 일(얼마나 뿌듯하던지!)도 있는 반면, 내 평생 절대 해볼 수도 없고, 해보고 싶지 않은 일도 있다. 그래서 더욱 재미있다.

저자는 101가지 목표를 하나씩 이루어나가며 인생을 즐겼다. 부자가 되겠다든지 어떤 지위에 꼭 올라가겠다든지 하는 하나의 높은 목표만을 향해서 미친 듯 매진하지 않았기에 가능한 일이었을 것이다. 큰 목표들을 위해 성실히 노력해 나가면서도, 기회가 생길 때마다 이런 저런 작은 목표들을 성취하며 계속해서 행복을 느꼈다. 그의 인생 목록은 한번도 가본 적 없고, 다시 가볼 수도 없는 인생이라는 미지의 세계에서 길을 찾아갈 수 있게 해주는 지도였다. 자신을 행복하게 만들어줄 목표가 101가지나 버티고 있으니 지친다고 쓰러져 쉴 수도 없고, 목표를 하나 이뤘다고 나태해질 수도 없었을 것이다. 그러다 보니 자연스럽게 성공이 따라왔다고 한다.

대한민국은 이미 계층 간 이동이 어려운 경직된 사회 구조가 되었다고, '88만원 세대'라 불리는 청년들은 수백 통의 이력서를 쓰고 또 쓰며 실업의 고통 속에 빠져 있다고, 아무리 열심히 일해도 먹고 살기 힘든 '워킹 푸어'의 시대라고 한탄하는 목소리가 무게를 더해가는 요즘이다. 절망에 빠져 아무렇게나 살거나 '로또'(물론 당첨이 되면 좋겠지만) 같은 횡재만 바라고 있는 것은 결코 해결책이 아닐 것이다. 저자의 말마따나 나무 두 그루 사이에 그물침대를 묶고 책이나 읽는 삶이 행복이라 해도, 일단 나무 두 그루와 그물침대 그리고 책을 구해야 한다. 남의 행복에 눈독 들이지 말고 나를 행복하게 할 일들로 목록을 작성하고, 그걸 성취하며 조금씩 행복해진다면 언젠간 어딘가에 도달해 있지 않을까? 어쨌든 오늘보다는 내일 조금 더 행복해져 있을 것이다. 그리고 또 조금씩 더 행복해져갈 것이다. 거기다 인생의 성공까지 따라온다니!

더 중요한 것은 저자가 추구하는 행복이 자기만 잘 먹고 잘살겠다는 이기적인 행복과는 거리가 멀다는 점이다. 인생에서 성공을 이루고 이미 행복해진 사람에게나 가능할 것 같은 세상에 대한 감사와, 공동체에 대한 관심, 사회 환원과 좀 더 숭고한 목표의 추구가 오히려 행복의 필요조건이란다. 그 모든 사회적 덕목들은 성공한 자의 의무와 책임이 아니라, 진정한 행복과 성공에 도달하기 위해서는 반드시 따라야 할 원칙이라는 것이다. 심지어 다른 기업을 철저하게 짓밟고 올라가야 성공할 수 있다고 여겨지는 전쟁터 같은 비즈니스의 세계에서조차 공동체와 사회 전체의 행복을 추구하는 기업이 진정한 성공을 거둘 수 있다고 주장한다. 영리 기업으로서 얼마든지 수익을 추구하면서도 공동체와 사회의 행복에 기여하는 '이중 결산'이 가능하다는 저자의 주장은 참으로 매력적이다.

개인적으로는 그동안 너무 '인생 자체의 풍요로움'에만 집착(?)하느라 성공이나 야망 등은 별로 인생 목록에 포함시키지 못하고 살아온 역자 자신의 심각한 불균형을 반성할 기회가 되었다. 또 한 권의 번역을 마치고 또 조금 더 행복해졌다.

부록 A 테드의 인생목록

I. 가족 문제

1. 사랑에 빠져 결혼하기 ■

2. 건강한 아들 낳기 ■

3. 건강한 딸 낳기 ■

4. 부모님 보살피기 ■

5. 장인장모님 보살피기

6. 친척들 보살피기 ■

7. 할아버지 되기 ☐

8. 증조할아버지 되기 ☐

9. 가족들을 위해 신탁 자금 남겨주기 ■

10. 모든 재정 문제를 깔끔하게 정리해서 가족들에게 남겨주기 ☐

11. 자녀들을 가족의 사랑 속에서 양육하면서도 독립적인 자아 실현이 가능한 사람으로 키우기 ■

II. 재정 문제

12. 학비 융자금 상환 ■

13. 세후 1000만 달러 재산 소유 ■

14. 세후 1억 달러 재산 소유 ■

15. 세후 10억 달러 재산 소유 ☐

16. 가족에게 빚 남기지 않기 ■

17. 외부 투자로 1000만 달러 수익 창출 ■

18. 벤처 캐피털 펀드 파트너 되기 ■

19. 외부 투자로 10억 달러 가치 창출 □

20. 기업 설립 후 매각하기 ■

21. 직접 발굴한 기업을 기업 공개 하기 ■

22. 세계 최대의 미디어 기업 만들기 ■

Ⅲ. 소유

23. 해변 저택 소유 ■

24. 제트기 소유 ■

25. 요트 소유 ■

26. 포르쉐 컨버터블 혹은 메르세데스 벤츠 소유 ■

27. 산중 저택 소유 □

28. 걸작 미술품 소유 ■

29. 고급 시계 컬렉션 소장 ■

30. 페라리 소유 ■

31. 앤티크 카 복원 ■

32. 음식점이나 클럽 소유 ■

33. 누군가가 예술이나 과학 분야에서 뛰어난 업적을 이루도록 지원하기 □

Ⅳ. 자선

34. 자선을 통해 누군가의 삶을 변화시키기 ■

35. 조지타운 대학교에 100만 달러 기부하기/이사회 참여 ■

36. 아동 관련 자선 사업에 중요한 역할 하기 ■

37. 가족 자선 재단 설립 ■

38. 평생 1억 달러 기부하기 □

39. 가족 이름을 딴 건물이나 기념관 소유 ■

Ⅴ. 스포츠

40. 스포츠 프랜차이즈 소유(농구, 하키, 풋볼) ■

41. 그 팀으로 챔피언 되기 □

42. 마이애미 돌핀스나 워싱턴 레드스킨스가 출전하는 슈퍼볼 참석 ■

43. 조지타운 대학교 농구 팀이 출전하는 파이널 포 참석 ■

44. 뉴욕 양키즈가 출전하는 월드 시리즈 참석 ■

45. 미키 맨틀 만나보기 ■

46. 파울볼 잡기 ■

47. NBA 올스타 경기 가기 ■

48. NBA 드래프트 가기 ■

49. NHL 올스타 경기 가기 ■

50. 워싱턴 캐피털스의 스탠리컵 경기 가기 ■

51. 올림픽에 가기 ■

52. 아우구스타에서 골프 치기 ■

53. 페블비치에서 골프 치기 ■

54. 사이프레스 포인트에서 골프 치기 ■

55. 세인트앤드루스에서 골프 치기 ☐

56. 라이더 컵 골프 대회 가기 ■

57. US 오픈 골프 토너먼트 가기 ■

58. 월드컵 가기 ☐

59. 홀인원 치기 ☐

60. 유명인 골프 토너먼트에서 경기하기 ■

61. US 오픈 테니스 결승전 가기 ■

62. 야구 올스타 경기 가기 ■

63. 판타지 캠프 가기 ■

64. 메디슨 스퀘어 가든이나 보스턴 가든에서 농구 득점 해보기 ■

65. 마이클 조던과 일대일로 농구해 보기 ■

Ⅵ. 여행

66. 그리스 가기 ■

67. 이탈리아 가기 ■

68. 이스라엘/예루살렘 가기 ■

69. 하와이 가기 ■

70. 아프리카로 사파리 여행 가기 ☐

71. 런던 가기 ■

72. 파리 가기 ■

73. 오스트레일리아 가기 ■

74. 카리브 해 항해하기 ■

75. 지중해 항해하기 ■

76. 중국 가기 ■

77. 브라질 가기 ■

78. 알래스카 가기 ■

79. 이집트 가기 ■

80. 발리 가기 □

81. 타히티 가기 □

Ⅶ. 기타

82. 잡지 표지 모델 되기 ■

83. TV 쇼 제작 ■

84. 우주여행 □

85. 책 집필하기 ■

86. 보드게임 개발 ■

87. 영화 제작 ■

88. 그래미상/오스카상/토니상/에미상 수상 ■

89. 돌고래와 수영하기 ■

90. 대백상어와 수영하기 □

91. 명예 학위 받기 ■

92. 선출직 재임 ■

93. 백악관 방문/대통령 만나보기 ■

94. 외국 정부 자문하기 ■

95. 1년간 해외 체류 □

96. 오스카 시상식 참석 ■

97. MTV 시상식 참석 ■

98. 롤링 스톤즈 공연 관람 ■

99. 후(Who) 공연 관람 ■

100. 안식년 1년 갖기 □

101. 가족과 함께 전 세계 항해하기 □

■ 표시는 테드가 인생에서 이룬 것, □는 아직 이루지 못한 것임.

부록 B 행복 설문지

1. 가장 행복했던 순간과 장소를 묘사해보라.

2. 당신을 가장 잘 아는 사람, 즉 가족이나 친구, 직장 동료 등은 당신을 행복한 사람이라고 평가할까?

3. 당신이 행복하다고 느끼는 때는?

   A. 항상

   B. 거의 대부분

   C. 이따금

   D. 한 번도 없다

4. 인생 목표를 정리해본 적이 있는가?

5. 만약 없다면, 대략적인 인생 목표를 마음속에 품고 있는가?

6. 만약 마음속에 품고 있다면, 당신 인생의 가장 중요한 목표 몇 가지를 소개해보라. 이미 성취한 목표도 좋고 여전히 추구하고 있는 목표도 좋다. 최소 2개부터 최대 10개까지 나열할 수 있다.

7. 현재 그 목표들을 성취하려고 노력 중인가?

8. 0-10까지 단계 중에서 0을 '중요하지 않다', 10을 '매우 중요하다'로 놓는다면, 당신의 인생 목표를 성취하는 일의 중요성은 어느 정도인가?

9. 건강상의 두려움이나 사랑하는 사람의 죽음, 갑작스러운 위기, 예상치 못한 기회 등으로 인해 인생 목표에 대한 평가가 한순간에 달라진 적이 있는가?

10. 만약 있다면, 그 사건을 20자 미만으로 설명해보라.

11. 많은 사람이 다양한 공동체에서 동시에 활동하고 있다. 가족과 늘 함께하고, 친구도 종종 만나며, 직장동료와도 매일 얼굴을 마주한다. 여러 조직과 토론회, 교회와 회당, 팀, 커뮤니티 협회, 졸업생 모임, 정치 단체 등에도 적극적으로 참여한다. 또한 페이스북 같은 가상 커뮤니티와 네트워크에도 참여한다. 가족과 친구, 동료에서 시작해 여러분이 적극적으로 참여하고 있는 공동체의 목록을 작성해보라. 최대 10개까지 가능하다.

12. 당신은 평균보다 많은 관심 공동체에 참여하고 있다고 생각하는가? 아니면 평균보다 적거나, 딱 평균 정도라고 생각하는가?

13. 0-10까지 단계 중에서 0을 '중요하지 않다', 10을 '매우 중요하다'로 놓는다면, 당신이 그런 공동체에 참여하는 행동은 행복을 느끼는 데 얼마나 중요한가?

14. 자기표현은 일기 쓰기부터 블로그 관리까지, 예술가가 되는 일부터 자신의 개성을 표현하는 독특한 방법을 개발하는 일까지 매우 다양한 형태로 가능하다. 당신의 자기표현 통로 목록을 작성해보라. 최소 2개부터 최대 10개까지 가능하다.

15. 0-10까지 단계 중에서 0을 '중요하지 않다', 10을 '매우 중요하다'로 놓는다면, 당신이 자기표현의 통로를 한 개, 혹은 한 개 이상 갖는 것은 행복을 느끼는 데 얼마나 중요한가?

16. 바쁘게 돌아가는 일상 때문에 때로는 우리에게 행복을 안겨주는 것들에 대해 깊이 생각하기 어려운 경우가 있다. 가족이나 친구와 함께하는 시간일 수도 있고, 멋진 하루나 아름다운 일몰 같은 단순한 것일 수도 있다. 여러분에게 행복을 안겨주는 것들에 대해 깊이 생각해볼 수 있는 기회는?

A. 항상 갖는다.

B. 거의 늘 갖는다.

C. 가끔 갖는다.

D. 한 번도 갖지 않는다.

17. 0-10까지 단계 중에서 0을 '중요하지 않다', 10을 '굉장히 중요하다'로 놓는다면, 한 발 물러서서 당신에게 행복을 안겨주는 것들에 대해 성찰해보고 감사의 기회를 갖는 것이 얼마나 중요한가?

18. 1-10까지 단계 중에서 1을 '별로', 10을 '굉장히 많이'로 놓는다면, 금전적인 기부 혹은 시간적인 자원봉사를 통해 얼마나 많이 '사회 환원'을 하고 있는가?

19. 1-10까지 단계 중에서 1을 '중요하지 않다', 10을 '굉장히 중요하다'로 놓는다면, '사회 환원'은 여러분이 행복을 느끼는 데 얼마나 중요한가?

20. 어떤 사람은 자신이 숭고한 소명을 가졌다고, 혹은 삶에는 차원 높은 목적이 있다고 생각한다. 직업일 수도 있고, 참여하는 공동체에서 맡고 있는 활동일 수도 있으며, 타인에 대한 책임감일 수도 있다. 여러분의 삶에도 좀 더 차원 높은 목적이 있다는 느낌이 드는가?

21. 만약 그렇다면, 당신의 숭고한 소명이나 당신 삶의 좀 더 차원 높은 목적을 20자 미만으로 표현해보라.

22. 0-10까지 단계 중에서 0을 '중요하지 않다', 10을 '굉장히 중요하다'로 놓는다면, 당신의 삶에 모종의 차원 높은 목적이 있다는 느낌은 여러분이 행복을 느끼는 데 얼마나 중요한가?

23. 당신을 행복하게 만들어주는 것은? 최소 2개부터 최대 10개까지의 조건, 요소, 사건 등을 나열할 수 있다.

24. 당신의 성별은?

25. 당신의 나이는?

26. 응답을 해도 좋고 안 해도 좋은 추가 질문 하나. 당신의 연소득은?

A. 5만 달러 미만

B. 5만 달러에서 10만 달러 사이

C. 10만 달러 이상

| 부록 C 나를 위한 인생 목록 |

I. 가족 문제

001 ☐
002 ☐
003 ☐
004 ☐
005 ☐
006 ☐
007 ☐
008 ☐
009 ☐
010 ☐
011 ☐
012 ☐

II. 재정 문제

013 ☐
014 ☐
015 ☐

016 ☐
017 ☐
018 ☐
019 ☐
020 ☐
021 ☐
022 ☐
023 ☐
024 ☐

III. 소유

025 ☐
026 ☐
027 ☐
028 ☐
029 ☐
030 ☐
031 ☐
032 ☐
033 ☐
034 ☐
035 ☐

036 ☐
037 ☐
038 ☐
039 ☐
040 ☐

IV. 자선

041 ☐
042 ☐
043 ☐
044 ☐
045 ☐
046 ☐
047 ☐
048 ☐
049 ☐
050 ☐

V. 직업성취

051 ☐
052 ☐

053	☐
054	☐
055	☐
056	☐
057	☐
058	☐
059	☐
060	☐
061	☐
062	☐
063	☐
064	☐
065	☐
066	☐
067	☐

VI. 여행

068	☐
069	☐
070	☐
071	☐

072	☐
073	☐
074	☐
075	☐
076	☐
077	☐
078	☐
079	☐
080	☐
081	☐
082	☐
083	☐

II. 기타

084	☐
085	☐
086	☐
087	☐
088	☐
089	☐
090	☐
091	☐

092	☐
093	☐
094	☐
095	☐
096	☐
097	☐
098	☐
099	☐
100	☐
101	☐

※ 여러분의 인생목록을 직접 작성해 보세요. 목표를 이루었다면 박스 안에 체크 표시를 하세요. 여러분의 꿈이 이루어지기를 바라겠습니다.

| MEMO |

| MEMO |

억만장자가 전하는 일과
삶에서 눈부신 성공을 이루기 위한 6가지 비법

행복 수업

1판 1쇄 인쇄 2012년 1월 20일
1판 1쇄 발행 2012년 1월 27일

지은이　테드 레온시스
옮긴이　황혜숙
발행인　허윤형
마케팅　박태규
펴낸 곳　황소북스
주소　서울 마포구 동교동 LG팰리스빌딩 1424호
전화　02 334 0173 팩스 02 334 0174
홈페이지　www.hwangsobooks.co.kr
등록　2009년 3월 20일(신고번호 제 313-2009-54호)

ISBN 978-89-97092-16-1(13320)

* 이 책은 황소북스가 저작권자와의 계약에 따라 발행한 것이므로
　본사의 서면 허락 없이는 어떠한 형태나 수단으로도 이 책의 내용을 이용하지 못합니다.
* 잘못된 책은 구입하신 서점에서 바꾸어 드립니다.
* 책값은 뒤표지에 있습니다.